Claude Piel

La bataille pour l'eau

Le défi du XXIe siècle

Claude Piel

La bataille pour l'eau

Le défi du XXIe siècle

Éditions du Conseil Diplomatique

1ère édition 2023
Tous les livres des Éditions du Conseil Diplomatique (DC) ont été soigneusement travaillés. Néanmoins, les auteurs, les rédacteurs et les éditeurs n'assument en aucun cas la responsabilité de l'exactitude des informations, des références et des conseils, ainsi que des éventuelles erreurs d'impression, y compris pour le présent ouvrage.

2023 Diplomatic Council Publishing, Mühlhohle 2, 65205 Wiesbaden, Allemagne

Informations bibliographiques de la Bibliothèque nationale allemande

La Bibliothèque nationale allemande répertorie cette publication dans la Bibliographie nationale allemande ;
Des données bibliographiques détaillées sont disponibles sur Internet via http://dnb.d-nb.de.

Imprimé en République fédérale d'Allemagne.

Conception, couverture, composition : IMS International Media Services, Allemagne

Imprimé sur du papier sans acide.

Imprimé ISBN 978-3-98674-080-1

Livre électronique ISBN 978-3-98674-081-8

Dédicace

Ce livre est dédié à tous ceux et à toutes celles qui n'ont pas accès à l'eau potable. Que ce soit dans le désert ou sur des îles lointaines, dans les bidonvilles d'Amérique du Nord, les favelas du Brésil, les grandes villes d'Afrique ou d'Asie : des millions de personnes souffrent de la mauvaise qualité de l'eau. Ce livre est pour elles et surtout pour les enfants qui souffrent au plus haut point d'une carence en eau potable.

Remerciements

Un grand merci au Centre de Technologies Appliquées de Büsum en Allemagne et au MariCUBE dans le domaine des biotechnologies bleues et de l'aquaculture.

Je suis également reconnaissante du soutien de Philippe Cury, un scientifique français qui a considérablement influencé la recherche en développant des concepts écologiques ainsi qu'un leadership scientifique international sur l'approche écosystémique des ressources marines exploitées.

Merci aussi à la direction du programme « Homme-Société-Environnement » de l'Université de Bâle en Suisse. Il traite de divers aspects de la gestion durable des ressources.

Tous mes remerciements au Conseil Diplomatique, un think tank de rang mondial dont la maison d'édition publie ce livre et qui, en tant qu'organisation consultative auprès des Nations Unies, lutte sans relâche pour la paix et l'humanité.

Note

L'auteure a pris soin de rédiger cet ouvrage dans son propre style, tout d'abord en allemand puis en anglais. Cela renforce l'authenticité de ses explications et traduit sa passion pour ce sujet essentiel à notre survie.

Sommaire

Avant-propos **13**

Prologue **15**

L'eau, un facteur de puissance 15

La connaissance de l'eau est essentielle 16

Introduction **19**

Un discours aux Nations Unies 20

Neuf milliards d'habitants en 2040 21

Les actes sont plus éloquents que les mots 22

Une ressource rare et essentielle **25**

Les trois types de conflits hydriques 26

Les batailles pour l'eau au XXIe siècle 30

Les « puissances » de l'eau 42

Le cycle de l'eau et la pluie 47

L'eau pour l'alimentation et bien plus encore 50

L'accès à l'eau et aux infrastructures **57**

Le manque d'accès à l'eau et de traitement de l'eau 57

Le chemin vers l'eau potable 68

Le mal est fait 70

Plus de 50 millions de personnes sans eau courante 73

Transfrontalier : le Grand Barrage de la Renaissance 76

Transfrontalier : Inde, Pakistan, Bangladesh 80

Le droit du plus faible 82

La consommation d'eau augmente de plus en plus **87**

La consommation mondiale en un coup d'œil 87

La répartition soixante-dix/vingt/dix 88

L'eau douce au service de la nutrition mondiale ... 89
L'Inde puise dans ses dernières réserves d'eau ... 93
Mais où est passée la mer d'Aral ? ... 95
Le drame des forêts et de la désertification ... 98
Le soja, l'or vert ... 101
Une destruction possible du cycle de l'eau ... 102
L'industrie des pompes à eau ... 103
De l'eau pour les centres de données ... 104
L'eau se raréfie en Allemagne ... 108
Gigafactory de Tesla en zone de protection des eaux ... 109
Moins d'eau par personne, mais plus de personnes ... 112

Une pollution extrême de l'eau ... 117
L'eau, victime de toutes les pollutions ... 117
De nombreuses activités entraînent une pollution de l'eau ... 120
Les conséquences pour notre eau courante ... 122
Engrais chimiques, pesticides et appât du gain ... 125
Les pesticides encore autorisés en Europe ... 126
Des infrastructures d'eau potable obsolètes ... 128
Une justice environnementale pour les vulnérables ... 131
3M en Belgique, pollution thermique aux États-Unis ... 133
Sécheresse, incendie, Bhopal et Coca-Cola en Inde ... 136
Coca-Cola champion du monde de la pollution plastique ... 140
La privatisation de l'approvisionnement en eau ... 143

La ruée vers l'or bleu ... 145
L'eau courante : chère à Oslo, bon marché à Beyrouth ... 145
L'eau, ressource miracle de Nestlé ... 147
Nestlé retire Vittel du marché allemand ... 150
Les milliards d'euros d'assainissement de Veolia ... 151
Drame mondial, marché boursier et fièvre boursière ... 154
Bourse : miser sur l'eau, cela peut-il rapporter gros ? ... 157
Douze mille milliards de dollars pour l'infrastructure ... 166

Raréfaction due au changement climatique **169**
Le changement climatique s'accélère 169
Comment fonctionne l'effet de serre ? 170
Du cycle de l'eau au cycle de la chaleur 172
Les risques climatiques comme moteur principal 173
Fonte des glaces, montée des eaux et États insulaires 177
Des satellites pour des mesures précises 178
Le dégel du pergélisol et le rétrécissement des glaciers 180
Les îles artificielles des Maldives et des îles Marshall 182
Entre « jour zéro » et inondations 186
Inondations mortelles en Europe en 2021 188
La capitale du Chili rationne l'eau du robinet 189
Un avertissement venu des Pays-Bas en 2022 190
Sécheresse et famine : Afrique, Inde, Pakistan 191
L'Iran, la Méditerranée, les réfugiés climatiques de Syrie 194
La Méditerranée en danger 197

La bataille pour l'eau se durcit **199**
Suffisamment d'eau mais pour qui ? 199
Le changement climatique rend les prévisions peu fiables 200
L'eau, facteur de séparation ou de coopération ? 201
Traités internationaux entre pays riverains 203
Le changement de paradigme et les nomades de l'eau 204
La guerre de l'eau et les budgets de défense 208
Le besoin de l'Inde en technologies innovantes 209
Entreprises allemandes de l'industrie des eaux usées 211
La guerre de l'eau en Chine 211
Pas de justice, donc pas de guerre ? 216

Les Nations Unies à la recherche d'une solution globale **219**
L'ODD 6 et l'eau en tant que droit de l'homme 219
Les limites de la croissance 220
Le droit de l'homme à l'eau 222

Le droit à l'eau potable et à l'assainissement 223
Qui coordonne les ODD 6 aux Nations Unies ?.................................227
Des lacunes en matière de recherche et de données........................234
Inclure les systèmes socio-écologiques 235

Les solutions des « grands » et des « petits » pays 239
Plus grande est la région plus difficile la solution..........................239
Une gestion durable de l'eau est nécessaire......................................244
L'amélioration de l'agriculture...247
Projet sans fin : la « Grande Muraille Verte » en Afrique 252
La crise de l'eau aux États-Unis...254
Le Mexique et les États-Unis dans le même bateau.........................259
Les quatre-vingt mille barrages de la Chine......................................260
La Chine crée une « civilisation écologique » 263
La Norvège, batterie verte de l'Europe..264
La solution israélienne de l'eau dans le désert 267
La « Zeitenwende » allemande et les Pays-Bas 270
Des mesures contre la sécheresse aux Pays-Bas 275
Madère et la forêt productrice d'eau...277
La cité de l'eau de Singapour 281

Des solutions techniques anciennes et nouvelles 285
Les canaux en pierre au Pérou 285
Les barrages de sable au Kenya 287
Les Johads en l'Inde 288
Massada dans le désert du Sinaï 290
Récupération des eaux de pluie et bâtiments écologiques..............291
Un système portable de purification de l'eau par UV.....................294
Une unité de dessalement portable 296
Récupérer de l'eau dans l'air 298
Des idées ingénieuses et fantaisistes de collecte de l'eau...............302

La bataille à la technologie dans l'espace 309

La recherche sur l'eau et la LAWA en Nouvelle-Zélande 309
Science et engrais respectueux de l'environnement..................... 311
Villes intelligentes : eau potable et traitement des eaux............. 314
L'agriculture intelligente au Cambodge et l'e-agriculture........... 318
Une plate-forme d'e-agriculture 320
Des systèmes de décision assistée par satellite 324
Le secteur spatial pour l'eau.. 326
Prendre sa douche comme sur Mars 326

Ce que chacun de nous peut faire.. 331
Nous pouvons tous économiser de l'eau 331
Économiser l'eau potable et la boire.. 334
Des conseils d'économies dans la salle de bains 335
Économiser de l'eau à la maison.. 336
Des conseils pour économiser de l'eau à l'extérieur 337
Vérifier les coûts et réparer les fuites 339

La Diplomatie de l'eau... 343
Dix-neuf solutions dans la bataille pour l'eau 343
Une réponse holistique, systématique et multilatérale 348

À propos de l'auteure... 355

Livres aux Éditions du Conseil Diplomatique............................. 357

À propos du Conseil Diplomatique.. 363

Bibliographie... 365

Sources et notes 369

Avant-propos

Avec l'Agenda 2030, la communauté mondiale s'est fixé dix-sept objectifs ambitieux - les Objectifs de développement durable (ODD) - pour le développement durable. Le sixième objectif (ODD 6) des Nations Unies, l'eau potable, prévoit que :

- Toutes les personnes devraient avoir accès à une eau potable sûre et abordable.
- Toutes les personnes devraient avoir accès à des services d'assainissement et d'hygiène adéquats et équitables.
- La qualité de l'eau doit être améliorée dans le monde entier grâce au recyclage et à la réutilisation en toute sécurité.
- L'efficacité de l'utilisation de l'eau doit être considérablement accrue dans tous les secteurs.
- La gestion intégrée des ressources en eau doit être mise en œuvre sur tous les plans.
- Les écosystèmes reliés à l'eau doivent être protégés et restaurés.

L'humanité est encore loin d'avoir atteint ces objectifs. Il est d'autant plus important que Claude Piel montre dans son nouvel ouvrage pourquoi il est impératif de ne pas relâcher nos efforts et de relever ce défi. Méticuleusement documentée, soigneusement préparée et passionnément racontée, cette œuvre nous rappelle à tous de traiter l'eau avec soin et de ne pas la considérer comme acquise.

Dans son ouvrage très complet, l'auteure démontre de manière impressionnante que certaines régions du monde ne sont pas les seules concernées, contrairement à ce que l'on pense souvent. Au contraire, l'eau potable pose d'énormes défis au monde entier, y compris aux pays industrialisés. Attelons-nous à cette tâche. La lecture de ce livre, qui, il est vrai, rend mal à l'aise en de nombreux endroits, représente un premier pas important dans cette direction.

Hang Nguyen, Secrétaire générale du Conseil Diplomatique

Prologue

La guerre de l'eau représente aujourd'hui une réalité géopolitique. Nous avons besoin d'eau pour notre survie, pour le fonctionnement de nos écosystèmes et le développement socio-économique de nos pays. Mais, dans certains pays du monde, des milliers et des milliers de personnes meurent par manque d'accès à une eau potable. Soit l'infrastructure n'est pas en place, soit l'eau est polluée ou le sol trop sec. Cette pénurie dans certaines régions du monde conduit de nombreux pays à résoudre le problème à leur manière. Car les frontières ne peuvent arrêter ni les rivières ni les fleuves. C'est l'une des causes des conflits.

L'eau, un facteur de puissance

Certains pays ont même inclus le pouvoir sur les ressources en eau dans leur programme de sécurité. Toutefois, au cours des dernières décennies, le nombre des accords sur l'eau entre les pays a augmenté. À l'approche d'un conflit potentiel, des États cherchent plutôt à entamer un dialogue sur les ressources en eau. C'est ce que l'on appelle « la diplomatie de l'eau ». L'essentiel est pour les gouvernements de concevoir qu'il en va de leur propre intérêt de se soutenir mutuellement et de reconnaitre qu' « il est avantageux pour mon pays de coopérer avec d'autres pays dans le domaine de l'eau ».

Compte tenu des développements économiques, de la croissance rapide des populations et du changement climatique, il est fort possible que les conflits et les troubles hydriques s'intensifient. Avec la pandémie de COVID-19, l'importance de l'eau pour les populations est devenue évidente. L'objectif de développement durable numéro six des Nations Unies aborde précisément cette question, car l'accès à l'eau potable est un droit de l'homme.

Alors que des milliards de personnes vivent loin de tout approvisionnement de base, luttent pour l'accès à l'eau potable et que des écosystèmes périssent, l'or bleu liquide inonde lentement et inexorablement les marchés financiers. Plusieurs pays ont montré que des progrès importants pouvaient être réalisés en quelques années. Les trois piliers des Nations Unies sont en jeu : la paix et la sécurité, les droits de l'homme et le développement. Parce que l'eau, c'est la vie, mais aussi l'avenir.

La connaissance de l'eau est essentielle

Pourquoi des connaissances sur l'eau sont-elles de la plus haute importance ? Dans les pays riches, il suffit d'ouvrir le robinet pour obtenir immédiatement de l'eau potable. Nous nous douchons, nous baignons et nettoyons nos maisons jusqu'à ce que les pompiers viennent annoncer par haut-parleurs, en plein été, qu'il est désormais « interdit » d'effectuer ces activités. Dans certains endroits, même en Allemagne, il n'y avait plus d'eau potable : avec des seaux, les habitants se tenaient derrière un camion-citerne ; et cela en pleine Europe, pas dans le désert de Gobi !

Il existe presque autant de livres sur l'eau que de gouttes d'eau dans l'océan. L'objectif de cet ouvrage n'est pas d'écrire un texte scientifique ou d'analyser tous les faits aussi précisément que possible. Mon travail n'est pas basé sur l'exhaustivité, mais je souhaite donner aux lectrices et aux lecteurs des éléments de réflexion. Il s'agit simplement d'aborder le sujet de l'eau avec sérieux et respect et de la considérer comme un élément vital de notre vie qui mérite d'être protégé. Il est aussi question de prendre conscience des conflits qui peuvent naître d'un manque d'eau potable et des solutions qui ont déjà été développées.

Car la commercialisation de notre aliment de base, l'eau, s'oppose diamétralement au droit de l'homme à « l'accès à l'eau potable ». « Chaque goutte compte », affirme le secrétaire général des Nations Unies, António Guterres, dans son message pour la Journée mondiale de l'eau 2020.[1] Il en va de même pour chaque livre et chaque élargissement de nos connaissances sur l'eau.

Je vous souhaite de nombreuses découvertes intéressantes au cours de votre lecture !

Claude Piel

Introduction

La masse gris clair ondule sous la semelle de ses chaussures. Du large lit du fleuve, elle détrempe les rives de l'East River. Walter regarde sa montre. Il est un peu moins de huit heures en cette soirée du 21 mars. Il doit retourner au siège des Nations Unies. L'ombre de la haute tour se reflète dans l'eau. Cette eau... Les fréquentes inondations le préoccupe. Lorsque l'ouragan Sandy a frappé New York en 2012, le bâtiment des Nations Unies à New York était difficile à atteindre. Plusieurs lignes de métro furent inondées. Les parties basses de Manhattan en particulier, ainsi que Brooklyn et Queens, étaient en danger. Les aéroports LaGuardia et JFK, où atterrissent les ambassadeurs se rendant aux Nations Unies à New York, furent aussi complètement inondés. Non seulement ici, mais aussi dans sa deuxième ville d'adoption, Mayence, en Allemagne, ou au Myanmar, aux Maldives, en Inde...[2]

Le moment est presque venu. Demain, les chefs d'État et de gouvernement de cent quatre-vingt-treize nations se réuniront dans la salle d'assemblée située derrière lui. Walter travaille à la mission permanente de son pays auprès des Nations Unies à New York. Juste avant qu'il ne quitte son bureau, son ambassadeur l'a chargé de rédiger son discours pour la conférence des Nations Unies sur l'eau, qui se tiendra le 22 mars à l'occasion de la Journée mondiale de l'eau. Pour ce faire, Son Excellence a besoin d'une analyse de la bataille pour l'eau dans le monde. Walter est un spécialiste des relations internationales. Il n'en est pas à son coup d'essai, mais dans ce cas, ce ne sera pas une promenade de santé, car la situation évolue rapidement. Le changement climatique et le réchauffement de la planète s'accélérant, un nouveau rapport de situation est publié presque quotidiennement par une organisation scientifique très respectée.

Parviendra-t-il à rédiger le discours dans le temps imparti ? Il est huit heures. Le discours et l'analyse doivent être remis à Son Excellence demain matin à huit heures afin que l'ambassadeur ait le temps d'ajouter ses propres mots. Il ne lui reste que douze heures ; cette nuit, il restera au bureau.

Un discours aux Nations Unies

Walter essuie brièvement l'eau de l'East River sur ses chaussures et se retourne. L'entrée principale est devant lui. Il prend son passeport, car le bâtiment des Nations Unies se trouve sur un territoire propre extraterritorial, en dehors de celui des États-Unis d'Amérique. Cette conférence sera la première sur l'eau depuis les années 1970 et devrait constituer une étape cruciale.

« La crise de l'eau et de l'assainissement exige une réponse holistique, systémique et multilatérale », a déclaré António Guterres, secrétaire général des Nations Unies, lors du lancement virtuel, en juillet 2020, de l'accélération des « Objectifs mondiaux de développement durable ». L'eau est essentielle à la réalisation de presque tous les autres objectifs de développement durable, de la santé à la sécurité alimentaire, et elle est indispensable à la résilience face au changement climatique.

Walter est maintenant dans l'ascenseur qui mène au bureau de son ambassadeur et il a le vertige. Non pas à cause de l'accélération de l'ascenseur, mais à cause du travail qui l'attend. Le sixième objectif de développement durable - l'eau - est une condition préalable à la réalisation d'une grande partie, voire de la totalité, des seize autres objectifs de développement durable. En particulier dans les domaines de la santé et de la prévention des maladies, de l'éducation, de l'alimentation, de l'agriculture, de l'industrie, de la consommation privée, de la pollution, de l'énergie et du changement climatique, ainsi que des migrations. L'eau est tout simplement en jeu dans tous les domaines. En arrivant au bureau de la mission permanente de son pays, il cherche les derniers rapports mondiaux sur l'eau à l'occasion de la Journée mondiale de l'eau, le 22 mars de chaque année.[3]

Du côté des Nations Unies, l'UNESCO est l'agence chef de file. Audrey Azoulay, directrice générale, a souligné en 2021 que l'eau est « un 'or bleu' auquel plus de deux milliards de personnes n'ont pas directement accès ». La Journée mondiale de l'eau fait partie de l'agenda des Nations Unies depuis 1993. En 2020, elle portait sur l'eau et le changement climatique ; en 2021, sur l'évaluation et la valorisation de l'eau ; et en 2022, sur les eaux souterraines - rendre visible l'invisible. Le mot « eau » apparaît rarement dans les accords internationaux sur le climat, alors qu'il joue un rôle clé dans des questions telles que la sécurité alimentaire, la production d'énergie, le développement économique et la réduction de la pauvreté, a poursuivi Audrey Azoulay. Selon elle, l'eau n'a pas besoin d'être un problème, elle peut faire partie de la solution.[4]

Neuf milliards d'habitants en 2040

Cependant, les perspectives restent inquiétantes. D'ici 2040, les Nations Unies estiment que la planète comptera neuf milliards d'habitants, contre huit aujourd'hui. La demande mondiale d'énergie devrait augmenter de plus de vingt-cinq pour cent et celle d'eau de plus de cinquante pour cent. D'ici 2050, jusqu'à 5,7 milliards de personnes pourraient passer au moins un mois par an dans des régions où l'eau est rare. Les conditions météorologiques extrêmes seraient à l'origine de plus de quatre-vingt-dix pour cent des catastrophes majeures survenues au cours de la dernière décennie. Dans le même temps, les conflits liés aux ressources en eau ne semblent pas vouloir prendre fin. La question de l'eau remplace progressivement celle du pétrole.[5]

En Inde et en Iran, les graves pénuries d'eau ont entraîné une augmentation des conflits au sein de ces pays ces dernières années. Entre la Russie et l'Ukraine, la situation s'aggrave depuis 2014 et s'étend aux infrastructures hydrauliques depuis le début de la guerre en 2022. Les systèmes d'eau informatisés sont de plus en plus souvent victimes de cyberattaques qui menacent la sécurité, la qualité et la fiabilité de l'eau. À l'échelle mondiale, la prospérité sociale et le développement économique dépendent fortement de l'eau. C'est là que résident les trois plus grands défis de la gestion de l'eau au XXIe siècle. Il s'agit de la préservation des écosystèmes, de l'approvisionnement en eau potable des populations et d'une quantité suffisante pour l'agriculture.[6]

Les actes sont plus éloquents que les mots

Des solutions se profilent à l'horizon. L'approvisionnement en eau et l'assainissement résistants au climat pourraient sauver la vie de plus de trois cent soixante mille bébés chaque année. Si nous limitons le réchauffement de la planète à 1,5 degré Celsius au-dessus des données préindustrielles, nous pourrions réduire de cinquante pour cent le stress hydrique lié au climat. Cela réduirait les tensions et empêcherait le déclenchement de guerres potentielles.[7]

Serait. Pourrait. Walter doit absolument donner à son analyse une direction structurée, car il ne peut pas continuer ainsi. Il voit trop de faits alarmants et son ambassadeur a besoin de réponses.

Il va d'abord s'intéresser aux différents conflits autour de l'eau, car l'eau a souvent été une raison de se rassembler, mais aussi de se battre pour elle. Dans un deuxième temps, il cherchera les causes de ces conflits. Nombre d'entre elles sont liées à la pénurie elle-même, mais surtout à l'accès à l'eau et aux infrastructures. Il s'agit ensuite de la pénurie causée par la forte consommation mondiale, la pollution et la manipulation de ce bien précieux par de nombreuses entreprises caractérisées par l'appât du gain. Les raisons du changement climatique et du stress hydrique accru que nous connaissons aujourd'hui apparaissent donc clairement. Il en résulte le danger de nouvelles batailles pour l'eau : le défi de ce siècle.

Ce qui intéresse le plus son ambassadeur, ce sont les solutions. D'abord, il les recherche sur le plan mondial, à l'échelle des Nations Unies avec le soutien des cent quatre-vingt-treize États et des différentes organisations. Ensuite, il cherche des pays qui ont résolu le problème à leur manière. Ce faisant, il trouve des technologies anciennes et nouvelles qui pourraient contribuer à résoudre notre problème d'eau potable. De plus, chacun d'entre nous est en mesure de considérer l'eau comme notre ressource la plus précieuse. Le temps passe vite, il ne reste que quelques heures avant l'Assemblée générale. Walter se met immédiatement au travail.

Une ressource rare et essentielle

En 1985, Boutros Boutros-Ghali, ancien secrétaire général des Nations Unies, avait affirmé que « la prochaine guerre au Moyen-Orient sera menée sur l'eau, pas sur la politique.[8] » Sa prédiction ne s'est pas encore réalisée, mais la première chose à faire pour Walter est de comprendre ce que signifient les guerres de l'eau. La guerre de l'eau est un terme qui désigne tous les problèmes auxquels l'humanité est confrontée en ce qui concerne les ressources en eau. Il décrit les conflits que connaissent des pays, des États ou des groupes en raison de la pénurie d'eau. Cette pénurie a le plus souvent conduit à des conflits à l'échelle locale et régionale. Ainsi, si l'on considère l'eau comme une ressource limitée, les conflits qui y sont liés surviennent soit parce que la demande en ressources hydriques et en eau potable dépasse l'offre, soit parce que le contrôle de l'accès et de l'allocation de l'eau peut être contesté, soit parce que les institutions de gestion de l'eau sont faibles ou inexistantes.[9]

Les éléments d'une crise de l'eau peuvent soumettre les parties concernées à une pression telle qu'elle conduit à des tensions diplomatiques ou, dans le pire des cas, à un conflit ouvert. Les raisons d'un conflit comprennent la violence, c'est-à-dire les blessures ou les décès, les menaces de violence, y compris les menaces verbales, les manœuvres militaires et les démonstrations de pouvoir. Walter ne veut pas inclure les impacts négatifs involontaires ou accidentels sur les populations ou les communautés qui se produisent dans le contexte des décisions de gestion de l'eau. Il s'agit, par exemple, des personnes déplacées par la construction de barrages ou exposées aux effets d'événements extrêmes tels que les inondations ou les sécheresses. Il considère qu'il s'agit là d'un stress hydrique accru.[10]

Les trois types de conflits hydriques

Walter détecte trois types de conflits qui peuvent être classifiés comme suit. Tout d'abord, l'eau est l'élément déclencheur de la violence ou la cause du conflit en raison d'une pénurie, d'un différend sur son contrôle ou des systèmes d'approvisionnement. Les conflits hydriques peuvent également résulter d'une perturbation de l'accès économique à l'eau, par le biais de profits ou d'une augmentation des prix, ou lorsque l'accès physique est empêché.[11]

Deuxièmement, l'eau peut être utilisée comme une arme ou un outil dans les conflits violents. Par exemple, des groupes armés dans la capitale libyenne Tripoli ont coupé la population de l'eau en attaquant des stations de pompage, ou des colons israéliens ont inondé des oliveraies palestiniennes avec des eaux usées en 2019.

Troisièmement, les ressources en eau ou les systèmes d'approvisionnement sont souvent la pomme de discorde dans les conflits et deviennent la cible d'actes de violence, intentionnellement ou accidentellement. Les infrastructures civiles d'approvisionnement en eau du Yémen ont été attaquées à plusieurs reprises pendant la guerre. Les colons et les forces militaires israéliennes auraient détruit divers systèmes d'irrigation agricole, réservoirs et sources d'eau palestiniens. En juin 2020, des pirates informatiques égyptiens ont lancé une cyberattaque contre les systèmes d'approvisionnement en eau éthiopiens pour protester contre la construction du Grand Barrage de la Renaissance en Éthiopie.

En outre, l'eau peut engendrer des conflits lorsque son accès ou son contrôle est contesté. C'est ce qui s'est passé lors des manifestations et des troubles qui ont eu lieu en Iran en 2019, 2020 et 2021, en raison du détournement de la rivière Zayandeh-roud dans la ville d'Ispahan, ou de l'accès à l'eau d'irrigation en Inde et au Pakistan lors de graves sécheresses.

L'histoire de l'humanité est truffée d'exemples d'utilisation de l'eau comme instrument ou comme cible dans les conflits.[12] Walter tente d'en rappeler quelques-uns. Le premier exemple connu d'un véritable conflit interétatique se situe entre 2500 et 2350 avant J.-C., entre les cités-états sumériennes d'Umma et de Lagash en Mésopotamie, l'actuel Irak. L'enjeu était l'entretien et l'extension du système d'irrigation, dont les cultures dépendaient. Umma était située plus en amont sur le Tigre et pouvait donc détourner de grandes quantités d'eau par le biais de canaux vers ses propres terres. Cette situation a conduit à un conflit.

De même 596 ans avant J.-C., lorsque le roi babylonien Nabuchodonosor II détruisit une partie de l'aqueduc qui alimentait la ville de Tyr pour mettre un terme à un siège sans fin. Ou encore en 1503, lors de la bataille entre Florence et Pise, au cours de laquelle Léonard de Vinci et Machiavel ont tenté de détourner le cours de l'Arno pour couper Pise de son accès à la mer. Plus tard, en 1938, Tchang Kaï-chek, alors dirigeant de la Chine, a ordonné la destruction de digues sur une partie du fleuve Jaune en Chine pour inonder des zones menacées par l'armée japonaise.

De 1939 à 1945, les barrages des centrales électriques ont été bombardés, car considérés comme des cibles stratégiques. Au Vietnam, dans les années 1960, de nombreuses digues furent la cible de bombardements ; on estime qu'entre deux et trois millions de personnes se sont noyées ou sont mortes de faim à la suite de ces attaques. En 1999, les points d'eau et les puits du

Kosovo ont été contaminés par les Serbes. La même année, l'explosion d'une bombe a détruit la principale canalisation de Lusaka, en Zambie, privant d'eau ses trois millions d'habitants. Depuis la fin du XXe siècle, les ressources et les installations en eau sont de plus en plus menacées, notamment en Afrique, dans les Balkans et au Moyen-Orient.[13]

Walter poursuit ses investigations et trouve l'ouvrage « Guerre et eau » de Franck Galland aux éditions Robert Laffont.[14] L'auteur décrit des exemples de guerres dans lesquelles l'eau joue un rôle primordial. Comme la première guerre mondiale, « la guerre sans eau », ou comment l'eau n'a pas été anticipée dans la manœuvre militaire de la guerre de 1914-1918. De la naissance du Service des eaux des armées sur le front de l'Ouest, après le désastre humain des premiers mois de 1914, où les soldats de l'armée française n'ont pu bénéficier d'un approvisionnement en eau à la hauteur de leurs besoins, au front d'Orient où les Britanniques de l' « Egyptian Expeditionary Force » surent faire d'une contrainte un atout en approvisionnant en eau Jérusalem, six mois seulement après la libération de la Ville Sainte du joug ottoman, Walter découvre la pertinence d'un schéma dans lequel les infrastructures hydrauliques deviennent des facteurs de paix et de stabilité.

Le livre aborde alors la Seconde Guerre mondiale comme « La guerre avec l'eau », ou comment l'eau est désormais intégrée dans la manœuvre militaire. L'auteur Franck Galland traite de la guerre dans le désert et de l'importance donnée par Rommel à la manœuvre de l'eau qui a permis au Deutsche Afrika Korps de bénéficier d'un avantage initial sur les forces britanniques. Enfin, il nous entraîne dans la longue et minutieuse préparation du Débarquement en Normandie, allant de la reconnaissance des ressources en eau disponibles, des sols et des eaux souterraines grâce au soutien de la Résistance et à l'intervention d'un service de renseignement spécialisé, cousin du Special Operations Executive (SOE), tous deux disparus après la guerre.[15]

Après 1945 apparaissent des formes plus modernes de conflits liés à l'eau. L'eau y est devenue la cible de destructions dans de nombreux conflits asymétriques modernes, et ce jusqu'à l'occupation par le groupe Daech ou État islamique, des barrages sur le Tigre et l'Euphrate.

Walter découvre des techniques de guerres subversives touchant l'eau comme empoisonnement des puits, inondation ou occupation des barrages. Celles-ci ont été mises en œuvre durant les guerres révolutionnaires au Vietnam, les guerres civiles des années 1980-1990 (Liban, Ex-Yougoslavie) jusqu'aux conflits nés des Printemps arabes (Syrie, Irak, Libye, Yémen) prenant ainsi l'eau, ressource essentielle à la vie, comme objet ou arme de destruction massive, en violation complète des Conventions de Genève. Il pourrait également s'agir des menaces terroristes qui pèsent sur les systèmes d'approvisionnement en eau potable, ce que Walter ne rencontre heureusement pas dans le cadre de ses recherches.

Aujourd'hui, il s'agirait en fait d'une guerre ou d'une bataille « pour l'eau ». Cela concerne de récentes initiatives politiques et diplomatiques visant à aborder les questions et les défis liés à la protection des infrastructures hydrauliques au sein du Conseil de sécurité des Nations Unies. C'est la première fois dans l'histoire de cette institution et il s'agit d'une préoccupation urgente. Enfin, il est nécessaire de mieux préparer les armées à intervenir dans les zones très instables et dépourvues de ressources en eau. Peut-être faudrait-il créer une force multinationale pour soutenir la réparation et la construction d'infrastructures hydrauliques, se demande aussi Walter. Il s'agirait d'opérations de stabilisation et de maintien de la paix dans des pays en reconstruction, comme le G5 Sahel ou la Syrie, où les systèmes d'approvisionnement en eau potable deviennent stratégiques.

Cela tourne toujours autour du même sujet : on estime que la consommation mondiale d'eau douce a augmenté d'environ un pour cent par an entre 1987 et 2015. De nombreuses régions du Sud atteignent leurs limites d'approvisionnement. Il est à craindre que les pays les plus pauvres, qui n'ont pas assez d'eau pour répondre à leurs besoins et qui ne peuvent pas acheter suffisamment d'eau, fassent tout ce qui est en leur pouvoir pour permettre à leur nation de survivre. Ce n'est pas facile, se dit Walter, de voir des gens se battre pour leur vie ou des pays se battre entre eux pour survivre.

Les batailles pour l'eau au XXIe siècle

Pour Walter, il est de plus en plus évident que l'incapacité à satisfaire les besoins humains fondamentaux en eau contribue aux tensions liées à l'accès à l'eau. Environ quarante pour cent de la population mondiale vit le long de rivières qui traversent des frontières internationales. La question du partage équitable des ressources vitales en eau est à l'origine de tensions majeures dans le monde entier. Plus de deux cent quatre-vingts cours d'eau traversent plusieurs pays. L'eau, comme beaucoup d'autres éléments naturels, ne peut être arrêtée par les frontières des États. En 1995, Ismaïl Serageldin, alors vice-président de la Banque mondiale, a déclaré : « Si les guerres de ce siècle ont été menées pour le pétrole, les guerres du siècle prochain seront menées pour l'eau - à moins que nous ne changions notre approche de la gestion de cette ressource précieuse et vitale ». Les Nations Unies prévoient que les deux tiers de la population mondiale vivront dans des régions en situation de stress hydrique d'ici à 2025. Des pénuries d'eau massives pourraient entraîner le déplacement de sept-cents millions de personnes dans le monde au cours des années suivantes. La probabilité de conflits transfrontaliers hydriques pourrait augmenter de quatre-vingt-quinze pour cent au cours du siècle prochain. [16]

Walter veut d'abord savoir où, sur Terre, les gens ont le plus mauvais accès à l'eau. Un rapport de 2018 du Fonds monétaire international a classé le Pakistan au troisième rang des pays confrontés à des problèmes aigus de stockage de l'eau. La première place est occupée par le Timor oriental, suivi en deuxième position par le Yémen, en troisième le Pakistan, quatrième le Turkménistan, cinquième le Maroc, sixième le Lesotho, septième la Mongolie, huitième l'Inde, neuvième le Tadjikistan, dixième Djibouti, onzième l'Indonésie, douzième les Philippines, treizième le Pérou, quatorzième le Swaziland et en quinzième place l'Afrique du Sud. Des organisations humanitaires telles que World Vision ont dressé une liste des pays où l'accès à l'eau est insuffisant. Le Mozambique occupe la dixième place de cette liste, avec 52,7 pour cent de personnes ne disposant pas d'un accès de base à l'eau. Au Mozambique, les populations rurales et septentrionales sont les plus mal loties en matière d'eau potable et d'assainissement. De plus, la croissance rapide de la population et l'urbanisation mettent à rude épreuve tous les systèmes d'approvisionnement en eau. En mars et avril 2019, les cyclones Idaï et Kenneth ont porté un coup terrible à la ville côtière de Beira et au nord, respectivement, déplaçant de nombreuses familles. Les inondations se sont poursuivies pendant des mois, créant des conditions propices aux épidémies de choléra et d'autres maladies d'origine hydrique.[17]

La neuvième place est occupée par le Niger, où 54,2 pour cent de la population n'a pas accès à l'eau potable. Le Niger, le plus grand État d'Afrique de l'Ouest, est l'un des pays les plus pauvres du monde. Près de la moitié de la population vit avec moins de 1,90 US dollar par jour. La plupart des habitants cultivent des terres, ce qui les expose aux pénuries d'eau et à des sécheresses fréquentes dans des conditions arides et désertiques. Le Tchad se classe au huitième rang, avec 57,5 pour cent de la population qui n'a pas accès à l'eau de base. Au Tchad, près de six pour cent des 12,2 millions d'habitants doivent puiser l'eau dans des sources ouvertes non sécurisées, telles que les ruisseaux et les rivières, que les animaux utilisent également. La République démocratique du Congo se classe au septième rang, avec 58,2 pour cent de la population ne disposant pas d'un approvisionnement de base en eau. La République démocratique du Congo est le deuxième plus grand pays d'Afrique après l'Algérie. À l'intérieur de ses frontières ont lieu des conflits dans les régions du Kasaï oriental et central. Les épidémies, y compris la maladie à virus Ebola dans le nord-est du pays, sont fréquentes. La pauvreté est très élevée et le revenu national par habitant est inférieur à huit cents US dollars par an. Plus de cinquante millions de personnes en République démocratique du Congo utilisent de l'eau non potable. C'est tout ce qu'ils ont pour boire, cuisiner et se laver. L'eau insalubre provoque des maladies comme la diarrhée et le choléra, qui privent les enfants d'énergie et souvent de leur vie.

L'Angola se classe au sixième rang, avec cinquante-neuf pour cent de la population ne disposant pas d'un approvisionnement de base. Près d'un quart des 28,2 millions d'habitants de l'Angola utilisent de l'eau provenant d'un cours d'eau de surface ou d'un étang insalubre. Dans certains endroits, l'eau est abondante, mais ce n'est pas celle que l'on veut boire. Le transport de l'eau à domicile est essentiellement le fait des femmes et des jeunes filles, qui passent de nombreuses heures de la journée à transporter de lourds jerricans d'eau sale pour répondre aux besoins de leur famille. La Somalie arrive en cinquième position, avec soixante pour cent de la population qui ne dispose pas d'un approvisionnement de base. Le manque d'eau potable et d'assainissement, ainsi qu'une mauvaise hygiène générale, contribuent grandement aux maladies d'origine hydrique, qui touchent le plus souvent les enfants et les mères en Somalie. Pour aggraver les choses, les conflits, la sécheresse et les inondations ont déplacé environ 1,5 million de personnes dans le pays depuis 2016. L'Éthiopie se classe au quatrième rang, avec 60,9 pour cent de personnes ne disposant pas d'un approvisionnement en eau de base. L'Éthiopie a la deuxième plus forte densité de population en Afrique, avec 105 millions d'habitants. Environ soixante-quatre millions d'entre eux n'ont pas accès à l'eau potable. Si les hauts plateaux du nord de l'Éthiopie reçoivent souvent des précipitations abondantes, surviennent aussi des périodes de sécheresse grave et de variabilité des précipitations qui ajoutent à l'urgence concernant la fourniture d'un approvisionnement durable en eau. Cela est particulièrement vrai pour la population rurale, qui représente quatre-vingts pour cent des habitants.

L'Ouganda arrive en troisième position, avec 61,1 pour cent de personnes dépourvues de services d'eau de base. En Ouganda, les services d'eau et d'assainissement n'ont pas réussi à suivre le rythme effréné de deux décennies de croissance économique, de croissance démographique et d'urbanisation galopante. Le pays accueille également environ 1,4 million de réfugiés, dont beaucoup proviennent du conflit au Soudan du Sud. L'aide humanitaire internationale à ces réfugiés manque cruellement de fonds. En deuxième position, on trouve un pays qui ne fait pas partie du continent africain, la Papouasie-Nouvelle-Guinée, où 63,4 pour cent de la population n'a pas accès à un approvisionnement de base. Une grande partie de la population rurale de Papouasie-Nouvelle-Guinée vit dans des communautés isolées, dispersées dans les six cents îles de l'Asie-Pacifique que compte le pays. Souvent, les habitants des îles se voient confrontés à un manque d'eau potable et d'assainissement, et nombre d'entre eux n'ont qu'une connaissance limitée des pratiques d'hygiène de base.

La Papouasie-Nouvelle-Guinée est l'un des pays les plus exposés aux catastrophes dans la région, avec des cyclones et des inondations fréquents qui endommagent et détruisent les infrastructures, les habitations et les récoltes. Le pays où l'accès à l'eau potable est le plus difficile au monde est l'Érythrée, où 80,7 pour cent de la population n'a pas accès à un approvisionnement de base. Les Erythréens d'Afrique de l'Est sont les populations qui ont le moins accès à l'eau potable près de chez elles. L'absence d'assainissement adéquat implique des sources d'eau ouvertes souvent contaminées par les déchets humains et animaux. La déforestation et les mauvaises pratiques agricoles exacerbent également le problème de la pollution de l'eau. L'Érythrée espère toutefois voir des améliorations dans le domaine de l'eau, grâce aux efforts conjoints des gouvernements, des organisations non gouvernementales et des entreprises du secteur privé avec les communautés.[18]

Les interrelations entre les conflits hydriques

Walter cherche maintenant à établir des liens entre les différents conflits liés à l'eau. L'organisation des Nations Unies désigne cinq points chauds pour d'éventuels conflits armés : le Nil en Égypte, le Gange-Brahmapoutre en Inde, l'Indus au Pakistan, le Tigre-Euphrate en Irak et le fleuve Colorado aux États-Unis. Même si les conflits hydriques ne datent pas d'hier, sur plus de sept cents conflits dans l'histoire, moins de trente ont dégénéré en agression armée.

La guerre civile en Syrie, par exemple, a commencé pour diverses raisons. Certains analystes affirment que l'eau a été un facteur clé. La Syrie est l'un des pays les plus arides au monde. Une sécheresse exceptionnelle de 2006 à 2011 dans environ soixante pour cent du pays a provoqué la perte de soixante-quinze pour cent des récoltes et la mort de quatre-vingt-cinq pour cent du bétail en Syrie, entraînant une insécurité alimentaire et hydrique. En conséquence, 1,5 million de personnes, principalement des agriculteurs et des ouvriers agricoles, se sont déplacées vers les villes pour trouver du travail. La détérioration de l'économie, combinée à l'émergence du groupe terroriste Daech, à la propagation des manifestations du printemps arabe et à d'autres facteurs complexes, a créé les conditions d'une agitation sociale qui a débouché sur une guerre civile en 2011. Une guerre qui a entraîné la mort de plus d'un demi-million de personnes et le déplacement de douze millions d'autres, soit plus de la moitié de la population. En Jordanie, où les aquifères constituent la seule source d'eau, plus d'un demi-million de réfugiés syriens ont rendu l'eau encore plus rare. [19]

Les États-Unis d'Amérique sont en passe de devenir la cinquième zone de conflit potentiel identifiée par les Nations Unies. Le fleuve Colorado alimente en eau de nombreuses grandes villes du sud-ouest des États-Unis, dont Los Angeles, qui compte quarante millions d'habitants et doit irriguer près de 5,5 millions d'hectares de terres. Mais en raison du changement climatique et de l'augmentation du nombre de barrages, le fleuve Colorado est souvent à sec avant d'atteindre le Mexique. Et comme de plus en plus de personnes et de villes dépendent de cette ressource fluviale qui s'amenuise, les tensions risquent de s'aggraver. De l'autre côté de la frontière entre les États-Unis et le Mexique, une autre crise sévit. Des familles désespérées du Salvador, du Guatemala et d'autres pays d'Amérique latine fuient non seulement la violence, mais aussi l'extrême pauvreté et l'insécurité alimentaire et hydrique. La Banque mondiale estime que jusqu'à quatre millions de personnes pourraient être déplacées du Mexique et de l'Amérique centrale au cours des trente prochaines années en raison du changement climatique. À l'échelle mondiale, environ soixante millions de personnes ont été déplacées à cause de catastrophes météorologiques en 2018. Un quart de la population de la planète manque d'eau.[20]

Des mesures peuvent contribuer à inverser la tendance, comme cela s'est produit en Afrique du Sud. La ville du Cap a pu éviter la pénurie d'eau du « jour zéro » juste à temps. L'expression « jour zéro » désigne le jour où il n'y aura plus d'eau. Des mesures d'urgence ont été prises, telles que le détournement de l'eau de l'agriculture pour l'utiliser à des fins municipales, ou l'introduction de tarifs de consommation d'eau et la limitation de la consommation d'eau à cinquante litres par personne et par jour. Toutefois, il ne s'agit pas de solutions à long terme et le temps presse.

En effet, les eaux souterraines sont pompées dans le monde entier de manière si agressive que les pays et les villes s'enfoncent. La capitale chinoise Pékin, certaines parties de Shanghai, Mexico et d'autres villes s'enfoncent déjà lentement. Dans certaines parties de la vallée centrale de la Californie, le niveau de l'eau a baissé de 2,5 centimètres et même de soixante et onze centimètres dans certaines régions. Partout dans le monde, on s'alarme de l'épuisement des réserves d'eau souterraines. Les Nations Unies prévoient un déficit hydrique mondial d'ici à 2030, plus des deux tiers des eaux souterraines de la planète étant utilisées pour irriguer l'agriculture, tandis que le reste sert à alimenter les villes en eau potable. Richard Damania, économiste principal à la Banque mondiale, prévoit que sans un approvisionnement en eau adéquat, la croissance économique dans les régions du monde les plus touchées par le stress hydrique pourrait chuter de six pour cent du produit intérieur brut. Il conclut que les effets les plus graves du changement climatique affecteront l'approvisionnement en eau.

Les régions sèches en particulier recevront beaucoup moins de précipitations. Les troubles survenus au Yémen en 2009 étaient dus à une crise de l'eau. Les régions les plus peuplées correspondent également à celles les plus exposées au risque de pénurie. Le système aquifère arabe, qui fournit de l'eau à soixante millions de personnes en Arabie saoudite et au Yémen, est le plus surchargé. Le bassin de l'Indus, dans le nord-ouest de l'Inde et au Pakistan, vient en deuxième position, et le bassin de Murzuk-Djado, en Afrique du Nord, en troisième position.[21]

Les techniques d'irrigation ont permis de cultiver des produits gourmands en eau dans des régions arides, ce qui a donné naissance à des économies locales difficilement réversibles aujourd'hui. Il s'agit notamment de la canne à sucre et du riz en Inde, du blé d'hiver en Chine et du maïs dans les hautes plaines du sud de l'Amérique du Nord. L'aquaculture est en plein essor dans le bassin intérieur de la rivière Ararat, à la frontière entre l'Arménie et la Turquie. Les températures des eaux souterraines sont suffisamment basses pour permettre l'élevage de poissons d'eau froide tels que la truite et l'esturgeon. En moins de vingt ans, l'aquifère a été tellement épuisé pour les étangs de pisciculture que l'approvisionnement en eau municipale de plus de deux douzaines de communautés est menacé. Il est extrêmement difficile de calculer ce qui reste dans les aquifères.

En 2015, des scientifiques de l'université de Victoria, en Colombie-Britannique (Canada), ont conclu que moins de six pour cent des eaux souterraines situées à plus de deux kilomètres de la masse terrestre pouvaient être renouvelées au cours d'une vie humaine. Cependant, d'autres hydrologues avertissent que les mesures peuvent être trompeuses. La façon dont l'eau est distribuée dans l'aquifère est plus importante. Lorsque le niveau de l'eau descend en dessous de 1,5 mètre, il n'est souvent pas rentable de pomper l'eau à la surface, et une grande partie de cette eau est saumâtre, saline ou contient tellement de minéraux qu'elle est inutilisable.

La réduction des conflits hydriques est l'un des outils les plus importants pour réaliser le droit de l'homme à l'eau déclaré par les Nations Unies en 2010. Selon les scientifiques, l'épuisement des eaux souterraines est une crise à évolution lente ; il est donc possible de développer à temps de nouvelles technologies et des économies d'eau dans les pays et les régions. En Australie occidentale, de l'eau dessalée a été injectée pour réalimenter le grand aquifère que Perth, la ville la plus sèche d'Australie, exploite pour son eau potable. La Chine s'efforce de réglementer le pompage. Dans l'ouest du Texas, la ville d'Abernathy fore dans un aquifère plus profond situé sous l'aquifère des Hautes Plaines et mélange les deux aquifères pour compléter l'approvisionnement en eau de la ville. La diplomatie de l'eau peut contribuer à éviter les conflits et à instaurer la confiance entre les États. Toutefois, il s'agit d'un processus à long terme qui peut connaître des revers. En Afrique australe, par exemple, de nombreux progrès ont déjà été réalisés. On peut citer le fleuve Okavango, qui traverse l'Angola, la Namibie et le Botswana, et le fleuve Orange, qui traverse le Lesotho, la Namibie et l'Afrique du Sud. S'y ajoutent également des fusions sur le Mékong en Asie du Sud-Est, qui passe par six pays. Il existe également des approches de dialogue sur l'eau entre les Jordaniens, les Palestiniens et les Israéliens.

Dans d'autres régions du monde, ce n'est pas encore le cas. Ce qu'il faut, c'est renforcer les leaders d'opinion dans les pays. Il reste encore beaucoup à faire en Asie centrale, tout comme au Tchad ou en Afrique centrale. La pénurie d'eau y est très importante et la situation sécuritaire très précaire. Des difficultés peuvent également survenir le long des fleuves en Asie du Sud. En Afrique de l'Est, où l'eau est particulièrement rare, la répartition de l'eau des fleuves pour l'agriculture fait déjà l'objet de conflits armés. C'est également le cas en Asie. Au Moyen-Orient, l'eau est utilisée comme une arme par le groupe terroriste Daech, notamment en plaçant des barrages sous leur contrôle, en réduisant l'accès à l'eau pour la population ou en inondant des pans de territoire. Cela peut affecter un million de personnes, dont beaucoup se noient.

En Iran, par exemple, les pénuries d'eau ont déclenché des manifestations au cours de l'été 2021, surnommées « le soulèvement des assoiffés ». Dans le même temps, les tensions se sont ravivées dans le conflit de longue date avec l'Afghanistan, pays voisin, au sujet du barrage de Kamal Khan, situé en amont de la rivière Helmand. Susanne Schmeier est professeur associé en droit de l'eau et diplomatie de l'eau à l'IHE Delft aux Pays-Bas, un institut de l'UNESCO qui assure l'éducation et la formation sur les questions d'eau et d'approvisionnement en eau dans le monde entier. Selon Susanne Schmeier, de nombreuses accusations, telles que l'accaparement de l'eau par les pays voisins, constituent souvent des stratégies commodes pour détourner l'attention de problèmes nationaux tels que le prix élevé de l'eau ou l'inefficacité de l'infrastructure de l'eau. À chaque fois que l'Iran est confronté à de graves crises nationales hydriques, comme des manifestations d'agriculteurs ou des conflits entre citadins et agriculteurs, explique Mme. Schmeier, « on assiste en même temps à de fortes déclarations des responsables politiques iraniens à l'égard de l'Afghanistan : 'nous voulons notre juste part de la rivière' ». Alors que l'Iran accuse son voisin en amont d'accaparer l'eau, il construit lui-même des barrages, comme sur l'Helmand et d'autres fleuves, dont un affluent du Tigre qui se jette dans l'Irak. L'Irak, quant à lui, est confronté à des pénuries d'eau. Ce pays frappé par la sécheresse accuse l'Iran et la Turquie d'être responsables de ses pénuries.

Le Dniepr, par exemple, prend sa source à une altitude d'environ deux cent vingt mètres dans une petite tourbière sur le versant sud des collines forestières de Russie, à environ deux cent quarante kilomètres à l'ouest de Moscou, et coule vers le sud à travers la Russie occidentale, le Belarus et l'Ukraine jusqu'à la mer Noire. C'est l'un des plus importants et le quatrième plus long fleuve d'Europe avec une longueur totale de 2 285 kilomètres. Kiev est située sur les rives du fleuve Dniepr, qui traverse le centre de l'Ukraine du nord au sud jusqu'à la mer Noire. Les projets de barrages sont destinés à fournir de l'électricité et de l'eau aux pays exploitants, souvent au grand dam des États voisins.

Peu après le début de la guerre d'agression russe contre l'Ukraine, la Russie a annoncé que son armée avait bombardé un barrage sur le canal du nord de la Crimée. L'Ukraine avait construit ce barrage après l'annexion de la Crimée par la Russie en 2014, fermant ainsi littéralement le robinet de la péninsule : l'approvisionnement en eau vital du territoire occupé était ainsi bloqué, ce qui a entraîné des pénuries d'eau massives. Il est vrai que la guerre en Ukraine n'est pas menée pour l'approvisionnement en eau de la Crimée.[22] Mais le barrage est un exemple de la façon dont le pouvoir sur l'eau est utilisé comme monnaie d'échange politique, a indiqué Ashok Swain, professeur d'études sur la paix et les conflits à l'université suédoise d'Uppsala et ancien titulaire de la chaire UNESCO sur la coopération internationale dans le domaine de l'eau.

Même en Crimée, explique Ashok Swain, si la communauté internationale avait impliqué la Russie et l'Ukraine dans la résolution du problème humanitaire de l'eau, elle aurait pu fournir aux deux États « un forum pour négocier et chercher des solutions - au problème de l'eau, mais aussi à d'autres problèmes ».

En Ukraine, Mehmet Altingoz, qui étudie la gestion transfrontalière à l'université américaine du Delaware, estime qu'un accord sur la question humanitaire de l'approvisionnement en eau de la Crimée aurait pu contribuer à réduire les tensions. « L'OTAN et l'Occident ont manqué une occasion d'apaiser les tensions dans la région en exhortant l'Ukraine à trouver un moyen de coopérer pour fournir un accès à l'eau à la Crimée », selon un article récent dont il est le coauteur.

Les barrages chinois sur le Mékong sont accusés d'être à l'origine des sécheresses en Thaïlande et au Cambodge. Les tensions internationales hydriques dégénèrent rarement en conflit à part entière. Et lorsqu'elles éclatent, l'eau n'est souvent qu'un substitut à d'autres problèmes. Les tensions géopolitiques ou les différends économiques sont allégués à l'eau. Sur le Mékong, par exemple, des facteurs très différents peuvent entraîner un faible niveau d'eau dans les États riverains situés en aval. Toutefois, les États concernés attribuent le problème à la construction massive de barrages par les Chinois. Les pays voisins s'inquiètent de plus en plus des conséquences de la puissance croissante de la Chine. [23]

« Je pense que cela se reflète également dans la question de l'eau », précise Scott Moore, directeur du programme chinois et des initiatives stratégiques à l'université de Pennsylvanie. [24]

La Turquie a construit des barrages sur le Tigre et l'Euphrate. L'Irak et la Syrie affirment aujourd'hui que ces barrages les assèchent en aval. Lors de la construction du barrage Atatürk dans les années 1980, la Turquie s'était engagée à déverser cinq cents mètres cubes (m^3) d'eau de l'Euphrate par seconde à travers le barrage vers la Syrie voisine. Aujourd'hui, la Turquie accuse le changement climatique d'être à l'origine d'un volume d'eau nettement inférieur. Les Kurdes syriens de l'autre côté de la frontière, quant à eux, estiment que la Turquie réduit délibérément le débit d'eau afin d'exercer une pression sur les régions kurdes. Pour Walter, cela semble logique : lorsque des conflits éclatent, l'eau n'est souvent qu'un substitut à d'autres problèmes. S'agit-il vraiment de calmer les gens en transférant les questions difficiles sur le thème de l'eau ?[25]

Les « puissances » de l'eau

Walter découvre avec consternation que la limite planétaire pour l'eau douce a déjà été dépassée en avril 2022. C'est ce que rapporte une équipe internationale de chercheurs dirigée par le Stockholm Resilience Centre et le Potsdam Institute for Climate Impact Research. « L'eau est le système sanguin de la biosphère. Mais nous sommes en train de modifier profondément le cycle de l'eau. Cela affecte maintenant la santé de la planète entière, la rendant beaucoup moins résistante aux chocs », déclare Lan Wang-Erlandsson du Centre de résilience de Stockholm à l'université de Stockholm. Les limites planétaires marquent l'espace de sécurité dans lequel l'humanité peut agir. L'eau est l'un des neuf régulateurs de l'état du système terrestre et la sixième limite que les scientifiques ont identifiée comme ayant déjà été franchie.[26] Les autres limites dépassées sont les suivantes : le changement climatique, l'intégrité de la biosphère, les cycles biogéochimiques, les changements du système terrestre et, dans 2022 nouveaux domaines, les matières synthétiques et autres produits chimiques fabriqués par l'homme. Jusqu'à présent, l'eau était toujours considérée comme étant dans la zone de sécurité. Toutefois, la limite initiale pour l'eau douce ne concernait que les prélèvements d'eau dans les rivières, les lacs et les nappes phréatiques, connus sous le nom d' « eau bleue ». Aujourd'hui, des scientifiques ont examiné plus en détail la limite des eaux. Selon eux, les évaluations précédentes ne tenaient pas suffisamment compte du rôle de l' « eau verte », et de l'humidité du sol en particulier, pour assurer la résilience de la biosphère, garantir les puits de carbone terrestres et réguler la circulation atmosphérique.[27]

« La forêt amazonienne dépend de l'humidité du sol pour sa survie. Or, il est prouvé que certaines parties de l'Amazonie sont en cours d'assèchement. La forêt perd l'humidité de son sol en raison du changement climatique et de la déforestation », explique Arne Tobian, doctorant au Centre de résilience de Stockholm et à l'Institut de Potsdam pour la recherche sur les incidences du climat. « Ces changements pourraient rapprocher l'Amazonie d'un point de basculement où de grandes parties de la forêt tropicale pourraient se transformer en savane », a-t-il ajouté. Et ce n'est pas seulement en Amazonie. Ce phénomène est mondial. Partout, des forêts boréales du nord aux tropiques, des terres agricoles aux forêts, l'humidité du sol change. Les sols exceptionnellement humides et secs deviennent monnaie courante. « Cette dernière analyse scientifique montre comment nous, les humains, pourrions modifier l' « eau verte » en une courte période que la Terre a connue pendant plusieurs milliers d'années au cours de l'Holocène », a conclu M. Rockstrom. Il s'agit d'une menace sérieuse pour les systèmes de maintien de la vie sur Terre, causée par le réchauffement climatique, la gestion non durable des terres et la destruction de la nature. Qu'est-ce que l'« eau verte », « bleue » ou « grise » ? Ces termes ont été créés au fil du temps pour désigner la somme de l'eau consommée directement et indirectement par l'homme, connue sous le nom d'empreinte. L'eau virtuelle verte correspond à l'eau de pluie et à l'eau du sol utilisée dans le cadre du cycle naturel de l'eau. L'eau virtuelle bleue correspond à l'eau utilisée des rivières et des lacs, ainsi qu'aux eaux souterraines. L'eau virtuelle grise est l'eau polluée. [28]

En outre, les ressources en eau douce se trouvent inégalement réparties dans le monde. Même sur un seul continent, a-t-il constaté, il remarque de grandes différences : Lloró, en Colombie, est l'endroit le plus humide du monde et Arica, au Chili, le plus sec. De plus, la surface de la mer est beaucoup plus importante au sud qu'au nord. Le continent antarctique est encore recouvert d'une épaisse couche de glace, tandis qu'au nord, ne se trouvent que la couche de glace du Groenland et les glaces flottant sur l'océan Arctique. La différence de rayonnement solaire joue également un rôle. Elle agit entre les pôles et l'équateur et d'est en ouest, en fonction des circulations atmosphériques et des barrières de relief. Ainsi, la majeure partie de l'eau atmosphérique se situe principalement le long des tropiques, zones d'évaporation intense de l'eau chaude à la surface des océans. Lorsque Walter trace les frontières terrestres en conséquence, une image complètement nouvelle apparaît. Les Nations Unies ont ainsi déterminé neuf pays qui concentrent soixante pour cent des ressources en eau douce. On les appelle les « puissances de l'eau » : le Brésil, la Colombie, le Congo, la Russie, l'Inde, le Canada, les États-Unis, l'Indonésie et la Chine.

Le Brésil, par exemple, possède le plus grand volume de ressources renouvelables en eau douce au monde : un total d'environ 8 647 kilomètres cubes (km^3) par an. L'eau douce du Brésil représente environ douze pour cent des ressources mondiales en eau douce. La région amazonienne contient plus de soixante-dix pour cent de l'eau douce totale du pays. Pourtant, São Paulo, l'une des régions les plus peuplées du Brésil, souffre d'une grave sécheresse. En outre, l'accès à l'eau douce dans les quartiers pauvres des zones urbaines reste un défi. La Russie dispose, quant à elle, de 4 525 km^3 de ressources en eau douce par an. Elle abrite le lac

Baïkal, le plus grand et le plus profond lac d'eau douce du monde. Il stocke jusqu'à un cinquième de l'eau douce de la planète. Le lac s'est formé dans le fossé d'effondrement de la croute terrestre. Mais le volume du lac a progressivement diminué en raison du changement climatique. Le lac Baïkal abrite une grande population de phoques et, avec vingt-trois mille milliards de mètres cubes d'eau, il constitue l'une des plus grandes réserves d'eau potable au monde. Il est inscrit au patrimoine mondial de l'humanité pour la richesse de sa faune.[29]

Aux États-Unis, le volume des ressources renouvelables en eau douce est d'environ 3 069 km^3 par an. La plupart des ressources du pays sont des eaux de surface. Environ soixante-dix-sept pour cent de l'eau douce est constituée d'eaux de surface et vingt-trois pour cent d'eaux souterraines. La majeure partie de l'eau douce provient des lacs. Les États-Unis en comptent des milliers, dont les célèbres Grands Lacs. Les rivières, les étangs et les réservoirs constituent d'autres sources d'eau douce. Au Canada, la quantité d'eau douce renouvelable est d'environ 2 902 km^3 par an. La majeure partie de l'eau douce du Canada se trouve dans son réseau fluvial diversifié et dans ses lacs. L'eau douce des lacs canadiens fournit de l'eau potable à plus de huit millions de personnes et soutient un quart de l'agriculture du pays. Le pays dispose également d'eau douce souterraine dans de petits étangs ou des glaciers. Les eaux souterraines sont en grande partie non renouvelables.[30]

La Chine possède le cinquième plus grand volume de ressources renouvelables en eau douce au monde. Elle dispose d'environ 2 840 km^3 d'eau douce par an. Le lac Poyang, dans la province de Jiangxi, est le plus grand lac d'eau douce de Chine. Les rivières Xin, Xiu et Gan y déversent toutes leurs eaux. Le volume du lac fluctue en fonction des saisons. À cet égard, le classement des pays disposant d'un volume d'eau disponible en mètres cubes, en termes d'accès par habitant et par an, évolue comme suit : au Canada 78 274, au Brésil 41 280, en Russie 31 052, aux États-Unis 9 382 et en Chine 1 946. À titre de comparaison, la France, par exemple, dispose de deux cent onze km^3 d'eau douce par an, soit 3 247 m^3 d'eau par habitant et par an. [31]

Les pays où l'accès à l'eau potable est le plus faible sont l'Érythrée, la Papouasie-Nouvelle-Guinée, l'Ouganda, l'Éthiopie et la Somalie. L'accès à l'eau potable comprend à la fois le pourcentage de la population qui utilise les services d'eau de base et le pourcentage de la population qui utilise des services d'eau gérés en toute sécurité. La quantité d'eau disponible par habitant est donc une variable importante. Ces ressources sont essentielles pour la protection de la biodiversité, la production alimentaire et d'énergie hydroélectrique. Les pays disposant d'une grande quantité d'eau ont rarement des problèmes d'approvisionnement en eau douce domestique. [32]

Enfin, Walter constate de grandes différences à l'intérieur d'un même pays qui peuvent r aussi bien dans les régions désertiques que dans les régions inondées. C'est notamment le cas en Inde, où certaines régions bénéficient de la mousson et d'autres sont désertiques. Ou encore de la Libye qui, avec le Tchad, l'Égypte et le Soudan, exploite le gigantesque aquifère de grès nubien qui contient cent cinquante mille milliards de mètres cubes d'eau souterraine, mais qui est en situation de stress hydrique. L'eau n'étant pas inépuisable, nous devons tout mettre en œuvre pour préserver cet élément vital, en surveiller notre consommation et repenser la gestion de l'eau de manière globale.[33]

Les incendies qui font rage en Australie ont entraîné une forte diminution de la disponibilité de l'eau. Le pays est confronté à une crise d'approvisionnement qui entraînera des conséquences évidentes à moyen et à long terme sur la sécurité nationale, notamment en raison de son impact négatif inévitable sur les budgets de la défense.[34] Un examen des cartes des précipitations en Australie au cours des cent dix-neuf dernières années montre une corrélation évidente entre les zones ravagées par les incendies et les précipitations les plus faibles enregistrées depuis plus d'un siècle (mesurées en déciles). Les données mensuelles du Bureau météorologique australien pour 2019 s'avèrent encore plus convaincantes en ce qui concerne la localisation des récents foyers d'incendie. Le lien est à la fois évident et mis en évidence par les dirigeants politiques et les pompiers. Les longues périodes sèches libèrent une grande quantité de matériaux combustibles très secs propices aux incendies de forêt. De surcroît, le principal réseau fluvial du pays est sur le point de s'effondrer. Il est prévisible que le niveau des rivières diminuera de dix à vingt-cinq pour cent d'ici dix ans.

Pour garantir sa sécurité hydrique, l'Australie doit continuer à s'adapter. Le Grand Sydney sera confronté à un déficit hydrique de treize pour cent d'ici vingt ans si la ville continue à se développer au même rythme, alors que le changement climatique rend les précipitations moins prévisibles. C'est ce que prévoit le gouvernement australien. D'ici 2030, l'offre de ressources naturelles ne répondra pas à la demande. [35]

Le cycle de l'eau et la pluie

Il est maintenant temps pour Walter de s'intéresser à l'élément en tant que tel : Nous disposons d'assez d'eau sur terre pour éteindre tous ces incendies géologiques et géopolitiques. Notre « planète bleue » est recouverte aux trois quarts d'eau. Cependant, 97,2 pour cent de cette eau est salée ou mélangée à du sel sous forme d'eau saumâtre. L'eau douce ne représente que 2,8 pour cent de toute l'eau de la planète, et seule l'eau douce permet la vie sur la terre ferme, y compris la vie humaine. Ces 2,8 pour cent d'eau douce se répartissent comme suit : 2,15 pour cent sur la glace polaire, 0,63 pour cent sous forme d'eau souterraine, 0,02 pour cent sous forme d'eau de surface dans les ruisseaux, les rivières et les lacs, et 0,001 pour cent sous forme d'eau atmosphérique. En dehors de la glace polaire, il reste donc très peu d'eau douce directement utilisable.[36]

Qu'est-ce qui compose notre cycle de l'eau ? Walter trouve une bonne explication dans la revue *Nature*.[37] L'eau douce liquide est cachée sous forme d'eau souterraine dans les cavités de la croûte terrestre. Seule une très petite partie s'écoule sous forme d'eau de surface dans les rivières et les lacs ou est stockée dans le sol sous forme d'eau souterraine, dans les plantes et dans l'atmosphère. Ainsi, tous les êtres vivants à la surface de la terre n'ont facilement accès qu'à une très petite partie de l'eau totale disponible. Tous ces réservoirs d'eau sont reliés entre eux et forment le cycle de l'eau sur Terre. Ce cycle est alimenté par le rayonnement solaire et la force gravitationnelle de la terre.

La chaleur du soleil provoque l'évaporation de l'eau à la surface du sol. Elle pénètre dans l'atmosphère sous forme de vapeur d'eau. Celle-ci se condense dans les hauteurs froides et retombe sur la terre sous forme de précipitations de pluie, de neige, de grésil ou de grêle. Une partie de l'eau s'infiltre et renouvelle les nappes phréatiques. Trois fois plus d'eau douce tombe sur les océans et le reste sur le continent. Sur le continent, un surplus est transporté des océans vers les surfaces terrestres. Cette eau retourne à la mer par l'intermédiaire des rivières ou sous forme de ruissellement souterrain. Ce faisant, elle emporte les roches dures dans un flux constant et rejette le sable et les débris dans les basses terres et sur les côtes.

Les organismes jouent également un rôle important, surtout pour les forêts : ils agissent comme une éponge, retenant l'eau après les précipitations et ne la libérant que progressivement. Grâce à leurs racines, les arbres stabilisent le sol, qui stocke l'eau. La cime des arbres offre de l'ombre aux mousses et autres plantes qui la gardent eux aussi. Les feuilles des arbres eux-mêmes évaporent l'eau, qui retombe ensuite sous forme de pluie. Les grandes forêts, comme la forêt tropicale brésilienne, génèrent une partie de leurs propres précipitations et influencent l'équilibre hydrique de la terre.

L'eau douce est donc constamment renouvelée par le cycle hydrologique de l'eau de pluie, de l'évapotranspiration et de l'évaporation. Les nuages sont formés de vapeur d'eau et de particules d'humidité. Lorsque ces gouttelettes entrent en contact avec un élément solide, comme une particule de poussière ou de fumée, elles s'enroulent autour de la particule et grossissent. Les gouttelettes peuvent également entrer en collision avec d'autres gouttelettes et former une particule plus grande avec un poids plus important. Si le poids d'une gouttelette la fait tomber plus vite que le courant ascendant de l'air, elle se transforme en précipitation et tombe sur la terre. Des millions de gouttelettes participent à former une goutte d'eau de pluie.[38]

Lors d'une averse, la pluie s'infiltre dans le sol pour rejoindre les rivières, les lacs et les nappes phréatiques. L'effet le plus connu et le plus important de l'eau de pluie est l'approvisionnement en eau potable. Selon le United States Geological Survey, l'eau de pluie entre dans le sol par un processus appelé infiltration. Une partie de l'eau s'infiltre profondément sous les couches supérieures du sol, où elle remplit l'espace entre les roches souterraines. Elle se transforme en eau souterraine, également appelée nappe phréatique. Les eaux souterraines représentent moins de deux pour cent de l'eau de la Terre, mais elles fournissent trente pour cent de notre eau douce. Sans le renouvellement continu de la nappe phréatique par l'eau de pluie, l'eau potable deviendrait plus rare qu'elle ne l'est déjà.[39]

L'eau de pluie peut jouer un rôle clé dans les caractéristiques climatiques de certaines régions. Sa simple présence dans l'atmosphère permet un type d'évaporation directe, important pour l'humidité et la chaleur dans les systèmes nuageux. Selon une étude conjointe de Cal Tech et de l'université du Colorado, l'évaporation des précipitations est en partie à l'origine de l'humidité tropicale. Celle-ci a révélé qu'entre vingt et cinquante pour cent des précipitations dans les zones tropicales s'évaporent et n'atteignent jamais le sol. L'étude a utilisé un spectromètre d'émission troposphérique embarqué sur un vaisseau spatial pour étudier l'eau dans l'atmosphère.

L'eau pour l'alimentation et bien plus encore

Qu'elle tombe du ciel ou qu'elle soit pompée dans les rivières et les nappes phréatiques, l'eau douce est indispensable à la survie de l'homme. Elle n'est qualifiée de potable que lorsqu'elle ne nuit pas à la santé des personnes. L'eau douce en tant qu'eau pure ne se trouve pas à l'état naturel, car elle résulte principalement du cycle de l'eau sur terre. Pour tous les êtres vivants, l'élément est d'une grande importance ; certains d'entre eux sont même constitués à quatre-vingt-dix pour cent d'eau.

Chez l'homme, la proportion d'eau diminue constamment au cours de la vie : un fœtus est composé de quatre-vingts pour cent d'eau, tandis que les personnes âgées n'en ont plus que cinquante pour cent. De plus, ces valeurs varient en fonction du sexe et du poids corporel. À l'âge adulte, le corps d'un homme est composé d'environ soixante pour cent d'eau. Le tissu adipeux en stockant moins que la masse musculaire, la teneur en eau des femmes est inférieure à celle des hommes (environ cinquante-cinq pour cent).

En outre, comme à la surface de la terre, l'eau n'est pas uniformément répartie dans le corps humain. Selon les tissus, sa quantité dans le corps varie fortement, par exemple : soixante-dix-huit pour cent dans les poumons, soixante-dix-neuf pour cent dans le sang ou soixante-seize pour cent dans le cerveau. Chacun de nos organes est constitué de cellules, les cellules rénales, pulmonaires, cérébrales, nerveuses, etc. Ces cellules sont remplies d'eau, tout comme l'espace qui les sépare. [40]

L'eau remplit un certain nombre de fonctions essentielles au fonctionnement de notre organisme. Elle sert de matériau de construction. Son caractère « collant » joue un rôle dans la capacité à transporter des matériaux à travers notre corps grâce à la tension de surface. Les glucides et les protéines sont métabolisés et transportés dans la circulation sanguine. L'eau transporte également l'oxygène et les nutriments vers les organes et leurs cellules. Elle sert d'amortisseur pour le cerveau, la moelle épinière et le fœtus. Elle forme la salive et lubrifie nos articulations. Enfin, elle régule la température interne de notre corps par la transpiration et la respiration. L'eau sert également à éliminer les produits métaboliques, les déchets corporels, principalement par la miction, la respiration et la transpiration. Et bien d'autres choses encore.[41] Il est donc nécessaire de remplacer quotidiennement cette quantité d'eau pour éviter la déshydratation de l'organisme et pour pouvoir survivre. Bien entendu, ces valeurs varient également en fonction de l'endroit où l'on vit.

Le 18 juin 2019, Angela Merkel, alors chancelière allemande, a pu constater à quel point notre corps a besoin de s'hydrater et combien nous l'oublions souvent dans notre vie quotidienne. Lors d'une réception, elle s'est soudain mise à trembler. Peu de temps après, les tremblements se sont calmés. Lors d'une conférence de presse ultérieure, la chancelière a signalé qu'elle avait depuis lors « bu au moins trois verres d'eau » - ce qui lui avait apparemment échappé. « Le tremblement n'est pas en soi alarmant d'un point de vue médical. D'une manière générale, il n'est pas invraisemblable que de tels tremblements puissent être attribués à une déshydratation », explique le docteur Alexander Schultze, directeur médical adjoint du service des urgences du centre médical universitaire de Hambourg-Eppendorf, à l'agence de presse allemande DPA.[42]

Avant de pouvoir être bue, l'eau doit généralement être traitée. C'est pourquoi différents pays et l'Organisation mondiale de la santé (OMS) ont établi une norme. La directive européenne « relative à la qualité des eaux destinées à la consommation humaine » est basée sur cette réglementation. Celle-ci spécifie le nombre minimum de substances à tester dans l'eau potable et les valeurs limites admissibles associées en microgrammes par litre, ainsi que la fréquence des mesures à effectuer. En Allemagne et en Autriche, la qualité de l'eau potable est réglementée par une ordonnance « directive eau potable ». Ces ordonnances transposent en droit national la directive européenne « relative à la qualité des eaux destinées à la consommation humaine » (98/83/CE). En Autriche, l'amendement correspondant à la législation sur l'eau potable a été promulgué le 21 août 2001. En Allemagne, il est entré en vigueur le 1er janvier 2003. Le respect de ces réglementations par le fournisseur d'eau est contrôlé par les autorités sanitaires.[43]

Selon ce principe, l'eau potable ne doit pas contenir de microorganismes susceptibles de provoquer des maladies. De surcroît, l'eau doit être fraîche, appétissante, inodore et incolore pour inciter à la boire. Elle doit contenir une concentration minimale de minéraux, tels que les ions calcium, magnésium, carbonate, hydrogénocarbonate et sulfate. Leur concentration est exprimée par le degré de dureté de l'eau : l'eau potable doit avoir un minimum de cinq degrés et un maximum de vingt-cinq degrés de dureté totale allemande (dH), et la valeur du pH doit être comprise entre 6,5 et 9,5. Elle est généralement traitée pour la consommation humaine par des procédés chimiques et physiques. L'eau de source est généralement pure et ne nécessite aucun traitement supplémentaire tant qu'elle n'est pas contaminée par des polluants ou des effets environnementaux. L'eau de surface pompée dans les lacs ou les rivières doit être traitée de la même manière que l'eau de mer.

Les cinq types d'eau potable

Dans les pays dits du Nord, il est généralement possible de boire l'eau du robinet. Toutefois, sa qualité peut varier considérablement d'une région à l'autre, car elle se compose d'eaux souterraines et d'eaux de surface. L'eau potable peut être utilisée de différentes manières, sous forme d'eau du robinet, en bouteilles ou dans des citernes à des fins industrielles. Il y a cinq types d'eau potable : l'eau du robinet, l'eau de table, l'eau de source, l'eau minérale et l'eau médicinale. L'eau de table, moins chère, provient généralement d'une source, mais elle peut aussi être mise en bouteille à partir du robinet. L'eau de table ne doit respecter que la réglementation relative à l'eau potable. L'eau de source provient d'une source spécifique qui fournit de l'eau potable à l'état naturel. Pour utiliser cette source, un permis gouvernemental est généralement nécessaire. Cette eau est mise en bouteille directement à partir de la source dans une station d'embouteillage. Elle n'est pas traitée et est mise en bouteille dans son état d'origine. L'eau minérale, quant à elle, est une eau de source spéciale qui contient des quantités relativement importantes de minéraux et d'oligo-éléments qui affectent la santé de ceux qui la boivent.

L'eau gazeuse provenant d'une source ou du réseau de distribution d'eau, à laquelle on a ajouté du dioxyde de carbone ou un autre gaz provenant de la nappe phréatique, est également très populaire en Allemagne. Une distinction est faite entre l'eau gazeuse naturelle, lorsque le gaz provient de la source de l'eau, et l'eau à laquelle du gaz a été ajouté industriellement lors de la mise en bouteille. L'eau dite médicinale est l'un des plus anciens remèdes naturels au monde. Souvent, cette eau provient de lieux de pèlerinage sacrés, comme Lourdes en France. Walter se souvient d'une visite à Lourdes. Dans un restaurant, le patron lui a dit que l'eau de son robinet était aussi bonne que celle de la source sainte. « C'est de là qu'elle est pompée. Vous pouvez la boire, ainsi vous n'aurez pas à faire la queue avec les personnes en pèlerinage ». Ses effets sont considérés par les fidèles comme bénéfiques pour la santé. Les cures Kneipp et le jeûne thérapeutique sont également basés sur les effets bénéfiques de l'eau médicinale sur la santé. À Bad Kissingen, par exemple, elle est considérée comme un ancien remède naturel.

De nombreuses boissons, telles que la bière ou le vin, sont fabriquées à partir d'eau. La bière, par exemple, est composée à plus de quatre-vingt-dix pour cent d'eau. Au cours du processus de brassage, l'orge est trempée dans l'eau. Une teneur élevée en magnésium donne à la bière un goût amer, tandis que le sodium lui donne un goût plus salé ou plus acide. L'eau douce est utilisée pour les bières légères et riches en houblon, comme la bière de type Pilsen. Pour une bière plus sombre et plus maltée, on a tendance à utiliser une eau plus dure. De plus, le processus de brassage nécessite de grandes quantités d'eau pour le nettoyage et le refroidissement. C'est pourquoi de nombreuses brasseries disposent de leurs propres puits profonds, voire de leurs propres sources d'eau potable. Le vin est également composé d'eau et d'alcool, ainsi que d'autres éléments. Ces deux substances ayant des points d'ébullition différents, elles peuvent ainsi être séparées. Le distillat final est l'éthanol, mais malgré les points d'ébullition différents, il contient aussi de l'eau. Walter se dit qu'il n'en est pas encore au bout de ses recherches. Tout cela lui donne soif. Il saisit son verre d'eau. Une bière ou un verre de vin peuvent attendre le lendemain.[44]

L'eau est le principal composant de la plupart des aliments. Bien qu'elle ne leur apporte aucune valeur énergétique, son l'existence influence la structure, l'aspect et le goût des aliments, ainsi que leur durée de conservation. Leur teneur en eau est très variable. La viande et le poisson, par exemple, contiennent de soixante-cinq à soixante-dix pour cent d'eau. Quant au fromage, sa teneur en eau dépend de son mode de fabrication. Plus il est pressé, plus il est sec et plus sa teneur en eau est logiquement faible. Avec environ trente pour cent d'eau, le pain est considéré comme une céréale assez riche en eau par rapport aux biscottes (cinq pour cent), aux biscuits secs (cinq pour cent) et aux céréales pour petit-déjeuner (deux à trois pour cent). Les pâtes, le riz et la semoule n'en contiennent pratiquement pas. Mais comme ils sont cuits avec de l'eau pour devenir comestibles, leur teneur en eau augmente jusqu'à soixante-dix pour cent. [45]

Plus tard, Walter étudiera l'empreinte hydrique de différents aliments, car les êtres humains ont besoin d'eau non seulement pour se nourrir, mais aussi pour cuisiner, se laver et s'occuper de leur hygiène personnelle. Un individu utilise environ trente-cinq pour cent de toute l'eau consommée à la maison uniquement pour le bain, la douche et l'hygiène personnelle. Lors de la pandémie de Covid 19, il était recommandé de se laver fréquemment et soigneusement les mains avec du savon pendant vingt à trente secondes. Les gens ont également besoin d'eau supplémentaire pour laver la vaisselle, se laver, nettoyer leur logement, entretenir les voitures et jardiner.[46]

L'accès à l'eau et aux infrastructures

Il n'est pas seulement important que les gens aient accès à de l'eau potable pour boire, cuisiner ou se laver. En Afrique, par exemple, de nombreuses personnes n'ont pas accès à des sources d'eau potable, à des puits sécurisés ou même à des raccordements d'eau. Mais même en Europe et en Amérique du Nord, de nombreuses personnes n'ont pas l'eau courante à leur domicile, en particulier dans les zones rurales. Les pénuries peuvent résulter d'un manque d'accès à l'eau ou d'un manque d'infrastructures. Cela augmente le stress hydrique, ce qui peut entraîner des conflits si la demande est supérieure à l'offre. En outre, le pouvoir de décider qui peut avoir un accès particulier à l'eau et le processus de distribution peuvent conduire à l'écrasement ou à la mise en minorité de l'autre, ce qui peut entraîner des tensions supplémentaires non désirées.[47]

Le manque d'accès à l'eau et de traitement de l'eau

La rareté de l'eau dans un pays peut être due à un manque d'infrastructures, lorsque l'accès à l'eau douce n'est pas suffisant. Dans ce cas, on suppose que les institutions n'ont pas réussi à assurer un approvisionnement régulier, même si nous disposons de suffisamment d'eau. En raison des longs canaux creusés par l'homme, l'eau s'évapore souvent avant d'atteindre les champs. Les systèmes d'irrigation techniques déficients sont également en cause. Walter rappelle qu'environ 2,2 milliards de personnes dans le monde n'ont pas d'accès régulier à l'eau potable. Un chiffre incroyable. Quelque sept cent quatre-vingt-cinq millions de personnes ne disposent même pas d'un approvisionnement de base. D'ici 2040, on estime que près de six cents millions d'enfants vivront dans des zones dépourvues d'un accès adéquat à l'eau. Les personnes ou les familles les plus touchées correspondent à celles qui vivent dans les régions les plus pauvres du monde, et plus particulièrement dans les zones rurales. La situation s'est quelque peu améliorée depuis l'aube de l'humanité, n'est-ce pas ?

Des premières fontaines d'Australie aux majestueux aqueducs de Rome

De tout temps, les hommes ont cherché à se procurer l'eau dont ils ont besoin pour survivre. Au début, ils l'ont considérée comme un élément divin. C'était un don et elle était disponible gratuitement et en abondance. Cela explique le pouvoir de l'homme sur l'élément eau et donc sur la nature. D'une communauté de cueilleurs, ils sont passés à une économie de production et à une société de contrôle et de domestication. Jusqu'à l'apogée actuelle de l'exploitation, de la pénurie et du partage inégal. En Mésopotamie, vers 6000 avant J.-C., on trouve des traces des premiers puits. Mais ce n'est que dans l'Antiquité que l'eau a commencé à être domestiquée : les Grecs seront les premiers à la stocker et à l'acheminer jusqu'aux habitations au moyen de filets.

Les Aborigènes chasseurs-cueilleurs

La culture la plus ancienne du monde, scientifiquement prouvée, se trouve dans l'actuelle Australie depuis 60000 ans : les Aborigènes. Dans leur histoire, l'eau a toujours joué un rôle majeur, non seulement pour leur survie dans un environnement souvent aride et rude, mais aussi pour leur culture et leur identité. En tant que chasseurs et cueilleurs, ils utilisaient les rivières pour boire et se baigner. Ils établissaient des colonies permanentes le long des rivières ou des lacs, et là où il n'y en avait, ils utilisaient les eaux souterraines pour s'abreuver. Ils ont creusé les premiers puits permanents, à partir desquels des récipients étaient remplis et transportés à la main.

De nombreux récits des Aborigènes mentionnent le rôle des esprits de l'eau dans les rivières, les ruisseaux, les puits de pierre, les lacs, les lagunes et les océans, ainsi que l'importance des esprits ancestraux et des êtres de la création dans l'approvisionnement et le contrôle permanents de ces voies d'eau. Les adultes mémorisaient ainsi l'ordre et les lieux d'approvisionnement en eau et l'enseignaient à leurs enfants. Les Aborigènes utilisaient la présence de certains oiseaux, animaux et plantes pour trouver de l'eau. Ils suivaient également les traces d'animaux, comme celles du diamant mandarin, de l'oiseau rayé et de l'oiseau pardalote à poitrine rouge, pour la trouver.[48]

Le marquage des sources d'eau et des premiers puits de pierre

Ils disposaient également d'un système d'information pour communiquer sur l'emplacement et l'utilisation de l'eau : instructions orales, cartographie des sources d'eau et mise en place de marqueurs et d'identifiants tels que des arbres cicatriciels et des œuvres d'art dans la région. Dans certaines régions, des œuvres d'art et des gravures sur des arbres vieux de plusieurs milliers d'années indiquaient le chemin vers des sources d'eau difficiles à trouver. Leurs principales sources étaient les cours d'eau et les lacs.

Un certain nombre de méthodes ingénieuses de collecte et de stockage de l'eau sont encore utilisées dans les communautés aborigènes. Les sources d'eau de petit volume comprennent les trous dans les rochers, ainsi que les grenouilles. Les racines des arbres, comme celles de l'eucalyptus mallee, les marmites en argile et les coolamons en bois préservent l'eau. Les entrées ouvertes dans les couches souterraines de roches porteuses d'eau sont appelées puits rocheux. Les Aborigènes les utilisaient pour stocker l'eau et les recouvraient de dalles rocheuses ou de branches. Ils peuvent être considérés comme les premiers puits.

De la performance individuelle à la performance collective

L'idée des puits s'est développée de manière simple sur d'autres continents : l'homme forait jusqu'à ce qu'il rencontre une nappe phréatique. À la main ou à la force des buffles et des ânes, l'eau était ensuite acheminée vers la lumière du jour, récipient par récipient. Le bois assurait la stabilité de la construction ; plus tard, le puits a souvent été maçonné. Le développement ultérieur est devenu avant tout une affaire collective, car le puisage et le partage de l'eau nécessitaient une certaine organisation. Surtout si le puits était construit loin des lacs, des rivières et des sources. C'est pourquoi les puits ont très vite pris une grande importance. Cette évolution était si complexe que la gestion de l'eau s'apparentait souvent à l'un des piliers fondamentaux de la construction d'une société.[49]

Premiers systèmes d'irrigation à Chypre, en Israël, en Mésopotamie ou en Chine

Pour certains archéologues, les puits les plus anciens se trouvent à Chypre. Ils datent de 8500 à 7000 avant J.-C. et prouvent que les puits représentent l'une des plus anciennes inventions humaines. Vers 6500 avant J.-C., les premiers puits ont été construits dans la vallée de Jezréel, dans l'actuel Israël. Pour les premières civilisations « occidentales », tout a commencé vers 6000 avant J.-C. en Mésopotamie. Le « pays entre les fleuves » (mésos : entre / potamós: fleuve) du Tigre et de l'Euphrate correspond aujourd'hui à une partie des régions d'Irak, de Syrie et d'Égypte irriguées par le Nil. Les premières formes d'agriculture ont prospéré grâce à la mise en place de canaux qui amenaient l'eau jusqu'aux zones cultivées et que l'on peut considérer comme les premiers systèmes d'irrigation. Les premiers exemples se trouvent dans le temple de Bêl à Nippur et à Eshnunna, pour drainer les eaux usées et collecter l'eau de pluie dans des puits.

Parallèlement, on pense que des puits profonds pour l'eau potable ont été creusés en Chine moderne dès 6500 avant J.-C. Les Chinois du Néolithique ont découvert et largement utilisé les eaux souterraines creusées en profondeur pour se désaltérer. Le Livre des changements, à l'origine un texte divinatoire de la dynastie des Zhou occidentaux (1046 à 771 avant J.-C.), contient une entrée décrivant la manière dont les anciens Chinois entretenaient leurs puits et protégeaient leurs sources d'eau. On pense également qu'un puits découvert sur le site de fouilles d'Hemedu a été construit au cours de la période néolithique.

D'autres experts estiment que deux puits découverts à Atlit, sur la côte nord d'Israël, datent du début de la période néolithique, entre 5206 et 5098 avant J.-C. Le plus ancien établissement permanent connu que l'on puisse qualifier d'urbain est Jéricho, fondé vers 5000 avant J.-C. à proximité de sources et d'autres plans d'eau. À Jéricho, l'eau était stockée dans des puits qui servaient de sources.

Les installations sanitaires en Crète et dans le Pakistan d'aujourd'hui

La première preuve de la construction délibérée d'un système d'approvisionnement en eau en Europe pour les bains, les toilettes et l'évacuation des eaux provient de la Crète minoenne (et mycénienne) de l'âge du bronze (2nd millénaire avant J.-C.). Entre 3200 et 1100 avant J.-C., la civilisation minoenne de Crète a été la première à utiliser des canalisations souterraines en terre cuite pour l'assainissement et l'approvisionnement en eau. Knossos, la capitale de la Crète, disposait d'un système d'adduction d'eau bien organisé pour fournir de l'eau potable. En Égypte, on trouve des vestiges de puits, et en Mésopotamie, des canaux d'eau de pluie en pierre datant de 3000 ans avant Jésus-Christ.

Dans la ville de Mohenjo-Daro, au Pakistan, les archéologues ont découvert des centaines de puits, de conduites d'eau et de toilettes. La ville disposait d'installations de bains publics avec des bouilloires et des baignoires. Selon d'autres sources, les premiers puits auraient existé dès 3000 à 1300 avant J.-C. dans ce qui est aujourd'hui le Pakistan, à environ quarante kilomètres de Larkana. Les chercheurs soupçonnent que les villes de la culture de Harappa correspondaient au pays de Meluhha mentionné dans les écrits mésopotamiens. Il aurait été deux fois plus grand que l'ancien empire d'Égypte et quatre fois plus grand que les empires de Sumer et d'Akkad. Cette civilisation est également appelée culture de Harappa, du nom de la première ville découverte, ou culture de l'Indus, du nom de la rivière Indus sur laquelle les villes étaient construites.

« Meluhha », terre de la cornaline et berceau de la civilisation de l'Indus

Son vaste système économique et commercial s'étendait jusqu'aux hauts plateaux d'Iran et d'Afghanistan et jusqu'à la péninsule arabique. Il a même été intégré dans un système économique à grande échelle qui s'étendait de l'Afrique de l'Est à l'Asie occidentale en passant par le Yémen et Oman et, avec la Mésopotamie comme distributeur central. Le plus ancien établissement de la vallée de l'Indus est Mehrgarh, au Pakistan, dans la zone orientale des hauts plateaux iraniens. C'était un village majestueux en 7000 avant J.-C., 1000 ans avant la culture urbaine mésopotamienne. Vers 6000 avant J.-C., environ 3 000 habitants vivaient dans des maisons en briques de terre.

Mohenjo-Daro, la « Manhattan de l'âge de bronze »

La ville de Mohenjo-Daro comptait environ quarante mille habitants à son apogée, vers 2500 avant J.-C. En raison de ses rues en damier et rectangulaires, Mohenjo-Daro est appelée par les archéologues la « Manhattan de l'âge du bronze ». Les habitations comportaient plusieurs étages et étaient construites en adobe (brique). Elles avaient une surface habitable de cinquante à cent cinquante mètres carrés. Elles disposaient de salles de bains et de salles d'eau avec des sièges de toilettes, généralement situées du côté de la rue, où un canal couvert de dalles de pierre recevait l'eau domestique. L'eau douce provenait de puits d'une profondeur pouvant atteindre vingt mètres, souvent situés à l'intérieur des propriétés de la cour ou même dans des lieux publics. L'eau avait également une forte signification rituelle. Dans les mythes et légendes de l'Inde ancienne, le bain est décrit comme un acte sacré. Par exemple, l'Atharvaveda déclare : « les eaux guérissent vraiment, chassent toutes les maladies et soignent toutes les souffrances. [50] »

Les plus anciennes structures en bois du monde en Allemagne

Des chercheurs ont découvert des puits en bois extrêmement anciens dans la région de Leipzig. Ces puits, connus depuis la culture de la poterie linéaire du Néolithique ancien, vers 2900 avant J.-C., se trouvent également à Kückhoven et sont considérés comme les plus anciennes constructions en bois du monde.

Du canal assyrien aux aqueducs romains

En 700 avant J.-C., le roi assyrien Sennachérib a construit un canal de 80 kilomètres de long, bordé de pierres et large de vingt mètres, y compris un aqueduc en pierre de trois cent trente mètres de long, pour acheminer l'eau douce de Bavière à Ninive.

Toujours en Amérique latine, le peuple Nazca de l'ancien Pérou, de 100 avant J.-C. à 800 après J.-C., utilisait un système de puits interconnectés et un cours d'eau souterrain connu sous le nom de puquios.

Grâce à l'invention et à la construction d'aqueducs, les Romains ont donné un nouvel élan. Grâce à ces ouvrages imposants, l'eau est transportée sur de longues distances par la simple action de la gravité. À condition de trouver des sources situées plus haut que la ville à alimenter. Entre 700 avant J.-C. et 400 après J.-C., les Romains ont construit un système d'aqueducs qui fournissait aux habitants de l'eau douce courante acheminée directement vers les maisons des riches et vers les fontaines et les bains publics. Ce système a grandement amélioré l'assainissement domestique et l'élimination correcte des eaux usées.[51]

De Colonia Claudia Ara Agrippinensium à Cloaca Maxima

L'aqueduc de l'Eifel, situé dans l'actuelle Allemagne, était l'un des plus longs aqueducs romains et est considéré comme le plus long aqueduc au nord des Alpes. Il a été construit vers 80 après J.-C. et a servi jusqu'à 260 après J.-C. à approvisionner en eau la ville romaine de Colonia Claudia Ara Agrippinensium, l'actuelle Cologne, pour les puits publics, les thermes et les branchements privés.

L'aqueduc le plus célèbre de France est celui de Nîmes. Il canalisait la Fontaine d'Eure (près d'Uzès) sur cinquante kilomètres pour alimenter la ville en eau, en empruntant le célèbre Pont du Gard. À cette époque, le célèbre général romain Agrippa se voit confier une mission presque impossible en France. En effet, son beau-père lui avait demandé de construire cet aqueduc de cinquante-deux kilomètres de long. Il a été construit vers le premier siècle avant ou après Jésus-Christ. Aujourd'hui, le pont du Gard est l'aqueduc le plus haut du monde et il est parfaitement conservé.

En l'an 52, Rome disposait d'un réseau de trois cent cinquante-quatre kilomètres d'aqueducs qui apportaient de l'eau douce à la ville et étaient utilisés pour les bains publics, les fontaines et les latrines. Les eaux usées étaient évacuées par le réseau d'égouts de la ville, dont certains, comme le Cloaca Maxima, sont encore en service aujourd'hui. Vers l'an 100 de notre ère, le sénateur romain Frontinus publia un manuel sur le système d'aqueduc romain.[52]

Après la naissance du Christ, le développement s'accélère jusqu'aux roues hydrauliques en Syrie

En Inde également, les premiers puits à marches creusés dans la roche ont été construits entre 200 et 400 avant Jésus-Christ. Entre 550 et 625, des puits à marches ont été construits à Dhank, dans le district de Rajkot, en Inde. Dans la Turquie actuelle, la citerne basilicale d'Istanbul a été construite en 532 pour stocker de l'eau douce pour le palais de l'empereur byzantin Justinien Ier.

À Hama, en Syrie, dans les années 1500, une série de roues hydrauliques de différents diamètres transportait l'eau de la rivière vers un aqueduc situé à un niveau plus élevé, à des fins de boisson et d'irrigation.

Le maître britannique de l'eau

Entre 579 et 1775, une série de développements ont eu lieu dans ce qui est aujourd'hui la Grande-Bretagne : le Néerlandais Peter Maurice a acquis un bail de cinq cents ans pour construire une roue hydraulique sous la première arche du pont de Londres, sur la Tamise, qui fournissait de l'eau aux maisons individuelles de la région grâce à des tuyaux en plomb. En 1723, la Chelsea Waterworks Company devient l'une des premières compagnies des eaux à utiliser un moteur à vapeur Newcomen. En 1775, l'horloger écossais Alexander Cummings invente le tuyau coudé en S, qui caractérise aujourd'hui la forme en S des canalisations de nos toilettes.

Le temps des porteurs d'eau et des fontaines publiques en France

Au Moyen Âge, lorsque les villes se développaient, elles étaient alimentées par des puits et des rivières. La plupart du temps, les habitants devaient aller chercher l'eau à l'extérieur des villes, et les plus riches utilisaient les services de porteurs d'eau. Les grands monastères et châteaux s'approvisionnaient en eau en détournant des sources ou en construisant des aqueducs. En l'absence d'égouts, l'eau était polluée par les ordures ménagères et les excréments d'animaux dans les rues, ce qui entraînait la multiplication des maladies.[53]

Extrait du « porteur d'eau » écrit par Joseph Mainzer

Le porteur d'eau à Paris en 1841 « vient cent fois par jour à la fontaine publique où il a établi son quartier général, et part de là en décrivant tous les rayons possibles, pour aller ravitailler avec une scrupuleuse exactitude les fontaines privées du sixième étage comme celles du premier ; dans l'hôtel somptueux du pair de France aussi bien que dans l'humble mansarde du pauvre ouvrier. Il sait le matin combien de fois dans la journée ses seaux devront être remplis et vidés, combien il aura d'étages, de marches à monter et à descendre, et il combine ses heures, ses voyages, pour que toutes ses pratiques soient satisfaites. Vous ne seriez pas capable de dire aussi exactement que lui à quel moment il vous faudra de l'eau et de quelle quantité vous aurez besoin : c'est un détail dont il est tout à fait inutile que vous vous occupiez, et dont il fait son affaire avec une intelligence vraiment remarquable. Il connaît vos jours, et vient de lui-même sans qu'il soit nécessaire que vous l'appeliez : il va tout droit à votre cuisine, y entre comme dans son domaine, place et déplace à sa guise le meuble dont il s'est adjugé la surveillance spéciale, et sur lequel il n'a aucun compte à vous rendre tant qu'il ne désemplit pas. Et vous le laissez faire comme il l'entend, vous le laissez sans défiance aller et venir quand cela lui plaît. [54] »

En France, sous l'Ancien Régime, la distribution de l'eau se développe grâce à des fontaines publiques accessibles à tous. Et en 1778, la Compagnie des Eaux de Paris est fondée pour acheminer l'eau dans tous les foyers par des tuyaux partant de la Seine. Mais sans succès : elle fait faillite, les porteurs d'eau continuant à servir les Parisiens les plus riches et les lavandières à se rassembler dans les lavoirs. Quelques années plus tard, Napoléon Bonaparte fait construire le canal de l'Ourcq et installer des fontaines dans toutes les cours de la capitale.[55]

C'est à partir de là que le système s'est développé tel que nous le connaissons aujourd'hui dans les pays du Nord. Parallèlement, les populations se sont préoccupées de la qualité de leur eau potable.

Le chemin vers l'eau potable

L'eau potable est si courante aujourd'hui que de nombreuses personnes la considèrent comme allant de soi. Tout au long de l'histoire, des mesures importantes ont été prises pour en produire.[56] Ces efforts remontent même à l'époque où les hommes n'avaient pas encore découvert comment allumer du feu en frottant deux bâtons l'un contre l'autre. Dans l'Antiquité, on déterminait la pureté de l'eau en fonction de son goût ; cette méthode s'est avérée erronée par la suite.

On peut supposer que la quête d'une eau potable pure remonte à la préhistoire. Les premiers documents sur la purification de l'eau se trouvent en Inde, dans des écrits sanskrits et des inscriptions dans d'anciennes tombes égyptiennes, connus sous le nom de Sushruta Samhita, datant du XVᵉ siècle avant J.-C. Ces méthodes comprennent l'ébullition de l'eau sur le feu, le chauffage de l'eau au soleil, l'immersion de fer chauffé dans l'eau, le filtrage à travers le gravier et le sable, et l'utilisation de la graine de pomme de terre Strychnos et d'une pierre appelée « Gomedaka ».

Un phénomène similaire s'est produit chez les Égyptiens entre 1500 avant J.-C. et 400 après J.-C. Sur les murs des tombes des souverains égyptiens Aménophis II et Ramsès II, qui datent du XVᵉ et du XIIIᵉ siècles avant J.-C., on trouve des images d'un système de purification de l'eau. La purification de l'eau est également mentionnée dans la Bible. Vers le XIIᵉ siècle avant J.-C., Moïse et les Israélites constatent que l'eau de Mara est amère. Sur les instructions de Dieu, il a jeté un arbre dans l'eau, qui est immédiatement devenue douce. Dans un autre cas, les habitants de Jéricho se sont plaints à Elisée que l'eau de la ville n'était « pas bonne », et le prophète a purifié l'eau en y versant du sel. Au IXᵉ siècle avant J.-C., un législateur spartiate a inventé une coupe qui séparait l'eau de la boue.

Plus tard, Hippocrate, le père de la médecine, a mis au point un dispositif appelé le « manchon d'Hippocrate », un sac en tissu qui faisait bouillir l'eau de pluie pour éliminer l'enrouement et les mauvaises odeurs. Les Grecs et les Romains disposaient de systèmes de traitement de l'eau très élaborés. Parmi eux, la méthode de Diophane, qui consistait à ajouter des lauriers macérés à l'eau de pluie, et celle de Paxamus, qui consistait à immerger un sac d'orge broyé et de corail écrasé. Au huitième siècle de notre ère, un chimiste arabe nommé Gerber a proposé d'utiliser des siphons à mèche pour purifier l'eau.[57]

Jusqu'en 1671, date à laquelle Sir Francis Bacon a publié ses recherches sur le dessalement dans « A Natural History » - En dix siècles.[58] Il avait rencontré un expérimentateur qui avait réussi à purifier « l'eau de mer » en la faisant passer dans 20 bateaux. Il a supposé qu'en creusant un trou près du rivage, il obtiendrait de l'eau pure après que l'eau de mer ait traversé le sable. Au XVIIe siècle également, un médecin italien nommé Lucas Antonius Portius a publié ses écrits intitulés « Soldier's Vade Mecum » (Le vade-mecum du soldat) en utilisant une méthode de filtration sur sable multiple. Celle-ci comprenait trois paires de filtres à sable, chacune ayant un filtre à flux ascendant et un filtre à flux descendant. L'eau devait entrer dans le compartiment de décantation du système après avoir été chargée à travers une plaque perforée.[59]

Des filtres à sable français et des filtres à gravier écossais

Inventé en 1703 par le scientifique français Philippe De La Hire, ce système offrait une citerne couverte et surélevée qui permettait d'éviter la formation de mousses et le gel en hiver. En 1804, la ville de Paisley, en Écosse, a mis en place la première station d'épuration municipale au monde. Elle utilise des filtres à gravier et du sable concentrique pour traiter l'eau, qui est ensuite distribuée par des charrettes tirées par des chevaux. En 1827, Robert Thom invente les filtres à sable lents, qui seront installés à Greenock, en Écosse. Deux ans plus tard, James Simpson met au point un système similaire qui se répand dans le monde entier, mais qui est trop lent. Enfin, la méthode de filtration rapide sur sable a été introduite aux États-Unis vers 1880, en utilisant des prétraitements tels que la coagulation et la décantation pour réduire la charge sédimentaire sur le filtre et la filtration sur charbon de bois pour améliorer le goût et l'odeur.[60]

Au XIXe siècle, les autorités de la ville de Londres ont remarqué que le nombre de décès dus au choléra avait diminué après l'installation de systèmes de traitement de l'eau. C'est ainsi que la Metro Water Act de 1852 a été conçue pour garantir que toute l'eau fournie à la ville soit filtrée. Avec le début de la révolution industrielle au XIXe siècle, l'eau est devenue de plus en plus polluée dans le monde entier et, par conséquent, de nouveaux systèmes de traitement de l'eau plus sophistiqués ont été mis au point.[61]

L'exode rural, l'urbanisation et l'industrialisation ont également nécessité un approvisionnement urgent en eau potable dans les grandes villes françaises. L'année 1853 marque le début de la construction de grands ouvrages hydrauliques en France. L'eau potable se démocratise. Mais il faudra attendre la fin des années 1980 pour que la quasi-totalité des Français bénéficie de l'eau courante à domicile. [62]

Le mal est fait

Malgré tous ces développements, l'infrastructure en Europe n'est toujours pas satisfaisante, comme en Espagne par exemple.[63] « La guerre de l'eau en Espagne », titrait la presse espagnole en avril 2001.[64] Que s'est-il passé ? Il s'agissait d'utiliser l'eau de l'Ebre, au nord, pour irriguer le sud. Le projet du gouvernement intérimaire de l'époque a ouvert les vannes de la discorde : « La deuxième bataille de l'Èbre ou la conquête de Madrid sont sur toutes les lèvres. En effet, en raison de sa relative rareté, la gestion des ressources en eau devient bien plus qu'une préoccupation gouvernementale, elle devient un symbole tangible de la puissance espagnole. Le dictateur Francisco Franco a inauguré des centaines de barrages en 1975. Pour lui, l'eau du nord devait contribuer à l'approvisionnement du sud. De nouveaux barrages sont construits, de nouveaux canaux amènent de plus en plus d'eau, qui est stockée dans des citernes. L'agriculture a prospéré et le vin et les olives ont été cultivés de manière traditionnelle.

En 1985, le gouvernement a approuvé un « Plan hydrologique national », Plan Hidrológico Nacional, qui n'a été approuvé par la loi qu'en 2001 et a été modifié à plusieurs reprises depuis lors. Son objectif est de fournir un instrument juridique pour planifier l'approvisionnement en eau de l'ensemble du territoire et de la population de l'Espagne. En 2001, le rejet populaire a visé un point particulier de la loi : la décision de pomper l'eau dans l'Ebre, le principal fleuve méditerranéen d'Espagne, afin de la redistribuer plus au sud, vers le Levante valencien et même l'est de l'Andalousie, qui souffre de pénuries chroniques.[65]

Les principaux foyers de révolte concernent l'Aragon et la Catalogne méridionale. Pour eux, « l'eau c'est la vie, notre eau c'est notre vie, n'y touchez pas ». Il est absurde de cultiver à mille kilomètres de l'endroit où se trouve l'eau. Le paradoxe est que l'une des régions les plus sèches d'Espagne a toujours vu de l'eau sans avoir le droit de l'utiliser. Cela s'explique par la complexité du système d'irrigation espagnol. Saragosse et l'Aragon, destinés à l'industrie par les planificateurs franquistes pendant des décennies, sont les perdants traditionnels du système hydraulique. Là comme ailleurs, les populations aisées et les capitaux se dirigent vers la côte, au détriment de l'intérieur des terres. Il s'agissait aussi de dire « non » au retrait de l'Ebre et « oui » au traitement de l'eau, aux économies d'irrigation et aux usines de dessalement sur la côte méditerranéenne. La salinisation des terres est le véritable problème du delta de l'Ebre : la réduction de l'approvisionnement en eau douce risque de l'aggraver. Sporadiquement, des traces blanches apparaissent sur le sol : le sel monte et l'eau saumâtre menace la végétation et les cultures.[66]

Aujourd'hui, plus de quatre-vingts pour cent des champs sont créés artificiellement. De nombreuses exploitations agricoles étendent leur utilisation agricole et ont besoin de beaucoup d'eau souterraine pour cela. C'est le début d'une évolution capitale. Entre-temps, les surfaces de produits agricoles dans les serres sont si grandes que nous pouvons les voir depuis l'espace : les tomates, les avocats et les pastèques, qui nécessitent des quantités d'eau particulièrement importantes. Mais l'Espagne continue, car les exportations restent très lucratives. En conséquence, l'eau se fait de plus en plus rare. Le vrai problème apparaît au grand jour : les puits illégaux. Forés de plus en plus profondément, il n'est pas rare qu'ils atteignent cent cinquante mètres de profondeur. Tant que les exportations continueront, la pratique des puits illégaux ne s'arrêtera pas.

Début 2019, à Totalán, dans la province andalouse de Malaga, un enfant de deux ans est tombé accidentellement dans un puits illégal et non signalé d'un diamètre d'à peine vingt-cinq centimètres et d'une profondeur de cent mètres. Les difficultés techniques du sauvetage dues à l'étroitesse du puits, à la dureté de la roche et au risque d'éboulement réduisaient chaque jour les chances de survie. Le 26 janvier, le corps sans vie de l'enfant a été récupéré dans le puits : le résultat d'une exploration clandestine pour trouver de l'eau souterraine et éventuellement commencer à cultiver des avocats et des mangues, car leur vente à l'exportation reste très rentable. Si l'on continue à extraire plus d'eau que ce qui est autorisé, la fin de ce commerce lucratif et la fin d'un paysage prospère approchent. D'ici 2100, la dévastation devrait doubler en raison de la forte consommation d'eau, encore aggravée par le changement climatique.[67]

Plus de 50 millions de personnes sans eau courante

Malheureusement, la situation est très tendue non seulement en Europe, mais aussi et surtout dans les pays du Sud. Une nouvelle étude a révélé que dans quinze grandes villes du Sud, près de la moitié des ménages n'ont pas accès à l'eau courante, ce qui concerne plus de cinquante millions de personnes. C'est dans les villes d'Afrique subsaharienne que l'accès est le plus faible, avec seulement vingt-deux pour cent des ménages desservis.[68] L'enquête a également révélé que, parmi les ménages ayant accès à l'eau, la majorité recevait un approvisionnement intermittent. Intermittent est un mot étrange, remarque Walter. Cela signifie que l'eau n'arrive que par intermittence au robinet, en d'autres termes, qu'elle est très rare. À Karachi, au Pakistan, la population de quinze millions d'habitants n'est approvisionnée en eau en moyenne que trois jours par semaine, pendant moins de trois heures.

Ces nouvelles conclusions complètent les données de l'outil Aqueduc de l'Institut des ressources mondiales (WRI), qui a récemment révélé que d'ici 2030, quelque quarante-cinq villes de plus de trois millions d'habitants pourraient souffrir d'un stress hydrique important. Les études, détaillées dans le rapport « Unaffordable and Undrinkable : repenser l'accès à l'eau en milieu urbain dans les pays du Sud », montrent que même dans certains endroits où des sources d'eau sont disponibles, celle-ci n'arrive pas jusqu'à de nombreux habitants. Certaines villes, comme Dar es Salaam, disposent d'un approvisionnement abondant, mais l'accès quotidien à une eau potable, fiable et abordable reste problématique pour beaucoup. « Des décennies d'accroissement du rôle du secteur privé dans l'approvisionnement en eau n'ont pas permis d'améliorer l'accès à l'eau, en particulier pour les citadins mal desservis », a déclaré Diana Mitlin, auteure principale et professeure d'urbanisme mondial au Global Development Institute de l'université de Manchester. « L'eau est un droit de l'homme et un bien social, et les villes doivent en faire une priorité. » Les indicateurs mondiaux utilisés pour les objectifs du Millénaire pour le développement et les objectifs de développement durable ont largement sous-estimé la crise de l'eau dans les villes. Walter prévoit de les examiner plus en détail ultérieurement.[69]

L'analyse du rapport montre que les alternatives à l'eau courante, telles que l'achat auprès de vendeurs privés qui font venir l'eau d'ailleurs, peuvent coûter jusqu'à vingt-cinq pour cent du revenu mensuel des ménages et sont cinquante-deux fois plus chères que l'eau courante publique. Les indicateurs mondiaux, qui tiennent compte des objectifs du Millénaire pour le développement et des objectifs de développement durable, ont largement sous-estimé cette crise de l'eau urbaine en ne tenant pas compte de l'accessibilité financière, de l'intermittence ou de la qualité de l'eau. L'UNICEF et l'Organisation mondiale de la santé ont indiqué en 2015 que plus de quatre-vingt-dix pour cent de la population de la planète utilise des sources d'eau potable améliorées. Mais le terme « amélioré » englobe une telle variété de sources, telles que les robinets publics, les forages ou les puits, qu'il ne reflète pas la réalité des individus et des familles dans les villes d'aujourd'hui qui connaissent une croissance rapide.[70]

La question de savoir si l'eau est abordable n'est pas posée, et bien que des efforts aient été déployés pour en accroître l'approvisionnement, les responsables ont accordé peu d'attention aux questions d'accessibilité financière. « Les villes doivent repenser leur façon d'envisager l'accès équitable à l'eau », explique Victoria A. Beard, co-auteure, membre du WRI Ross Center for Sustainable Cities et professeure de planification urbaine et régionale à l'université de Cornell. « Dans de nombreux pays en développement où les citadins n'ont pas accès à une eau sûre, fiable et abordable au quotidien. Ces mêmes pays ont fait d'énormes progrès pour garantir l'accès universel à l'enseignement primaire. L'accès équitable à l'eau nécessite des niveaux similaires d'engagement politique. Les solutions ne consistent pas en la haute technologie. Nous savons ce qu'il faut faire. [71] »

L'Organisation mondiale de la santé indique que l'investissement dans l'approvisionnement universel en eau potable dans les zones urbaines coûterait cent quarante et un milliards de dollars sur cinq ans. Mais on estime que les pertes économiques mondiales totales dues à l'insalubrité de l'eau et des systèmes d'assainissement sont au moins dix fois plus élevées, soit deux cent soixante milliards de dollars par an. Les chercheurs ont identifié quatre interventions spécifiques susceptibles d'améliorer l'accès à l'eau dans les zones urbaines, comme l'indique le rapport. « Si rien n'est fait, le nombre de personnes recevant une eau intermittente ou de mauvaise qualité augmentera dans les années à venir, en raison de l'urbanisation rapide, de la raréfaction de l'eau due au changement climatique et du sous-investissement général dans l'infrastructure de l'eau », déclare Ani Dasgupta, directeur mondial du WRI Ross Center for Sustainable Cities. « Cette situation aura un coût énorme pour les populations et l'économie. Les villes doivent agir maintenant pour garantir l'accès à une eau sûre et fiable à l'avenir. [72] »

Transfrontalier : le Grand Barrage de la Renaissance

De plus, le pouvoir de déterminer qui aura un certain accès à l'eau et son processus de distribution peut conduire à vouloir passer outre ou désavantager d'autres personnes : cela peut entraîner des tensions supplémentaires non souhaitées. Plus de cinquante pays répartis sur les cinq continents seraient menacés par des conflits hydriques. L'Organisation des Nations Unies (ONU) a dressé une liste de cinq points chauds susceptibles d'engendrer de futures guerres. Le Nil est l'un d'entre eux. [73]

L'Égypte, par exemple, est en conflit permanent avec un grand nombre des neuf pays riverains situés en amont du fleuve, qui s'assèche régulièrement avant d'atteindre l'océan. L'un de ces pays, l'Éthiopie, construit un barrage hydroélectrique que l'Égypte considère comme une menace pour son précieux approvisionnement en eau. Il s'agit là du dernier avatar d'un différend vieux de plusieurs siècles sur le Nil. En février 2022, le Grand Barrage de la Renaissance, Grand Ethiopian Renaissance Dam (GERD) a été mis en service sur le Nil Bleu. Il s'agit du plus grand barrage d'Afrique. Ses centrales hydroélectriques ont été conçues pour fournir de l'électricité à l'Éthiopie. L'Égypte et le Soudan s'opposent depuis longtemps à la construction du barrage sur le Nil. Les États riverains craignent qu'il ne retienne trop d'eau, dont les États en aval manqueraient pour l'irrigation des terres agricoles. [74]

Selon les experts, les tensions autour du « méga barrage » éthiopien GERD sont liées à un mélange de facteurs géopolitiques et climatiques. En théorie, le barrage pourrait être bénéfique pour les deux parties : les pays situés en aval, l'Égypte et le Soudan, pourraient utiliser l'électricité bon marché. Dans le même temps, le barrage pourrait servir à réguler le cours du Nil afin d'éviter les inondations, qui ont détruit de vastes régions du

Soudan ces dernières années. Toutefois, des questions subsistent quant à ce qui se passera si l'Éthiopie retient l'eau pendant plusieurs années sèches consécutives afin de remplir suffisamment le réservoir. La coopération internationale dans la gestion du Nil pourrait être plus facile si les pays en amont et en aval n'appartenaient pas à des camps géopolitiques différents. Le monde s'est divisé en deux camps, a-t-il expliqué : l'Éthiopie est soutenue par la Chine et la Russie, tandis que l'Égypte et le Soudan sont plus proches de l'Occident.

Les traités relatifs à l'utilisation des eaux du Nil sont utilisés pour tenter de résoudre les conflits, comme l'accord sur le Nil entre le Soudan et l'Égypte. Les contrats font l'objet d'une médiation et d'un arbitrage de la part de la Banque mondiale et d'un commissaire mixte international en cas d'impasse entre les riverains. Selon la base de données sur les litiges transfrontaliers en matière d'eau douce de l'université d'État de l'Oregon, cent quarante-cinq traités relatifs à l'eau pour les rivières transfrontalières ont été négociés au cours du XXe siècle pour réglementer la production d'énergie hydroélectrique et l'approvisionnement en eau. Il est surprenant de constater que quatre-vingts pour cent des traités signés sur l'eau ne soient pas assortis d'un mécanisme d'application. Qui plus est, un certain nombre de traités ne contiennent qu'un mécanisme de surveillance de base, sans méthode de résolution des conflits.

En tant que puissance régionale, l'Égypte dominait totalement le contrôle des eaux du Nil. Une série de conflits internes et les problèmes économiques qui en résultent empêchent l'Éthiopie de remettre en cause le statu quo égyptien dans la région. En l'absence d'un administrateur neutre, l'establishment éthiopien n'a pas pu trouver de solution dans le cadre du traité. Cependant, après 1991, lorsque l'Éthiopie a fait preuve d'un progrès économique exponentiel, elle a réussi à résister à l'hégémonie égyptienne sur le Nil en développant unilatéralement des infrastructures en amont. L'Égypte craignait que le remplissage du réservoir GERD ne donne à l'Éthiopie un droit exclusif d'utilisation de l'eau du Nil. Le traité de 1959 a accordé à l'Égypte la plus grande part du fleuve. L'absence de mécanisme d'application du traité permet à l'Éthiopie de modifier ses activités à sa guise, ce qui constitue une lacune importante du traité sur le Nil. Ceci a ouvert la voie à la domination absolue de l'Égypte sur le Nil. Cette même lacune du traité est aujourd'hui exploitée par l'establishment éthiopien pour contrôler les eaux du grand fleuve. Des solutions sont recherchées pour neutraliser la domination potentielle d'un seul riverain.

Le barrage Grand Ethiopian Renaissance Dam (GERD) est le plus grand projet hydroélectrique d'Afrique à ce jour. Il devrait générer plus de 5 000 Mégawatts, doublant ainsi la production d'électricité du pays lorsqu'il sera entièrement achevé. La construction était terminée à quatre-vingt-quatre pour cent au début de l'année 2022. L'Égypte veut donc avoir la garantie qu'un certain volume d'eau lui parviendra. Mais l'Éthiopie est réticente à l'idée d'être liée à un volume d'eau spécifique, car sa priorité est de s'assurer suffisamment d'eau pour faire fonctionner la plus grande centrale hydroélectrique d'Afrique. L'Égypte tire quatre-vingt-dix-sept pour cent de son approvisionnement en eau du Nil. Malgré des mesures strictes visant à optimiser l'utilisation de l'eau dans le pays, l'Égypte devra faire face à de nouveaux défis en 2022 en raison de la guerre entre la Russie et l'Ukraine, à savoir répondre à la demande locale de céréales. La demande locale de riz et de blé augmente proportionnellement à la croissance de la population, et les cultures nécessitent de grandes quantités d'eau. Dans le cadre de ses efforts pour limiter le gaspillage d'eau, l'État égyptien a publié en mars 2022 une décision visant à limiter les terres plantées en riz dans neuf gouvernorats et à annoncer des contrôles stricts et des sanctions en cas d'infraction.

Le ministère égyptien des ressources en eau et de l'irrigation a commencé à mettre en œuvre un certain nombre de projets nationaux. Ils ont pour but de faire face à la pénurie d'eau dans le cadre du plan national des ressources en eau, à savoir accroître l'efficacité, assurer une utilisation optimale des ressources et disposer d'alternatives non traditionnelles pour répondre à l'augmentation de la demande et à l'insuffisance de l'approvisionnement en eau provenant du Nil. Les négociations sur le GERD étant dans l'impasse, Le Caire a pris de nombreuses mesures de précaution pour faire face à toute situation d'urgence découlant d'actions unilatérales de l'Éthiopie sur le barrage. Ces mesures visent à protéger les installations hydrauliques nationales telles que le haut barrage et prennent en compte toutes les possibilités, y compris celle d'un effondrement du barrage GERD, d'autant plus que des études internationales ont remis en question sa sécurité.[75]

Pas d'échange entre l'Éthiopie, l'Égypte et le Soudan

L'Égypte envisage la possibilité de prédire les volumes de stockage à partir de l'imagerie satellitaire. En effet, tout taux de retenue de l'eau dans les réservoirs du Nil Bleu entraîne des répercussions sur l'approvisionnement en eau de l'Égypte. Les négociations entre l'Égypte, le Soudan et l'Éthiopie sur le GERD sont depuis avril 2021, les médiateurs de l'Union africaine n'ayant pas réussi à négocier un accord. Entre-temps, l'Éthiopie continue de rejeter toute médiation internationale et prend des mesures unilatérales concernant le remplissage et l'exploitation du barrage. L'Éthiopie n'a pas encore annoncé officiellement le volume de stockage prévu pour le troisième remplissage. L'Égypte et le Soudan continuent de traiter le dossier du GERD avec une grande prudence en raison du manque de partage des données entre les trois parties. La position de l'Égypte depuis le début de la crise du GERD dépend de la menace perçue. Les défaillances techniques et l'impossibilité de stocker de grandes quantités d'eau donnent à l'administration égyptienne le temps de continuer à utiliser ses moyens diplomatiques pour protéger ses intérêts. L'Éthiopie ne devrait pas être en mesure de stocker des quantités suffisantes pour menacer l'approvisionnement de l'Égypte. Le Soudan est également préoccupé par l'impact du barrage sur son approvisionnement. L'année dernière, le pays a été pris par surprise lorsque l'Éthiopie a décidé de fermer trois de ses quatre points de détournement de l'eau. L'eau a donc diminué en aval, ce qui a affecté les stations de pompage du Soudan pour l'irrigation et l'approvisionnement des municipalités. Les deux pays s'efforcent d'obtenir un accord avec l'Éthiopie pour le remplissage et l'exploitation du barrage, mais les négociations n'ont pas progressé jusqu'à présent.[76]

Transfrontalier : Inde, Pakistan, Bangladesh

Un autre exemple émerge sur la carte du monde : l'Inde. Entre les années 1970 et aujourd'hui, la nappe phréatique qui alimente le Gange en Inde a diminué de cinquante pour cent, laissant les habitants en aval confrontés à des problèmes d'irrigation et de pénurie alimentaire. Quatre cents millions de personnes dépendent du Gange, tant en Inde qu'au Bangladesh, et se disputent depuis les années 1970 sur la manière de détourner et de partager efficacement l'eau du Gange. [77]

En outre, après la fin de la domination coloniale britannique en août 1947, la division du sous-continent indien en deux États indépendants, l'Inde et le Pakistan, a été scellée. Pour plus de dix millions de personnes vivant de part et d'autre de la nouvelle frontière, cela a été synonyme de réinstallation, de fuite et de déplacement. Dès 1948, l'Inde et le Pakistan ont commencé à se disputer les droits sur l'eau de l'Indus et de ses affluents. Le principal problème était que la source se trouvait en Inde, mais que l'Indus continuait à couler à travers le Pakistan. Au bout de cinq semaines, un accord a été trouvé, ce qui a abouti à la signature du traité sur les eaux de l'Indus en 1960. Ce traité est particulièrement important pour le Pakistan, car l'Indus, le Chenab et le Jhelum constituent les artères vitales du pays, qui dépend fortement de ces fleuves pour son approvisionnement en eau. [78]

Comme ces fleuves ne prennent pas leur source au Pakistan mais qu'ils s'écoulent de l'Inde vers le pays, le Pakistan craint le danger de la sécheresse et de la famine. Le traité attribue les fleuves occidentaux Indus, Jhelum, Chenab au Pakistan et les fleuves orientaux Ravi, Beas, Sutlej à l'Inde. Dans le même temps, le traité accorde aux deux pays certains droits d'utilisation des autres rivières attribuées. Le traité, conclu grâce à la médiation de la Banque mondiale, réglemente l'utilisation et le débit de l'eau dans les deux pays. Par exemple, il permet à l'Inde d'utiliser les eaux du fleuve occidental pour une irrigation limitée et pour des utilisations non-consommatrices illimitées telles que la production d'électricité, la navigation, la pisciculture, etc. L'accord établit des règles détaillées pour l'Inde en ce qui concerne les projets de construction sur les rivières occidentales.

Le principal point de discorde entre les deux pays concerne deux centrales hydroélectriques : ils affectent les caractéristiques structurelles des centrales hydroélectriques de Kishenganga (330 MW) et de Ratle (850 MW). La première a été inaugurée en 2018, tandis que la seconde est encore en construction en 2022. Les deux pays restent en désaccord sur la question de savoir si les caractéristiques techniques de ces deux centrales hydroélectriques violent le traité. Les centrales se situes en Inde sur des affluents de la rivière Jhelum et de la rivière Chenab, respectivement. Le traité fait référence à ces deux rivières, ainsi qu'à l'Indus, en tant que « rivières occidentales » que le Pakistan peut utiliser sans restriction, à quelques exceptions près. En vertu du traité, l'Inde est autorisée à construire des centrales hydroélectriques sur ces cours d'eau, sous réserve des restrictions énoncées dans les annexes du traité. Toutefois, en février 2019, l'Inde a menacé de détourner l'approvisionnement en eau du Pakistan en réponse à l'affrontement militaire au Cachemire. La construction de centrales hydroélectriques en amont entraînerait également des inondations en aval si l'eau était libérée trop rapidement.[79]

Les États riverains cherchent à défendre leurs intérêts nationaux dans le cadre du traité. Ils devraient avoir la possibilité de travailler à l'instauration d'un climat de confiance grâce à l'échange de données hydrologiques en temps réel et d'autres analyses scientifiques sur cette base. En conclusion, les lacunes de la méthode actuelle de résolution des conflits sont comblées en encourageant les riverains à coopérer selon leurs possibilités. En 2016, par exemple, le Pakistan a demandé à la Banque mondiale d'autoriser la création d'un tribunal d'arbitrage pour examiner ses préoccupations concernant la conception des deux projets hydroélectriques. L'Inde a demandé la nomination d'un expert neutre dans le même but. Ces demandes ont été faites après que la Commission permanente de l'Indus ait discuté de la question pendant un certain temps.

Le droit du plus faible

Selon l'UNICEF, le manque d'eau potable est bien plus meurtrier que la violence dans les pays déchirés par la guerre. Les attaques contre l'eau et les installations sanitaires dans les zones de conflit du monde entier mettent en danger la vie de millions d'enfants et constituent une menace bien plus grande que la violence elle-même. Le rapport Water Under Fire Volume 3 souligne que l'accès des enfants à l'eau est menacé dans presque toutes les situations d'urgence liées aux conflits dans lesquelles l'UNICEF intervient.[80]

On estime que quarante-huit millions de personnes en République centrafricaine, en Irak, en Libye, en Palestine, au Pakistan, au Soudan, en Syrie, en Ukraine et au Yémen ont besoin d'eau potable et de services d'assainissement. La protection de services d'eau et d'assainissement sûrs et fiables s'est avérée essentielle à la survie de millions d'enfants. Dans les pays fragiles, les enfants de moins de cinq ans risquent vingt fois plus de mourir de maladies diarrhéiques que de violences. « L'accès à l'eau est un moyen de survie qui ne doit jamais être utilisé comme tactique de guerre », précise Manuel Fontaine, directeur des programmes d'urgence de l'UNICEF. « Les attaques contre les infrastructures d'eau et d'assainissement représentent des attaques contre les enfants. »

Lorsque l'eau ne coule plus, le choléra et les maladies diarrhéiques, le COVID-19 et les incendies de forêt peuvent se propager, avec des conséquences souvent mortelles. Les hôpitaux ne peuvent pas fonctionner et les taux de malnutrition et d'émaciation sévère augmentent. Les enfants et les familles sont souvent contraints de partir chercher de l'eau, ce qui les expose, surtout les filles, à un risque accru de violence. Par surcroît, le rapport documente l'impact dévastateur des attaques contre les infrastructures de l'eau : dans l'est de l'Ukraine, par exemple, où quelque 3,2 millions de personnes ont besoin de services d'eau et d'assainissement, quelque trois cent quatre-vingts attaques ont été enregistrées depuis 2017.

Au cours de l'été 2021, par exemple, l'UNICEF a fait état de l'utilisation de l'eau potable comme arme de guerre en Ukraine. Des années de conflit ont affaibli les infrastructures et laissé de nombreuses familles et enfants vulnérables, luttant chaque jour pour accéder à des besoins vitaux comme l'eau potable. C'est ce qui décrit encore aujourd'hui la situation en Ukraine et dans de nombreuses autres zones de combat. Dans le petit village de Pavlopil, l'eau potable était déjà rare. Ce village est proche des zones où se déroulent les combats les plus intenses aujourd'hui. Des dizaines de personnes, armées de seaux et de jerrycans, se rendent chaque semaine au bâtiment du conseil municipal et attendent patiemment l'arrivée du camion d'eau potable. Des années après le début des combats, la pandémie de Covid 19 aggrave la pénurie d'eau récurrente. « La pénurie d'eau est probablement notre principal problème en ce moment, elle nous fait presque autant souffrir que les bombardements », a exprimé une mère.[81]

Dès que les gens arrivent chez eux, ils se rendent au sous-sol. Depuis les premières semaines du conflit, lorsque leur région a été soumise à des bombardements intensifs, ils ont toujours conservé les réservoirs d'eau dans ces abris. L'eau est un droit humain, pas un privilège. Depuis juin 2019, l'UNICEF soutient le projet conjoint avec ADRA Ukraine pour fournir de l'eau aux populations le long de la ligne de front. Le projet prévoit d'installer des pompes et des systèmes de filtration pour fournir environ douze mètres cubes d'eau par mois. Le droit à l'eau potable et à l'assainissement de base est inscrit dans la Convention Internationale des Droits de l'Enfant (CIDE), dans les résolutions des Nations Unies et dans les Conventions de Genève. L'UNICEF appelle régulièrement à la fin des attaques contre les infrastructures d'eau et les services publics afin de s'assurer que les familles et les enfants ont accès à l'eau potable, même pendant un conflit.

Dans l'État de Palestine, quatre-vingt-quinze attaques ont été menées contre cent quarante-deux infrastructures d'eau et d'assainissement depuis 2019, laissant plus de 1,6 million de personnes sans accès à ces services de base. Et au Yémen, cent vingt-deux frappes aériennes ont été menées sur des infrastructures d'eau au cours de la guerre qui dure depuis six ans. Les épidémies de choléra continuent d'affecter des milliers d'enfants chaque semaine, et on estime que 15,4 millions de personnes dans le monde ont un besoin urgent d'eau potable et d'assainissement. L'UNICEF présente une série de mesures qui devraient être obligatoirement prises pour assurer la protection des enfants dans les zones de conflit et garantir l'accès à l'eau potable en quantités suffisantes. Les parties au conflit sont invitées à mettre fin immédiatement aux attaques contre les services et le personnel chargés de l'eau et de l'assainissement, et à s'acquitter de leurs obligations en matière de protection des enfants dans les zones de conflit. Les États membres des Nations Unies, y compris les membres du Conseil de sécurité, sont invités à prendre des mesures plus énergiques pour que les auteurs de ces attaques répondent de leurs actes et à investir dans l'eau et l'assainissement en tant que bailleurs de fonds dans les situations de conflit. La création de la Cour pénale internationale (CPI), juridiction permanente, a apporté un nouvel espoir. Établie en juillet 2002, elle est compétente pour juger les crimes de guerre, les crimes contre l'humanité et les violations graves du droit international humanitaire. Cependant, cette institution ne bénéficie pas du soutien de tous les pays.

Les États-Unis, par exemple, ont signé le Statut de Rome, qui constitue la base de la CPI, mais ne l'ont pas encore ratifié, ce qui réduit considérablement l'efficacité de cette juridiction. Depuis novembre 2002, l'eau est considérée comme l'un des droits fondamentaux de l'homme. Cela est inscrit dans l'Observation générale sur le droit à l'eau adoptée par le Comité des droits économiques, sociaux et culturels (CDESC), qui a elle-même été ratifiée par cent quarante-cinq pays.[82] Walter note que nous ne pouvons pas simplement continuer à utiliser l'eau comme nous l'avons fait par le passé. Il nous faut prendre conscience de l'urgence.

La consommation d'eau augmente de plus en plus

En raison du mauvais état des canalisations et de la pollution, de nombreux pays souffrent encore de la pénurie, mais surtout d'un manque de réserves d'eau douce renouvelables. La croissance de la population mondiale fait des réserves d'eau une ressource de plus en plus importante, bien que celle-ci soient très inégalement réparties sur la planète. En outre, elles ont diminué ces dernières années, alors que la consommation globale a augmenté. Dans le même temps, la population mondiale accroît en moyenne de quatre-vingts millions de personnes par an. En 2022, la population de la planète était de 7,9 milliards de personnes et devrait atteindre huit milliards en 2023, neuf milliards en 2037 et dix milliards en 2055.[83]

La consommation mondiale en un coup d'œil

Sur le plan mondial, l'Inde est le pays qui consomme le plus d'eau par an, avec 761 milliards de mètres cubes. En 2010, les 1,23 milliard d'habitants de l'Inde avaient une consommation moyenne par ménage et par jour d'environ 55 litres en 2015. La Chine arrive en deuxième position avec 598,1 milliards de mètres cubes d'eau consommés par an, suivie des États-Unis d'Amérique avec 444,3 milliards de mètres cubes, de l'Indonésie avec 222,6 milliards de mètres cubes et du Pakistan avec 183,5 milliards de mètres cubes.

La densité de population respective doit toujours être prise en compte. Monaco et les Maldives se classent au dernier rang en termes de consommation. Monaco a utilisé le moins d'eau en 2009 avec cinq milliards de mètres cubes d'eau par an, mais sa population n'est que de 35 226 habitants, tandis que les Maldives n'ont consommé « que » 5,9 milliards de mètres cubes d'eau, alors que leur population est presque dix fois plus importante (343 452 habitants) ! [84]

Chaque année, l'Union Européenne (UE) a besoin d'environ 218 km³ d'eau. Un kilomètre cube équivaut à un milliard de mètres cubes d'eau. L'Italie, la Grande-Bretagne et la Pologne ont les prélèvements les plus élevés de l'Union européenne. Chaque pays se caractérise par la répartition de l'utilisation de l'eau prélevée, qui dépend de ses activités économiques. En Pologne, au Danemark et au Royaume-Uni, plus de cinquante pour cent de l'eau est prélevée pour un usage domestique. En Espagne, c'est l'usage agricole qui prédomine, tandis qu'en Allemagne, la majeure partie des prélèvements est destinée à des fins industrielles. L'Europe consomme 180 km³ d'eau par an, dont 80 km³ en Europe occidentale.[85] La demande en eau par habitant est plus faible qu'en Asie, mais ce chiffre relativement bas est le résultat des pratiques agricoles, à savoir des cultures moins gourmandes en eau et donc moins d'irrigation. Il est donc difficile d'établir une comparaison, car les calculs reposent sur des données différentes. C'est vrai pour l'Europe ; dans d'autres parties du monde, il est encore plus difficile de trouver des chiffres comparables. Walter est consterné et pense qu'une norme est absolument nécessaire pour pouvoir comparer les mesures dans le monde entier.

La répartition soixante-dix/vingt/dix

En tout état de cause, il est possible d'obtenir une répartition approximative de la consommation : globalement, l'irrigation de l'agriculture consomme soixante-dix pour cent de l'eau prélevée, voire quatre-vingt-dix pour cent dans certaines régions du monde ; environ vingt pour cent sont utilisés à des fins industrielles et dix pour cent à des fins domestiques ou privées. L'irrigation des cultures est sans aucun doute le secteur de l'agriculture qui consomme la plus grande quantité d'eau dans le monde. Aujourd'hui, près de vingt pour cent des terres irriguées du monde, couvrant quelque 310 millions de kilomètres carrés, dont cinq pour cent en Afrique et trente-cinq pour cent en Asie, produisent près de quarante pour cent de la nourriture mondiale.

La proportion de terres irriguées a presque doublé dans le monde depuis 1960. En Europe, trente-deux pour cent des terres sont consacrées à l'agriculture, contre quatre-vingt-quatre pour cent en Afrique et quatre-vingt-huit pour cent au Moyen-Orient. En Asie, plus des deux tiers de la population dépendent des terres irriguées pour vivre. La forte croissance démographique de ces régions a entraîné une intensification de la culture du riz. Par conséquent, il existe des différences significatives entre les régions du monde en fonction du climat, du type de culture, des techniques d'irrigation utilisées et des rendements des cultures. L'irrigation deviendra de plus en plus indispensable à l'agriculture pour répondre à la demande alimentaire croissante. Les terres irriguées artificiellement offrent une productivité 2,7 fois supérieure à celle des terres irriguées par la pluie.[86]

L'eau douce au service de la nutrition mondiale

La majeure partie de l'eau utilisée par l'agriculture provient de la pluie stockée dans le sol. L'irrigation ne représente qu'environ quinze pour cent de l'eau utilisée par les cultures. L'irrigation nécessite 900 km^3 d'eau par an pour les cultures vivrières, plus de l'eau supplémentaire pour les cultures non vivrières. Ce type de gestion des terres ne fonctionne que dans les régions où les précipitations permettent au sol de garder une humidité suffisante pendant les périodes clés de la croissance des cultures. L'agriculture non irriguée représente environ soixante pour cent de la production dans les pays du Sud. Une bonne préparation du sol, qui permet aux eaux de ruissellement de s'infiltrer près des racines, conserve l'humidité du sol. Diverses formes de collecte de l'eau peuvent aider à stocker l'eau localement. De plus, l'eau traitée peut contribuer à reconstituer les nappes phréatiques et à réduire l'érosion des sols.[87]

D'autres méthodes utilisent le ruissellement en le stockant dans le sol ou dans des réservoirs ou des barrages pour le prélever pendant les périodes sèches. Plus récemment, les pratiques d'agriculture de préservation, telles que les méthodes agricoles antiérosives, se sont avérées efficaces pour mieux garder l'humidité du sol. Les perspectives d'amélioration du rendement de l'agriculture non irriguée restent limitées car les précipitations sont soumises à une importante variabilité saisonnière et annuelle. Le risque élevé de perte de récolte dû aux périodes de sécheresse décourage les agriculteurs d'investir dans des intrants, qu'il s'agisse d'engrais, de variétés à haut rendement ou de lutte contre les parasites. Le besoin primordial des agriculteurs des régions semi-arides disposant de peu de ressources est de s'assurer que leur ménage est nourri jusqu'à la prochaine récolte. Ils peuvent atteindre cet objectif en utilisant des variétés rustiques, résistantes à la sécheresse mais à faible rendement.

Ainsi, en moyenne, environ quarante pour cent de l'eau prélevée dans les rivières, les lacs et les nappes phréatiques pour l'agriculture est effectivement utilisée pour la production agricole, le reste étant perdu par évaporation, infiltration en profondeur ou croissance des « mauvaises herbes ». Par conséquent, les prélèvements actuels d'eau pour l'irrigation dans le monde sont estimés entre 2 000 et 2 500 km^3 par an. Plus précisément, les plantes ont besoin d'une quantité d'eau suffisante, tant sur le plan qualitatif que quantitatif, pour leur croissance et leur développement. Cette eau doit également être à portée de leurs racines, si possible, et doit arriver au bon moment. La majeure partie de l'eau absorbée par une plante sert à transporter les nutriments dissous du sol vers les organes aériens de la plante, d'où elle est libérée dans l'atmosphère par transpiration : l'utilisation de l'eau dans l'agriculture est intrinsèquement consommatrice. [88]

Chaque plante a des besoins en eau spécifiques, qui varient en fonction des conditions climatiques locales. La production d'un kilogramme de blé en est un exemple. Cela nécessite environ mille litres d'eau qui retournent dans l'atmosphère ; le riz a besoin d'environ deux fois plus d'eau. La production de viande nécessite entre six et vingt fois plus d'eau : une vache a besoin de quatre mille mètres cubes d'eau potable, un kilo de bœuf de 15 m^3, pour les moutons et les chèvres d'environ 500 m^3 et par kilo de viande ovine ou caprine de dix mètres cubes d'eau, six mètres cubes pour la volaille, deux mètres cubes pour l'huile de palme, un mètre cube et demi pour les céréales, un mètre cube pour les agrumes, les légumineuses, les racines et les tubercules. La demande globale en eau de la production alimentaire peut être calculée à partir des quantités spécifiques d'eau nécessaires pour produire la nourriture d'une personne. Ainsi, pour une population mondiale de huit milliards de personnes, 8 000 km^3 d'eau sont nécessaires pour produire la nourriture nécessaire, sans compter les pertes dues au transport dans les systèmes d'irrigation.

Un quart des terres irriguées dans le monde représente environ soixante-sept millions d'hectares. Elles sont situées dans les pays du Nord. L'augmentation annuelle des terres irriguées a atteint un maximum de trois pour cent dans les années 1970 et est tombée à seulement 0,2 pour cent dans les années 1990. La croissance démographique dans ces pays est lente et, par conséquent, la demande et la production de produits agricoles devraient également croitre lentement. Une augmentation de l'irrigation est attendue principalement dans les pays du Sud à forte croissance démographique. La concurrence grandissante dans les secteurs industriel et domestique entraîne une diminution de la quantité totale d'eau pouvant être allouée à l'irrigation. En général, la proportion de terres irriguées est élevée dans les pays et régions au climat aride ou semi-aride. [89]

La faible superficie des terres irriguées en Afrique subsaharienne met en évidence le problème du sous-développement des infrastructures d'irrigation. Les chiffres indiquant le potentiel d'irrigation dans ces pays tiennent déjà compte de la très faible disponibilité de l'eau. Une part importante du potentiel d'irrigation est déjà utilisée dans la région du Moyen-Orient et de l'Afrique du Nord, où l'eau est un facteur restrictif, et en Asie, où la terre est souvent un facteur limitatif. En revanche, un potentiel important reste inexploité en Afrique subsaharienne et en Amérique latine.

Selon les prévisions de l'Organisation des Nations Unies pour l'alimentation et l'agriculture, la part de la production agricole mondiale représentée par l'irrigation devrait croître au cours des prochaines décennies. Dans les pays en développement en particulier, on prévoit que l'irrigation des terres aménagées augmentera de vingt pour cent pour atteindre quarante millions d'hectares d'ici 2030. Cela signifie que vingt pour cent de toutes les terres ayant un potentiel d'irrigation mais non encore aménagées seront irriguées, et que soixante pour cent de toutes les terres ayant un potentiel d'irrigation seront utilisées pour quatre cent deux millions d'hectares d'ici 2030. L'augmentation nette des terres irriguées prévue pour 2030, soit quarante millions d'hectares et environ 0,6 pour cent par an, est inférieure à la moitié de l'augmentation de quatre-vingt-dix-neuf millions d'hectares et de 1,9 pour cent par an enregistrée au cours des trente-six dernières années. En outre, on s'attend à une diminution des terres irriguées. Les projets d'irrigation les plus intéressants sur le plan économique ont déjà été mis en œuvre. L'augmentation des prix des produits agricoles de base due à la crise ukrainienne et à l'embargo en Inde pourrait inciter les agriculteurs à investir dans des projets d'irrigation de second rang plus coûteux.[90]

L'expansion des terres irriguées se fera principalement par la conversion de terres déjà utilisées pour l'agriculture pluviale ou de terres qui pourraient être cultivées sans irrigation mais qui ne sont pas encore utilisées. Toutefois, c'est en Asie du Sud, en Asie de l'Est, au Moyen-Orient et en Afrique du Nord que le développement de l'irrigation devrait être le plus important. Dans ces régions, les possibilités d'agriculture non irriguée restent limitées, voire inexistantes.

D'autre part, l'expansion des terres arables restera un facteur important de la croissance de la production agricole dans de nombreux pays d'Afrique subsaharienne et d'Amérique latine, ainsi que dans certains pays d'Asie de l'Est, bien qu'à une échelle beaucoup plus réduite que par le passé. Dans les pays du Sud, la croissance de la production de blé et de riz conduira de plus en plus à des augmentations de rendement, tandis que la croissance du maïs continuera d'être principalement due à l'expansion des terres arables.

L'Inde puise dans ses dernières réserves d'eau

Walter utilisera trois exemples pour illustrer l'urgence de la situation et le stress hydrique qui en résulte : le Brésil, la Russie et l'Inde. L'Inde est le meilleur exemple de ce développement désolant. Longtemps particulièrement exposée à la sécheresse, l'entrée de l'Inde dans la « révolution verte » dans les années 1960 a contribué à exacerber la crise de l'eau. L'objectif était d'éviter au maximum les périodes de famine récurrentes en rendant le pays autosuffisant en matière de production alimentaire. L'Inde a donc fortement développé son agriculture et donc ses techniques d'irrigation. Cependant, les agriculteurs ont consommé les réserves souterraines au lieu d'utiliser les réserves de surface, comme ils l'avaient fait dans une moindre mesure par le passé. « La révolution verte a permis de développer les engrais, mais surtout l'irrigation. Nous sommes passés de l'utilisation des eaux de surface des lacs et des rivières aux eaux souterraines, avec vingt-cinq millions de forages dans le pays, ce qui a entraîné une diminution importante des aquifères », déclarait en 2016 Jean-Christophe Maréchal, du Bureau de recherches géologiques et minières. Si la révolution verte a permis à l'Inde d'accéder à l'indépendance, le pays fait toujours partie de « l'économie de la mousson », ce qui signifie que la production et l'économie dépendent fortement de la saison des moussons, principalement dans les zones rurales.[91]

L'augmentation de la production, accompagnée d'une politique de gratuité des permis de pompage, a entraîné une tendance démographique intrinsèque qui augmente simultanément la demande en eau. Une partie importante des eaux souterraines sera épuisée d'ici dix ans si le type d'utilisation agricole ne change pas.

La situation est encore aggravée par des politiques contre-productives dans les provinces : si une province est en amont, elle construit des barrages, tandis que la province en aval développe ses systèmes d'irrigation pour justifier une plus grande demande en eau et donc l'ouverture de barrages. Ce problème est surtout observé dans le sud du pays, le nord étant alimenté en eau par les montagnes de l'Himalaya. Cela n'empêche pas les provinces du nord d'être sévèrement touchées par la sécheresse : une tempête de sable liée à la sécheresse a frappé les États de l'Uttar Pradesh et du Rajasthan en 2022, tuant près de cent cinquante personnes. Les ressources en eau du sud du pays disparaissent et les provinces confrontées à cette pénurie peinent à trouver une solution. En mai 2018, Bangalore et son État du Karnataka ont à nouveau été le théâtre de manifestations pour protester contre la libération d'une partie des ressources du fleuve Cauvery au profit de l'État voisin du Tamil Nadu. Ces manifestations se répètent et donnent régulièrement lieu à des affrontements très violents, voire mortels.

Mais où est passée la mer d'Aral ?

Contrairement aux idées reçues, l'eau n'est pas une denrée rare en Asie. La disponibilité en eau renouvelable par habitant et par pays du bassin dépasse la limite de mille mètres cubes par habitant et par an : en 2014, 6 593 m^3 au Kazakhstan, 4 727 m^3 au Turkménistan, 4 257 m^3 au Kirghizistan, 2 669 m^3 au Tadjikistan et 1 689 m^3 en Ouzbékistan. Paradoxalement, cette abondance d'eau est responsable de l'assèchement du plus grand lac salé non drainé d'Asie centrale. En effet, l'apport continu du fleuve Amu Darya et les précipitations d'environ cent millimètres par an dans cette région étaient censés empêcher la mer d'Aral de s'assécher complètement. Avant les années 1960, la mer d'Aral était le quatrième plus grand lac de la planète, avec une superficie de 67 500 km^2, un volume de 1 070 km^3 et une profondeur de soixante-six mètres. Les dépressions araliennes, zones situées sous le niveau de la mer, sont encadrées au sud-est par de hauts massifs, les montagnes du Pamir et du Tian Chan. Bien arrosés et couverts de neige et de glaciers, ces « châteaux d'eau » alimentent deux puissants fleuves, l'Amu Darya et le Syr Darya (78 et 37 km^3 par an de débit moyen annuel), qui après avoir irrigué des oasis, terminent leur course dans la mer d'Aral. Il en reste aujourd'hui la mer d'Aral septentrionale, la mer d'Aral occidentale, le lac Barsakelmes situé entre les deux et le désert d'Aralkum. Le lac Aibugir, qui se trouve plus au sud, a été séparé plus tôt. Ils appartiennent au Kazakhstan, à l'Ouzbékistan et en partie aux deux États. En raison des conditions climatiques continentales, les climats semi-désertiques et désertiques prédominent.[92]

Dans les années 1930, Staline a créé artificiellement les cinq républiques d'Asie centrale : le Kazakhstan, l'Ouzbékistan, le Turkménistan, le Kirghizstan et le Tadjikistan. L'Union soviétique considérait ces régions comme des réservoirs de ressources naturelles et de main-d'œuvre. En 1960, les Soviétiques décident de cultiver les steppes du Kazakhstan et de l'Ouzbékistan pour en faire des champs de coton et de blé. Ils sont destinés à l'industrie textile et à l'alimentation de la population d'Asie centrale. En 1961, des scientifiques supposent que l'assèchement de la mer d'Aral pourrait être beaucoup plus rentable que sa préservation. Au Kazakhstan, de gigantesques complexes miniers et métallurgiques ont été ouverts, qui n'ont jamais été modernisés et provoquent localement une très forte pollution de l'air.

Les déchets radioactifs issus de l'extraction d'uranium dans l'ouest du Kirghizstan restent stockés sans protection et menacent de polluer les cours d'eau de l'Ouzbékistan voisin. Dans la région moins peuplée de Semipalatinsk, le « polygone d'essais nucléaires » a été installé et est responsable d'une grave contamination qui persiste encore. Dans toute l'Asie centrale, environ trente pour cent de l'eau consommée est perdue par infiltration en raison de la vétusté des systèmes de distribution. Les Soviétiques ont détourné certaines rivières pour irriguer leurs cultures, privant ainsi la mer d'Aral de vingt à 60 km^3 d'eau chaque année.

Entre 1960 et 2011, le lac a perdu plus de quatre-vingt-cinq pour cent de sa superficie et quatre-vingt-douze pour cent de son volume. Un désert de plus de cinquante mille kilomètres carrés s'est formé, l'Aral Koum, composé de sols salés et de dunes. L'Aral, qui était un lac d'eau douce, s'est transformé en une « mer morte » sursalée. À la fin des années 1980, la communauté internationale a constaté avec étonnement la disparition de la mer d'Aral. Cette catastrophe a été rendue possible par la politique de glasnost (transparence) de Mikhaïl Gorbatchev à partir de 1986. Les décideurs ont ignoré les écosystèmes en croyant à une intervention technique toute puissante. Le mythe de la modernisation triomphante a gagné.

La baisse temporaire de la quantité d'eau au tournant du XXIe siècle s'explique par la crise profonde qu'a traversée l'agriculture pendant la transition post-soviétique. Aujourd'hui, l'agriculture souffre, l'industrie de la pêche est ruinée. La régression du littoral a entraîné une diminution des zones humides et des deltas : quatre-vingt-dix pour cent de la superficie des roselières et des forêts galeries a disparu. Le climat est affecté car les eaux jouaient un rôle important de régulateur thermique. Les hivers sont devenus plus longs et plus rudes et les étés plus chauds que jamais. Les tempêtes sont devenues plus fréquentes et plus violentes. Cette contraction a privé quatre cent mille habitants de leurs ressources traditionnelles, avec le déclin de la pêche, de la chasse, de la cueillette et du ramassage du bois.

De surcroît, soixante pour cent des eaux usées ont été déversées directement dans l'ancienne mer d'Aral, notamment des herbicides, des pesticides et des défoliants. Pendant des décennies, ils ont séjourné au fond du lac et se sont retrouvés dans l'air : quatre millions de personnes ont été directement exposées à une grave pollution, ce qui a entraîné une détérioration extrême de leur santé. La propagation de la pollution atmosphérique par le vent pouvait atteindre un rayon de cinq cents kilomètres. L'eau potable a complètement disparu, elle est maintenant livrée dans les citernes ou les canalisations des villes et villages qui n'ont pas été abandonnés.

La mortalité infantile et les maladies telles que l'hépatite, la typhoïde et le cancer ont augmenté. Malgré la condamnation de cette pratique, les gouvernements des États d'Asie centrale continuent comme avant. La vie quotidienne de la population dépend en grande partie de l'hydro-agriculture : l'énorme gaspillage d'eau agricole est dû à un réseau d'irrigation obsolète, y compris le canal de Karakum. Le plus grand défi sera de répondre aux besoins fondamentaux des quarante millions d'habitants du bassin.[93]

Le drame des forêts et de la désertification

La déforestation est le mot clé. Il ne s'agit pas d'abattre quelques arbres pour la santé de la forêt. Non, pour Walter c'est un génocide. On estime que chaque année, environ cent cinquante mille kilomètres carrés de forêt sont abattus dans le monde, soit l'équivalent de trois fois et demie la superficie de la Suisse. Les causes de cette tragédie sont multiples : l'utilisation du bois, la préservation des sols pour l'agriculture, les pluies acides dues à la pollution de l'air, les aléas climatiques, les incendies, et enfin les agressions biotiques, comme celles des champignons ou autres insectes sur les arbres. La plus grande victime est l'Amazonie. C'est notre plus grande forêt tropicale au monde. Dotée d'une biodiversité particulièrement riche, elle n'en est pas moins affectée par une déforestation massive due aux exploitations agricoles. Le Conseil international de gestion forestière a mis au point un système de certification qui fixe des exigences mondiales en matière de gestion durable des forêts, le label FSC ; des organismes de certification indépendants accrédités délivrent ce certificat et effectuent des contrôles réguliers. Celui-ci garantit qu'une forêt est gérée de manière responsable. Apposé sur un produit, le label est censé garantir qu'il est fabriqué à partir de bois provenant d'une forêt gérée conformément aux normes. En pourcentage, cinquante et un pour cent des forêts en Europe possèdent ce certificat, trente et un pour cent en Amérique du Nord, douze pour cent en Amérique latine et dans les Caraïbes, 3,5 pour cent en Asie-Pacifique et seulement 2,5 pour cent en Afrique.[94]

« L'équivalent de la surface de forêt tropicale d'un stade de football est détruit toutes les cinq secondes. Exactement le temps qu'il vous faut pour lire cette phrase ». La biologiste Wangari Muta Maathai travaille sur des actions aussi mémorisables. Elle a lancé le Green Belt Movement (GBM) en 1977 pour promouvoir et protéger la biodiversité et préserver les sols, entre autres. Près de quatre-vingts pour cent des vingt millions d'arbres plantés par le mouvement ont survécu. Aujourd'hui, celui-ci emploie quatre-vingt mille personnes, principalement en zone rurale. Wangari Muta Maathai a reçu le prix Nobel de la paix en 2004 « pour sa contribution au développement durable, à la démocratie et à la paix ». Au Brésil, l'expansion sans précédent de la culture du soja, qui profite principalement aux consommateurs de viande européens et chinois, s'avère extrêmement néfaste pour les ressources en eau. Elles sont utilisées directement pour l'irrigation, la pollution induite, et finalement la déforestation liée au défrichement de nouvelles terres. Le Brésil possède douze pour cent de l'eau douce de la planète. Mais l'eau est mal répartie entre les régions et surtout entre les riches et les pauvres. [95]

Quatre-vingts pour cent de l'eau douce du Brésil se trouve dans le bassin de l'Amazone. À l'embouchure de l'Amazone, des navires du Moyen-Orient viennent à Belém pour dégazer et remplir illégalement leurs cales d'eau douce. Il s'agit d'un vol d'eau pour les régions les plus sèches du monde, disent-ils. Le pays possède l'un des plus grands lacs souterrains du monde, l'aquifère Guarani, situé dans le sous-sol de huit États sur une superficie de 1,2 million de kilomètres carrés. Cette vaste réserve d'eau douce est menacée par plusieurs facteurs, tels que les stations homogènes de reboisement d'eucalyptus à Espíritu Santo (un eucalyptus adulte pompe sept cents litres d'eau par jour dans le sol) ou les centaines de réservoirs et de projets de transport fluvial, l'énorme pollution, l'appauvrissement et la sécheresse. L'irrigation et l'approvisionnement en eau sont souvent entre les mains de l'élite. La privatisation est en hausse.

L'explosion des exportations de soja brésilien vers la Chine, l'Europe, le Japon et l'Inde est également une exportation de terres bon marché, d'eau et d'énergie en abondance à un prix trop bas. La Chine possède sept pour cent des terres arables de la planète, mais abrite vingt pour cent de la population mondiale. Le désert de Gobi, une vaste zone située au centre-nord de ce pays, progresse à une vitesse alarmante. La Chine tente d'endiguer l'avancée du désert tout en cherchant des terres et de l'eau sur d'autres continents. C'est ce qui explique l'importance des investissements au Brésil, car l'évolution des modes de consommation alimentaire des Chinois nécessite de plus en plus de protéines. Avant son élargissement en 2004, l'UE abritait six pour cent de la population mondiale, mais elle produisait vingt pour cent des produits laitiers et dominait cinquante pour cent du marché mondial de ces produits. Cette agriculture intensive est rendue possible par l'importation d'eau, de terres et d'énergie sous forme d'aliments pour animaux, notamment le soja brésilien. La consommation de viande des Européens, l'une des plus élevées au monde, est rendue possible par la culture intensive du soja au Brésil.[96]

La déforestation massive due au brûlage des forêts s'intensifie en Amazonie. Près de vingt-trois mille kilomètres carrés de forêt ont été déracinés au cours de trois années consécutives, contre dix-huit mille kilomètres carrés « actuels » ces dernières années. Le système « Deter » estime qu'entre vingt-trois mille cent et vingt-quatre mille quatre cents kilomètres carrés de forêt ont été abattues en 2004. L'une des questions « brûlantes » au Brésil est de savoir qui est responsable de la déforestation. Lors de la « Table ronde sur le soja responsable » RTRS, les 17 et 18 mars 2005, le mot « durable » a été remplacé par « responsable » pendant le congrès. Le Groupe Amaggi et les grands propriétaires de monocultures ont pointé un doigt accusateur sur les scieries et les cultivateurs. Ocimar de Camargo Villela, du groupe Amaggi, a déclaré avec fierté : « Le groupe Amaggi a planté cent trente mille hectares de soja et possède cent dix mille hectares supplémentaires de 'bois légal' ». Soit des forêts, soit des savanes (cerrados), qu'ils doivent préserver. Il a cependant oublié de préciser que ces cent trente mille hectares devaient avant tout être déboisés. L'ISA (Institut socio-environnemental) ainsi que les Amis de la Terre sont formels : le soja accélère la déforestation. Cette affirmation est basée sur des données officielles. En l'espace de trois ans, les surfaces cultivées en soja ont augmenté de quarante pour cent dans les régions du sud-est du pays et de soixante-six pour cent dans le Midwest. L'État du Mato Grosso se trouve dans cette dernière région. Entre 2001 et 2004, la déforestation y a augmenté de cinquante-deux pour cent. L'accélération a commencé en 1999, lorsque le cours de la monnaie brésilienne, le real, a augmenté par rapport au dollar nord-américain, ce qui a accru l'intérêt pour l'exploitation.

Le soja, l'or vert

Depuis, l'exploitation de l'or vert est devenue extrêmement rentable. Lorsque, quelques années plus tard, le prix du soja a atteint des sommets historiques sur le marché mondial, plus rien ne pouvait s'opposer à cette expansion. C'est pourquoi les taxes sur la déforestation ont été extrêmement élevées à partir de 2001. Au cours de l'année agricole 1990/1991, le Brésil comptait 9,74 millions d'hectares plantés en soja ; en 2000/2001, 13,97 millions d'hectares. Le « grand boom » s'est donc produit après 2001, avec 21,24 millions d'hectares plantés au cours de l'année agricole 2003/2004. Comment tout cela est-il possible avec une législation environnementale aussi stricte ? Pour Moacir Pires, consultant en environnement au Mato Grosso, « Planter du soja, c'est comme extraire de l'or.[97] Lorsque le prix de l'or augmente, les gens sont attirés par la recherche d'or. Il en va de même pour le soja. » Outre l'utilisation directe de l'eau et la pollution associée aux engrais et aux pesticides, la culture du soja a également d'autres conséquences sur l'eau en tant que ressource, en raison de la déforestation. C'est à cause de la déforestation intensive causée par l'expansion de la culture du soja que le régime hydrologique semble être déséquilibré non seulement dans le bassin de l'Amazone, mais dans toute l'Amérique latine. En 2004, un article du quotidien *O Globo* a tiré la sonnette d'alarme.

Une destruction possible du cycle de l'eau

La déforestation peut avoir de graves conséquences pour l'économie brésilienne. La destruction de la forêt amazonienne entraînera de profonds changements climatiques dans toute l'Amérique du Sud. La désertification dans le nord du pays pourrait entraîner des conséquences dramatiques sur le système hydrologique du continent et créer d'immenses zones arides dans les régions du centre-ouest, du sud-est et du sud du Brésil, qui représentent quatre-vingts pour cent du produit intérieur brut du pays. L'avertissement a été lancé par le chercheur Carlos Nobre de l'INPA (Institut national de recherche amazonienne). Selon lui, « le bétail et le soja qui arrivent en Amazonie vont coûter cher au pays ».

« Le problème n'est pas que l'Amazonie se transforme en savane, c'est bien plus grave que cela.[98] On parle d'une possible destruction du cycle de l'eau en Amérique du Sud, de la désertification de São Paulo, du Mato Grosso et du Paraná », déclare M. Nobre. Au cours des cinq à dix dernières années, trois cents rivières se sont asséchées dans le Cerrado en raison de la culture intensive du soja. Pourtant, ces rivières comptent parmi les affluents les plus importants des grands fleuves qui rendent le Brésil si riche en ressources hydriques. Comme les Brésiliens ont de l'eau en abondance, ils ne semblent pas s'en préoccuper et en gaspillent beaucoup.

L'industrie des pompes à eau

La consommation d'eau dans l'industrie représente environ vingt pour cent de la consommation mondiale. Bien que les quantités utilisées varient selon les pays et les secteurs d'activité, l'industrie reste très gourmande en eau, qu'elle soit potable ou non. Dans la plupart des cas, elle n'est même pas entièrement utilisée et est régulièrement rejetée directement dans les rivières. La répartition de chaque industrie est la suivante : chimie-pharmacie quarante-neuf pour cent, gestion des déchets dix pour cent, bois, papier, carton huit pour cent, production et transformation des métaux sept pour cent, produits agroalimentaires d'origine végétale cinq pour cent, divers, produits agroalimentaires-animaux quatre pour cent, et produits alimentaires-autres quatre pour cent, pétrole et dérivés quatre pour cent, extraction de produits et fabrication de minéraux trois pour cent, travail mécanique des métaux deux pour cent, location-entretien de textile-tannerie 0,4 pour cent. L'industrie textile mérite une attention particulière de la part de Walter. En raison de la culture du coton, biologique ou non, elle est de loin la plus verte et la plus polluante de tous les secteurs d'activité.[99]

Non moins de dix mille litres d'eau sont nécessaires pour produire un kilogramme de coton. Cela représente deux mille cinq cents litres pour un T-shirt de deux cent cinquante grammes, et jusqu'à sept mille à dix mille litres pour un jean. Chaque année, plus de quatre-vingts milliards de vêtements sont produits dans le monde, sans compter l'eau utilisée pour les teintures, les traitements chimiques, etc. Autres exemples : quatre cents à onze mille litres d'eau par kilo de viscose, trois cents à six cents litres d'eau par kilo d'acier, trois cents à quatre cents par kilo de sucre, cent litres d'eau pour un litre d'alcool, soixante à quatre cents litres par kilo de carton, trente-cinq litres par kilo de ciment, un à deux litres par kilo de plastique.[100]

La consommation d'eau est au cœur de nombreux processus industriels. Elle est utilisée pour le lavage et l'élimination des déchets, pour les systèmes de refroidissement ou pour faire fonctionner les chaudières. Le refroidissement des installations représente la majeure partie de la consommation industrielle. Les prélèvements pour l'industrie représentent 3,3 milliards de mètres cubes d'eau, soit dix pour cent des prélèvements, qui ont diminué de vingt pour cent depuis 1999 dans le cadre des activités industrielles. Cette diminution s'explique principalement par le ralentissement de certaines activités, l'amélioration de procédés plus économiques et l'utilisation de cycles fermés.

De l'eau pour les centres de données

De plus, de nouvelles industries à forte intensité énergétique ont vu le jour. Par exemple, la fabrication d'un ordinateur nécessite 1 240 kilogrammes de combustibles fossiles, 2,2 kilogrammes de produits chimiques et plus d'une tonne d'eau. Selon l'Union internationale des télécommunications, près de quatre cent dix millions d'ordinateurs, soit plus de treize appareils par seconde, ont été vendus en 2022. Sur la base du chiffre ci-dessus, cela représenterait plus de quatre cent dix millions de tonnes d'eau par an dans le monde. Les chiffres de la consommation d'eau pour les centres de données du monde entier ne sont pas disponibles, mais il est clair que leur refroidissement nécessite d'importantes quantités d'eau.[101] À cela s'ajoutent, par exemple, les nouvelles crypto-monnaies, qui nécessitent une grande capacité de calcul. Pourtant, seule la consommation des réseaux est disponible en TWh (térawattheures). L'Allemagne, par exemple, consomme environ 500 TWh par an, l'Écosse ou le Nigeria environ 25 TWh par an. Un térawattheure équivaut à un milliard de kilowattheures (kWh). À titre de comparaison, un kWh correspond à l'énergie nécessaire pour se sécher les cheveux pendant une heure avec un sèche-cheveux de mille watts. Les crypto-monnaies sont également gourmandes en énergie : le bitcoin nécessite 26,05 TWh par an, l'ethereum 9,68 TWh, Visa 0,5406 TWh et Ripple 0,0005361 TWh. En d'autres termes, le fonctionnement du réseau des crypto-monnaies équivaut à la consommation d'énergie d'un pays comme le Nigeria.[102]

Le secteur industriel présente également des différences régionales significatives qui reflètent la localisation des activités industrielles. En France, par exemple, la production d'énergie électrique, principalement d'origine nucléaire, est de loin le secteur qui nécessite les plus grands volumes d'eau. En 2009, soixante-quatre pour cent des prélèvements d'eau de surface, soit 21,5 milliards de mètres cubes, ont été utilisés pour refroidir les centrales thermiques et nucléaires conventionnelles. Cependant, près de quatre-vingt-dix pour cent des prélèvements effectués pour la production d'électricité seront restitués à l'environnement naturel, à proximité du point de pompage. Depuis le début des années 1990, les prélèvements d'eau ont diminué avec le passage d'un grand nombre de centrales électriques « à circuit ouvert » - qui prélèvent davantage d'eau - à des centrales électriques « à circuit fermé ».

L'hydroélectricité est la deuxième forme de production après l'énergie nucléaire en France et couvre treize pour cent de la production française d'électricité. Les mille huit cents centrales hydrauliques françaises constituent les premières sources d'électricité renouvelables au monde. Le solaire thermique et le charbon sont les plus gros consommateurs d'eau et les énergies renouvelables non thermiques, comme l'éolien et le solaire photovoltaïque, les plus faibles. La diversité des sources et des projections sur les futurs mix énergétiques explique en grande partie les écarts considérables et les différentes définitions de la consommation d'eau.[103] Un exemple d'incohérence dans les calculs : l'Agence internationale de l'énergie (AIE) affirme que la quantité d'eau utilisée dans le secteur des biocarburants est faible, alors que le Conseil mondial de l'énergie (CME) estime que quatre-vingt-dix pour cent de l'énergie et de l'eau utilisée sont liés à la production de biocarburants. Il est donc nécessaire de disposer d'une méthode cohérente pour l'analyse systématique du cycle de vie de l'eau dans la production d'énergie.

Cependant, le pourcentage d'augmentation de la production d'énergie à partir de différentes sources d'énergie entre 2012 et 2035 peut être estimé sur la base des sources d'énergie et de leur augmentation comme suit : liquides conventionnels quarante-deux pour cent, biocarburants soixante-quinze pour cent, liquides non conventionnels cent vingt-neuf pour cent, gaz naturel quarante-deux pour cent, charbon trente-trois pour cent, nucléaire soixante-dix pour cent, hydroélectricité soixante-quatre pour cent, solaire deux cent douze pour cent, éolien cent cinquante-quatre pour cent, géothermie cent quinze pour cent et autres énergies renouvelables quarante-quatre pour cent.[104]

Selon le rapport, la production d'énergie à partir de toutes les sources d'énergie augmente de manière significative, probablement en réponse à l'augmentation importante de la demande entre 2012 et 2035. Par exemple, aux États-Unis, les subventions et les mandats ont entraîné une utilisation importante de biocarburants dont l'empreinte hydrique est soixante-dix à quatre cents fois supérieure à celle des sources d'énergie traditionnelles. La croissance de la production d'énergie à partir de la bioénergie nécessite mille fois plus d'eau que l'essence. L'hydrofracturation, autre source d'énergie populaire, s'est révélée très gourmande en eau. Cet ensemble d'actions a un impact sur les eaux de surface et les eaux souterraines, tant sur l'implantation que sur le forage.[105]

Les processus réguliers de production de pétrole et de gaz nécessitent également de l'eau pour le forage et la production. L'hydroélectricité à grande échelle, l'une des plus anciennes sources d'énergie renouvelable, génère une empreinte hydrique relativement importante, principalement en raison de l'évaporation des grands réservoirs. La quantité d'eau qui s'évapore quotidiennement des réservoirs aux États-Unis suffirait à répondre aux besoins de cinquante millions de personnes. La concentration de l'énergie solaire nécessite également une quantité importante d'eau pour alimenter les turbines à vapeur. D'autres sources d'énergie ou processus de production d'énergie nécessitent différents moyens d'approvisionnement en eau.[106]

Les énergies éoliennes et solaires ou photovoltaïques, par exemple, sont connues pour être très respectueuses de l'environnement et ne laisser aucune empreinte sur l'eau. Toutefois, la quantité d'eau nécessaire au processus de fabrication peut s'avérer immature ou inefficace lorsque ces technologies énergétiques sont mises en œuvre à grande échelle, en particulier dans les endroits où la technologie est encore disponible. En outre, ces technologies nécessitent l'apport de charbon, de nucléaire ou de gaz naturel pour garantir un approvisionnement énergétique suffisant lorsque l'énergie éolienne ou solaire n'est pas disponible, ce qui entraîne une utilisation accrue d'eau à des fins de refroidissement. Le commerce international d'énergie provenant de différentes sources, telles que le pétrole, le gaz naturel, le charbon et les biocarburants, ainsi que l'échange de technologies de production d'énergie, telles que les éoliennes et les panneaux solaires, exercent une pression sur le cycle mondial de l'eau. [107]

L'eau se raréfie en Allemagne

En Allemagne, la construction d'une usine de production automobile par Tesla dans l'État fédéral du Brandebourg est un exemple d'utilisation déraisonnable de l'eau, car l'usine est située au beau milieu d'une réserve naturelle. Dans le même temps, le niveau des nappes phréatiques en Allemagne en particulier baisse de manière alarmante ; en vingt ans, il a perdu de l'eau à l'échelle du lac de Constance. Les jours de pluie ne suffisent pas à contrer le problème. C'est ce que montrent les données actuelles des satellites Grace, que Jay Famiglietti, directeur de l'Institut mondial pour la sécurité de l'eau à l'université de Saskatchewan (Canada), a analysées pour le compte de la NASA et du Centre aérospatial allemand. « Le déclin de l'eau en Allemagne est d'environ 2,5 gigatonnes, ou kilomètres cubes, par an. Cela en fait l'une des régions où la perte d'eau est la plus importante au monde. [108] » Même lorsqu'il pleut abondamment pendant une longue période, de moins en moins d'eau arrive dans nos réservoirs d'eau souterraine. En effet, il faut de nombreux mois pour que l'eau de pluie s'infiltre de la surface de la terre à travers les différentes couches de sol et de roche, et pour que les veines d'eau souterraines se remplissent à nouveau après une période de sécheresse prolongée. L'état des aquifères est mesuré par les satellites GRACE-FO (Gravity Recovery and Climate Experiment Follow On), qui mesurent depuis 20 ans les variations de la gravité terrestre, laquelle varie en fonction de la teneur en eau. Alors que les montagnes et le fond des océans ne changent pratiquement pas, le déplacement de grandes quantités d'eau par évaporation, précipitation ou ruissellement vers la mer génère des données utiles que les chercheurs peuvent comparer avec les résultats des mesures antérieures de la mission GRACE et avec les données des stations terrestres.[109]

Gigafactory de Tesla en zone de protection des eaux

Bien que l'eau devienne de plus en plus rare, sa consommation augmente depuis des années, surtout dans l'industrie et l'agriculture intensive. Au cours des étés beaucoup trop secs de ces dernières années, l'agriculture a dû irriguer de plus en plus souvent, car les cultures se desséchaient dans les champs. Sur le plan régional, cette situation a déjà entraîné, dans certains cas isolés, des difficultés considérables en matière d'approvisionnement en eau des collectivités. Des mesures de protection appropriées demeurent nécessaires pour remédier à la pénurie d'eau. Il n'y a guère d'autre Land allemand qui lutte autant que le Brandebourg contre cette pénurie. Néanmoins, d'énormes quantités d'eau s'écoulent dans la nouvelle usine de Tesla près de Berlin. La Gigafactory à Grünheide est située sur une superficie de trois cents hectares, dont environ deux tiers se trouvent dans la zone de protection de l'eau Erkner-Neu Zittau, zone de protection de l'eau III A et III B. Un peu plus de quatre-vingt-dix hectares de forêt ont été déboisés pour la première phase d'expansion. Un demi-million de voitures y seront bientôt produites.[110]

Selon les documents d'approbation, la nouvelle usine nécessitera jusqu'à 1,4 million de mètres cubes d'eau par an. Cela équivaut à peu près à la consommation d'eau d'une ville moyenne de trente mille habitants. Dans sa première demande adressée aux autorités du Brandebourg, Tesla avait calculé un volume d'eau annuel plus de deux fois supérieur - jusqu'à 3,3 millions de mètres cubes. Toutefois, les procédés de fabrication modernes utilisés dans la production de voitures et en particulier dans la production de batteries, qui est généralement très gourmande en eau, ont permis de réduire de manière significative la consommation prévue, selon l'entreprise. Une chose est sûre : l'usine Tesla est située dans l'un des États les plus secs d'Allemagne. Le problème de l'eau n'est pas évident au premier abord. Elle se trouve à des mètres de profondeur sous terre, alors que c'est l'État qui compte le plus grand nombre de lacs en République fédérale. Tesla a garanti son approvisionnement jusqu'en 2050 avec l'approbation de l'État de Brandebourg. Au lieu de viser une période d'autorisation plus courte en raison de la situation incertaine de l'eau, l'Office national de l'environnement a approuvé la durée maximale.[111]

Qu'est-ce qu'une zone de protection des eaux ?

En Allemagne, il s'agit de zones où des lois et des interdictions spéciales s'appliquent pour protéger les masses d'eau (eaux souterraines, eaux de surface, eaux côtières) des influences néfastes afin de protéger l'eau de la contamination. Les zones de protection des eaux doivent être distinguées des réserves naturelles et des autres zones protégées en vertu de la loi fédérale sur la protection de la nature. Les zones peuvent être à la fois des zones de protection des eaux et des zones de protection de la nature. Par exemple, une partie de la réserve naturelle d'Eldena se trouve également dans la zone de protection III de la zone de protection de l'eau potable de Groß Schönwalde. Les zones protégées sont établies par des ordonnances légales ou loi-cadre émises par les gouvernements des Länder compétents. Ceux-ci peuvent transférer cette autorisation à d'autres autorités des Länder, par exemple aux autorités inférieures chargées de l'eau situées dans les districts, par le biais d'ordonnances légales.[112]

La Gigafactory de Tesla est située dans une zone de protection des eaux III. Qu'est-ce que cela signifie ? Une zone de protection des eaux I protège les puits situés à proximité et dans un rayon d'au moins dix mètres. Dans le cas des barrages, la zone de protection I doit comprendre le réservoir, les biefs, les berges et le couronnement de la structure du barrage. La zone II de protection de l'eau est plus restreinte. Dans cette zone, le temps d'écoulement vers les puits doit être d'au moins cinquante jours pour protéger l'eau potable de la contamination bactérienne. Si les conditions du sous-sol se révèlent très favorables, la limite doit être éloignée d'au moins cent mètres de l'extraction de l'eau. Une zone de protection de l'eau III, comme dans le cas de Tesla, englobe l'ensemble de la zone de captage de la production d'eau protégée. Des interdictions s'appliquent, par exemple, au déversement de débris, de déchets, de substances dangereuses pour l'eau, à l'utilisation de lisier, de boues d'épuration, de pesticides et d'agents antiparasitaires, ainsi qu'à l'élevage industriel, aux stations d'épuration, aux sablières et aux gravières. L'utilisation de la géothermie est limitée dans toutes ces zones. Les réglementations détaillées varient considérablement d'une région à l'autre.

Toute l'Allemagne n'est pas touchée de la même manière par la sécheresse. Selon l'Observatoire de la sécheresse UFZ du Centre Helmholtz de recherche sur l'environnement, le nord-est est particulièrement sec. Surtout l'Est est touché par la sécheresse depuis un certain temps. Selon les experts du service météorologique allemand, il s'agit d'une conséquence de la crise climatique, qui se fait sentir plus tôt et plus intensément dans cette région que dans d'autres États. La Saxe-Anhalt, le Mecklembourg-

Poméranie occidentale et le Brandebourg constituent les États allemands qui ont récemment été gravement touchés par la sécheresse. La Basse-Saxe a récemment perdu 1,5 mètre d'eau souterraine. En revanche, les États de l'ouest, comme la Sarre, se portent très bien. En ce qui concerne les précipitations, il existe parfois d'énormes différences. Par exemple, le Brandebourg ne reçoit qu'environ cinq cents litres de précipitations par mètre carré et par an, alors que les contreforts alpins en reçoivent jusqu'à deux mille litres.

Moins d'eau par personne, mais plus de personnes

L'homme contribue à hauteur de huit à dix pour cent à l'augmentation de la consommation d'eau dans le monde. Selon l'Organisation mondiale de la santé (OMS), un minimum vital de vingt litres d'eau par jour et par personne est recommandé pour couvrir les besoins fondamentaux d'hydratation et d'hygiène personnelle. On parle de vie décente à partir de cinquante litres d'eau et de véritable confort à partir de cent litres d'eau par jour et par personne. On calcule deux mille litres par jour pour une personne, c'est-à-dire l'eau nécessaire à la chaîne alimentaire qui la nourrit. C'est beaucoup plus que les deux litres par jour que l'on boit en moyenne. La moyenne mondiale est de 1 385 m^3 d'eau consommés par an et par habitant de la planète. Selon une estimation de l'UNICEF, la consommation moyenne d'eau par habitant et par an est de six cents mètres cubes par espace de vie et par an, soit cent trente-sept litres par jour. Les gens ont besoin d'eau non seulement pour se nourrir, mais aussi pour cuisiner, se laver et assurer leur hygiène personnelle. La consommation annuelle totale d'eau dans le monde équivaut à 3 800 km^3, cela correspond à 3 800 000 000 000 000 litres d'eau ![113]

Tous les pays du Nord restent bien au-dessus de ces seuils. Selon Eurostat et le Conseil mondial de l'eau, le Canada, les États-Unis, le Japon, l'Australie et la Suisse ont besoin en moyenne de plus de deux cent cinquante litres par personne et par jour. En Finlande, en Italie, en Espagne, au Portugal, en Corée du Sud, en Grèce et en Suède, ce chiffre se situe entre cent soixante et deux cent cinquante litres. Le Danemark, la Grande-Bretagne, l'Autriche, la France, le Luxembourg et l'Irlande se situent entre cent trente et cent soixante litres. En Allemagne, aux Pays-Bas, en Belgique, en Hongrie, en Bulgarie, en Pologne et en République tchèque, il est inférieur à cent trente litres. L'Asie et l'Amérique latine ont besoin de cinquante à cent litres et l'Afrique subsaharienne de dix à vingt litres.[114] Walter est un peu dépassé par les chiffres, car une fois de plus, les données entre les États membres de 1993 sont aussi différentes que les conditions climatiques.

Les pays du Nord peuvent publier de nombreuses données, alors que les données sur la consommation quotidienne d'eau par les humains dans le Sud restent insuffisantes. Pendant la pandémie de Covid 19, des plans d'hygiène ont été mis en place, qui prévoyaient notamment une « hygiène des mains rigoureuse en se lavant les mains avec du savon pendant vingt à trente secondes ». Se laver les mains six à dix fois par jour était considéré comme nécessaire. Selon la pression de l'eau et le degré d'ouverture du robinet, trois litres d'eau sont utilisés, voire plus si l'eau continue de couler pendant le savonnage des mains. Cela représente entre dix-huit et trente litres par jour. Pour Walter, il est clair que dans de nombreux pays n'ayant pas accès à l'eau potable, la pandémie a été très difficile à gérer.[115]

En Allemagne, les chiffres sont plus tangibles. La consommation d'eau par personne a considérablement diminué par rapport à 1990. En 2020, la consommation quotidienne d'eau potable par habitant était d'environ cent vingt-neuf litres d'eau, parfois beaucoup moins dans les nouveaux Länder. Voilà un peu moins de trente ans, un habitant de l'Allemagne consommait beaucoup plus, environ cent quarante-sept litres d'eau par jour. Cette évolution peut s'expliquer, d'une part, par une plus grande sensibilisation à l'eau en tant que ressource et, d'autre part, par l'optimisation de technologies telles que les lave-linges à faible consommation d'eau. [116]

Trente-cinq pour cent de la consommation totale d'eau est nécessaire au ménage pour le bain, la douche et l'hygiène personnelle. Lors de la douche, la consommation d'eau est calculée à une moyenne d'environ dix-huit litres par minute. Une douche de dix minutes peut donc consommer jusqu'à cent cinquante litres. Le remplissage d'une baignoire consomme environ cent cinquante à cent quatre-vingts litres d'eau, et chaque fois qu'une personne va aux toilettes, elle utilise entre trois et seize litres, en fonction de son âge et de l'utilisation d'un bouton d'économie. Selon l'âge et la taille du modèle, la consommation d'un lave-vaisselle et d'un lave-linge se situe entre neuf et douze litres d'eau par cycle de rinçage et entre cinquante et soixante-dix litres par cycle de lavage. De plus, chaque Allemand utilise cinq litres d'eau potable par jour pour le nettoyage des locaux, l'entretien de la voiture et le jardinage. [117]

Pour aller au-delà de l'horizon occidental, Walter cherche des exemples dans l'Empire du Milieu. La région autour de la capitale chinoise est l'une des plus arides au monde. Pour approvisionner en eau plus de vingt millions d'habitants, d'immenses canaux s'étendent du sud au nord du pays. Mais cela ne résout pas tous les problèmes. À Mentougou, un quartier situé à l'ouest de la capitale chinoise Pékin, coule la rivière Yongding. Son niveau avait déjà diminué dans les années 1980 et, dans les années 1990, la rivière s'était asséchée. L'eau est désormais acheminée à Pékin par des canalisations extérieures. La capitale est confrontée à un énorme problème d'eau. Sur le plan international, lorsqu'une région dispose de moins de mille mètres cubes d'eau par personne et par an, on parle de pénurie; en dessous de trois cents mètres cubes, on parle de pénurie extrême. Dans la région de la capitale, il n'y a que cent soixante-dix mètres cubes d'eau disponibles par personne. Si l'on inclut les personnes n'étant pas officiellement enregistrées, le chiffre est même inférieur à cent mètres cubes. Au cours des dernières décennies, la demande en eau s'est multipliée. [118]

La capitale chinoise n'a cessé de s'étendre et, avec elle, la consommation s'est considérablement accrue. À Pékin, deux millions de personnes vivaient dans la région de la capitale dans les années 1950. Pour remédier à cette pénurie extrême, la Chine transporte depuis des années d'énormes quantités d'eau du sud, où elle est plus abondante, vers le nord du pays, plus sec. Elle est prélevée dans le fleuve Yangtze et ses affluents, puis détournée via des stations de pompage et un gigantesque réseau de canaux et de conduites d'eau, qui ne cesse de s'étendre.

Chaque année, près d'un milliard de mètres cubes d'eau sont détournés.[119] Une partie s'évapore, mais c'est toujours une quantité extrêmement importante qui arrive à Pékin. Pékin n'est pas la seule à en bénéficier. Plusieurs dizaines de villes en reçoivent par le biais du projet de transfert d'eau du sud vers le nord. Plus de trois cent mille personnes ont dû être déplacées pour que le projet devienne réalité.[120]

Une pollution extrême de l’eau

En ce 22 mars, il est déjà deux heures du matin. Walter est trop épuisé pour continuer : c’est le moment de faire une pause. Cela ne le dérange pas de travailler toute la nuit, car il est arrivé à New York peu de temps auparavant. À deux heures du matin à New York, il est huit heures du matin à Mayence. Il ne ressent pas de décalage horaire direct. L’ambassadeur le savait aussi, sinon il ne lui aurait jamais demandé de travailler de nuit. Quelques collègues de la mission permanente de son pays sont également présents. Il règle son réveil sur 2h30, heure locale de New York, ferme les yeux et se glisse dans son fauteuil de bureau. C’est plus confortable. Il voit les belles dunes, le désert, les chameaux, une tempête de sable se lève, il cherche sa gourde en peau d’agneau. Il l’avait déjà trouvé en Espagne, où l’on appelle le sac à boire « Botero ». C’est un excellent moyen réutilisable de transporter de l’eau dans le désert. Même lorsqu’il était enfant, il en avait utilisé quelques.... Pip ! Son réveil sonne déjà. Il est temps de se remettre au travail. De quoi s’agit-il ?

L’eau, victime de toutes les pollutions

Walter a déjà trouvé plusieurs raisons à la pénurie d’eau. Un point très important est celui des « eaux grises », c’est-à-dire la pollution de l’eau causée par l’agriculture et l’industrie. Il s’agit de la quantité d’eau qui serait nécessaire pour neutraliser l’eau polluée par les engrais et les pesticides. La pollution des ressources en eau est l’une des principales causes de la pollution de l’environnement, avec la pollution de l’air. Walter se rappelle les catastrophes nucléaires de Tchernobyl et de Fukushima. Dans les deux cas, non seulement les personnes, les animaux, l’air et le sol, mais aussi l'eau ont été largement contaminés. Les substances radioactives disparaissent très lentement de l'environnement. Cela peut prendre des milliers d'années. La qualité et la disponibilité des ressources en eau restent sans aucun doute l'un des plus grands défis de notre siècle. Leur préservation passe par une meilleure gestion des polluants.[121]

La nature est tout à fait capable de se régénérer et de lutter contre la pollution de l'eau en petites quantités. Ce processus biologique d'autoépuration permet aux rivières et aux lacs d'éliminer la pollution grâce aux bactéries et aux algues. De même, cent milliards de mètres cubes d'eau traversent les sols et les roches, chargés d'éléments utiles comme les sels minéraux, mais aussi d'éléments indésirables et toxiques, avant de rejoindre les nappes phréatiques par infiltration. Selon leur nature, les sols et les roches peuvent avoir un effet positif ou négatif sur la pollution de l'eau. Dans le cas positif, ils constituent des filtres protecteurs qui détruisent ou décomposent les polluants, et les eaux souterraines restent protégées de la contamination de surface. Dans le cas négatif, ils peuvent être des catalyseurs qui permettent aux contaminants de migrer vers les eaux souterraines. Celles-ci mettront des jours, des mois, voire des années à se renouveler.

Si la nappe phréatique est touchée, il faut beaucoup de temps pour que les polluants soient réabsorbés. Pour illustrer ce propos, considérons qu'un cours d'eau s'écoule à raison d'environ un mètre par seconde, alors que les eaux souterraines peuvent mettre jusqu'à un an pour s'écouler d'un mètre. Malheureusement, compte tenu des degrés de pollution actuels, ces forces d'autoépuration ne sont plus suffisantes. Cela commence par les précipitations qui alimentent les cours d'eau et les nappes phréatiques. Chaque année, par exemple, quelque soixante-dix milliards de mètres cubes d'eau sont chargés de polluants urbains et agricoles tout au long de leur parcours avant d'entrer dans les rivières et de les contaminer. Les rivières restent également alimentées par les eaux usées et les eaux pluviales des municipalités, une fois qu'elles ont été traitées dans une station d'épuration. Bien que ces apports soient minimes, ils réduisent la ressource en eau si les eaux usées ne sont pas traitées de manière adéquate.[122]

La pollution des ressources en eau se caractérise aujourd'hui par la présence de micro-organismes, de substances chimiques ou de déchets industriels. Elle peut toucher les rivières, les nappes phréatiques, les eaux saumâtres, mais aussi les eaux de pluie, la rosée, la neige et les glaces polaires. Quant à la pollution organique, elle provient du rejet de déchets ménagers végétaux ou animaux ou d'excréments. Ces déchets contiennent des bactéries ou des virus qui peuvent provoquer une pollution microbiologique et donc présenter un risque pour la santé publique. La pollution organique peut également résulter de la dissolution de matières organiques dans l'eau ou de phénomènes naturels. La pollution chimique est principalement causée par les cultures et les déjections animales : engrais (nitrates, phosphates, cadmium), pesticides, herbicides, médicaments vétérinaires et compléments pour le bétail (cuivre, zinc), ammonium, azote et phosphore. Les nitrates et les phosphates issus des engrais favorisent la prolifération des algues et des bactéries qui s'en nourrissent, entraînant une mauvaise oxygénation. Ce phénomène est appelé « eutrophisation des rivières, des lacs et des côtes ». À cela s'ajoutent les micropolluants d'origine médicamenteuse. Ainsi, des résidus de produits pharmaceutiques sont parfois retrouvés à très faible dose dans les rivières, les fleuves ou dans les eaux usées des industries chimiques et pharmaceutiques, entraînant un déséquilibre de l'écosystème aquatique.

De nombreuses activités entraînent une pollution de l'eau

Les différentes activités humaines utilisent des dizaines de milliers de produits chimiques. Les eaux usées générées par les artisans, les commerçants, les établissements de santé, les municipalités, mais aussi par les particuliers, sont à l'origine de pollutions. Quant aux activités industrielles, la moitié d'entre elles montrent être responsables des émissions de polluants organiques (matières en suspension, produits azotés et phosphorés) et de la quasi-totalité des rejets toxiques (métaux, hydrocarbures, acides, matériaux) et donc du déséquilibre écologique dû au réchauffement de l'eau. En 1978, le gouvernement français estimait que cinquante-cinq pour cent de la pollution de l'eau était due aux rejets industriels. Depuis, l'installation de stations d'épuration dans ces industries a grandement amélioré la situation. Voici quelques exemples de polluants rejetés par les petites et moyennes entreprises : produits de nettoyage à sec, produits de teinture, solvants d'imprimerie, lubrifiants de garage, résidus de toilettage, résidus de nettoyage, détergents, substances organiques azotées, etc. Les activités humaines sont les principales causes de la dégradation et de la pollution des sols. L'agriculture et l'industrie ajoutent continuellement des substances toxiques pour l'environnement aux sols. Mais les opérations militaires, le tourisme de masse et le traitement des jardins apportent également des sources de pollution. La pollution des sols est l'accumulation de divers éléments (organiques ou pathogènes) qui constituent une menace pour les sols eux-mêmes ou pour les organismes vivants au-delà d'un certain seuil.[123]

Les polluants présents dans les sols sont très divers. Il existe des métaux lourds ou des oligo-éléments métalliques toxiques, voire radioactifs au-delà d'un certain degré. C'est le cas du mercure, du plomb ou de l'arsenic. On trouve également dans les sols français des traces de goudron, d'hydrocarbures et d'huiles minérales (issues des combustibles fossiles), provenant principalement de l'industrie. Les pesticides, quant à eux, peuvent provenir de l'agriculture ; après avoir pénétré dans le sol, ils entrent ensuite dans toute la chaîne alimentaire de nombreux animaux et plantes et peuvent être disséminés par l'eau ou l'air. Les phosphates sont également une source de pollution. Ils contiennent généralement du cadmium, considéré comme un métal lourd, et proviennent des traitements de fertilisation des sols, des mines de charbon, des stations d'épuration ou des installations de combustion du pétrole. Les phosphates restent très toxiques, tant pour les micro-organismes et l'humus du sol que pour l'homme, chez qui ils peuvent provoquer une insuffisance rénale. D'autres éléments tels que le cuivre et le zinc se retrouvent également en grandes quantités dans les sols et proviennent des activités agricoles, en particulier de l'élevage de porcs. La pollution des sols peut également être causée par la pollution de l'air provenant des usines ou des voitures. Celles-ci émettent des traces de zinc, de cuivre, de plomb ou d'arsenic.

Des indicateurs de toxicité ont été introduits pour protéger les sols. Le Metox donne une indication du degré de pollution de l'eau, qu'elle soit douce, salée, saumâtre ou terreuse. Bien que cet indice ne couvre que huit métaux lourds, dont le chrome, le cuivre et le mercure, il donne un premier aperçu de la situation de la pollution dans une masse d'eau. Il y a également des bioindicateurs : ceux-ci fournissent des informations sur la forme des espèces animales, végétales ou fongiques, leur présence ou leur absence, le degré de présence et l'état de l'écosystème. Utilisés par les scientifiques pour mesurer la durabilité d'un écosystème, deux paramètres sont principalement utilisés : le taux de croissance d'une espèce et sa capacité de reproduction. Les sols sont progressivement dégradés, à la fois physiquement et chimiquement. La pollution des sols s'étend indirectement à l'eau et à l'air. Les polluants se propagent d'un élément à l'autre. Chaque année, des millions d'hectares de terres s'appauvrissent et deviennent impropres à la culture. De plus, ils ne peuvent plus se nettoyer eux-mêmes.[124]

Les conséquences pour notre eau courante

Tout d'abord, il est très important de ne pas confondre la qualité des ressources en eau avec la qualité de l'eau du robinet. L'eau que nous consommons dans les pays du Nord est systématiquement traitée avant d'arriver à nos robinets. Si certaines traces de micropolluants apparaissent, leur présence dans l'eau du robinet après traitement de l'eau potable est soit indétectable, soit à une concentration si faible qu'elle ne présente pas de risque pour la santé. Des réglementations ont été mises en place pour réduire la pollution d'origine agricole. Toute activité polluante est totalement interdite dans les bassins versants. Les agriculteurs doivent consigner leur utilisation de pesticides dans un registre mis à la disposition des autorités de contrôle. Les produits phytosanitaires tels que les pesticides, les fongicides et les herbicides restent interdits dans les lieux publics. La vente et l'utilisation de la plupart des pesticides sont désormais totalement interdites au grand public. En Europe, par exemple, il se trouvent des réglementations visant à réduire la pollution industrielle. Elles réglementent la pollution de l'eau par les résidus de médicaments afin de mesurer leurs effets à long terme et d'améliorer la gestion des déchets d'origine médicamenteuse. Le rejet des eaux usées industrielles dans le réseau d'assainissement collectif est soumis à une autorisation préalable. Les industriels qui rejettent leurs eaux usées dans le milieu naturel (rivières et lacs) doivent procéder à un contrôle systématique de leurs rejets afin d'évaluer la nécessité d'installer ou non une station d'épuration autonome.

En outre, certaines réglementations visent à réduire la pollution domestique. Elles doivent répondre à des normes régulièrement révisées par les municipalités. Les stations d'épuration sont soumises à des directives européennes. Chaque pays membre doit régulièrement s'assurer auprès de l'UE du bon fonctionnement de ces stations. Dans le cas contraire, la Cour européenne de justice peut poursuivre les pays membres et leur infliger des amendes. Malgré toutes ces règles et réglementations, la situation n'est pas totalement maîtrisée. L'épuisement généralisé des sols et leur régénération très lente posent un grave problème en termes de stabilité agricole et d'approvisionnement alimentaire. De surcroît, le Nord est déjà accablé par tant de règles et de réglementations que de nombreuses entreprises internationales se voient tentées d'opérer dans le Sud.

Environ quatre-vingts pour cent de la population mondiale souffre déjà de graves menaces pour sa sécurité hydrique, mesurée par des indicateurs tels que la disponibilité de l'eau, la demande en eau et la pollution. Quatre-vingts pour cent des eaux usées générées par les activités humaines s'écoulent sans traitement dans les rivières ou la mer. Au moins 1,8 milliard de personnes dans le monde utilisent des sources d'eau potable contaminées par des matières fécales. Des chiffres qui sensibilisent le public à la question des eaux usées. Entre 1996 et 2005, l'empreinte hydrique mondiale était de 9 087 milliards de mètres cubes par an, soit environ cent quatre-vingt-dix fois le contenu du lac de Constance. Entre-temps, la population sur notre planète a continué d'augmenter, et avec elle la consommation. [125]

« La production agricole est responsable de la plus grande part, quatre-vingt-douze pour cent, de l'empreinte mondiale », écrit A.

Y. Hoekstra dans « Proceedings of the International Expert Meeting on Virtual Water Trade » (Actes de la réunion internationale d'experts sur le commerce de l'eau virtuelle). La production industrielle y contribue à hauteur de 4,4 pour cent et la consommation domestique à hauteur de 3,6 pour cent. La Chine, l'Inde et les États-Unis ont besoin de quantités d'eau particulièrement importantes, respectivement 1 207, 1 182 et 1 053 milliards de mètres cubes. Cela signifie que ces trois pays sont responsables de trente-huit pour cent de l'empreinte hydrique mondiale. Le Brésil suit avec quatre cent quatre-vingt-deux milliards de mètres cubes. La Chine est également le pays qui produit la plus grande quantité d'eaux usées : trois cent soixante milliards de mètres cubes, soit plus d'un quart du total mondial avec vingt-six pour cent. Étant donné qu'une grande partie de la production agricole et industrielle est échangée dans le monde entier, les pays exportent aussi indirectement de grandes quantités d'eau, par exemple lorsque l'Allemagne importe des tomates des Pays-Bas ou que le Royaume-Uni importe des disques durs de Thaïlande. Les principaux importateurs sont les États-Unis (234 milliards de mètres cubes), le Japon (127), l'Allemagne (125), la Chine (121) et l'Italie (101). Les produits agricoles, quant à eux, représentent la plus grande part de l'eau circulant d'un continent à l'autre. Cela concerne en particulier les cultures oléagineuses telles que le tournesol, le colza et l'huile de palme, ainsi que les produits dérivés. L'étude montre comment différents produits et populations contribuent à l'utilisation et à la pollution de l'eau dans différents endroits du monde. La disponibilité de l'eau potable sera fortement réduite autour de la Méditerranée et dans certaines parties de l'Afrique australe. De nombreux changements majeurs sont attendus en Asie du Sud et de l'Est.[126]

Engrais chimiques, pesticides et appât du gain

Comment les engrais et les pesticides polluent-ils réellement notre eau ? Plus de deux cents millions de tonnes d'engrais déversées sur la terre chaque année : cela représente vingt-cinq pour cent de plus que dix ans auparavant. Aujourd'hui, deux pour cent de la consommation mondiale d'énergie sont utilisés pour produire de l'ammoniac, la principale forme d'engrais azoté. Malheureusement, la moitié de cet engrais est gaspillée, dispersée par le vent lors de la pulvérisation ou lessivée par la pluie. Transformé en nitrates, il pollue les nappes phréatiques, les rivières et les océans, entraînant l'eutrophisation des cours d'eau et la création de gigantesques « zones mortes » dépourvues d'oxygène. Aujourd'hui, soixante-six pour cent de la pollution de l'eau par les nitrates est attribuée aux activités agricoles. La pulvérisation des cultures apporte des doses massives d'engrais azotés. Les nitrates étant très solubles dans l'eau, s'ils ne sont pas absorbés par les plantes, ils pénètrent facilement dans le sol. Ils s'infiltrent progressivement dans les eaux souterraines. Avant les années 1950, la teneur en nitrates par litre d'eau ne dépassait pas un milligramme. Aujourd'hui, elle dépasse largement les cinquante milligrammes par litre, limite fixée par l'OMS pour que l'eau soit considérée comme potable. Les nitrates en tant que tels ne représentent pas de danger pour la santé ; lorsqu'ils sont ingérés par l'homme, ils sont décomposés par des bactéries et transformés en nitrites.[127]

Au-delà d'une certaine concentration, ces nitrites peuvent empoisonner le sang en oxydant l'hémoglobine. Le liquide fixe alors mal l'oxygène et provoque des maladies respiratoires. Cet empoisonnement est appelé cyanose ou méthémoglobinémie. Les nourrissons y sont particulièrement sensibles.[128] Associés aux phosphates, les nitrates contribuent également aux phénomènes d'eutrophisation, en provoquant la prolifération d'algues. Celles-ci finissent par se minéraliser et ne sont pas suffisamment décomposées par les organismes présents. La décomposition de la matière organique favorise la prolifération des bactéries dans le sol, et les algues à la surface de l'eau protègent le sol de la lumière du soleil. Des organisations internationales telles que la Fondation Böll demandent l'arrêt total des subventions pour les engrais synthétiques et le renforcement des méthodes de fertilisation biologique telles que le compost, le fumier animal et les engrais verts. En effet, il n'est pas non plus possible de se passer d'engrais, il s'agit de réduire l'azote.

Les pesticides encore autorisés en Europe

Depuis 2018, la réglementation européenne prévoit une interdiction progressive des pesticides ayant des effets de perturbation endocrinienne. Cependant, les autorisations de mise sur le marché de ces pesticides continuent d'être renouvelées. Les perturbateurs endocriniens constituent des substances qui peuvent perturber notre système hormonal. Ils peuvent entraîner des problèmes de croissance, de reproduction, de développement du fœtus, etc. Entre-temps, treize autres substances sont en cours d'examen dans l'UE et les décisions finales sur leur sort devraient être publiées en 2023. Dans les forêts brésiliennes, les cas de déforestation causés par les pesticides se multiplient depuis plusieurs années. En pulvérisant des produits chimiques depuis les airs, les agriculteurs espèrent échapper au contrôle des autorités. En janvier 2018, l'Institut brésilien de l'environnement et des ressources naturelles renouvelables a constaté, lors d'une étude par satellite, qu'une zone de la forêt de Paranatinga avait été défrichée. Les inspecteurs se sont rendus à la ferme et ont trouvé des graines de pâturage, un avion de pulvérisation aérienne, ainsi que du glyphosate et du 2,4-D. Le propriétaire a été condamné, mais trop tard, car le mal était déjà fait : il avait détruit près de vingt-trois mille hectares, soit l'équivalent de quarante-six mille terrains de football. [129]

Depuis lors, les cas de pulvérisation de pesticides se sont multipliés, entraînant la déforestation, notamment pour le commerce illégal du bois. Le procédé est le même que l'utilisation du tristement célèbre « agent orange » pendant la guerre du Viêt Nam, un produit contenant du 2,4-D, que l'on trouve dans les pesticides. L'idée est absurde : les feuilles sont censées tomber lentement des arbres, si lentement que ce type de déforestation échappe à la surveillance des autorités de contrôle. Ce procédé a l'avantage, pour ceux qui le pratiquent, de passer inaperçu, puisque les dégâts ne sont visibles que lorsque les arbres sont morts. Les habitants de ces zones sont également menacés par ces pesticides, selon l'ONG Instituto Socioambiental (ISA). [130]

Walter trouve d'autres exemples aux États-Unis. Les lois sur l'eau potable « Clean Water Act » et « Safe Drinking Water Act de l'Agence de protection de l'environnement (Environmental Protection Agency) fournissent toutes des informations réglementaires et des orientations sur le plan fédéral en matière d'eau propre et d'eau potable. Pourtant, il existe de sérieuses différences à l'échelle des États et sur le plan local. De plus, les lois peuvent être dépassées. Les règles existantes sont souvent ignorées ou trop souvent victimes d'économies et d'intérêts commerciaux. Il s'agit d'un problème de santé publique qui varie d'un endroit à l'autre. Parfois, ce sont de vieilles canalisations qui empoisonnent silencieusement des villes entières avec du plomb. Ailleurs, ce sont des sites industriels qui déversent des produits chimiques industriels cancérigènes dans les cours d'eau. Parfois, c'est l'uranium qui s'infiltre dans les nappes phréatiques là où il est extrait. Des centaines de milliers de personnes aux États-Unis sont exposées à des risques sanitaires liés à l'eau contaminée par le plomb, les produits chimiques toxiques et les microbes. Le « problème de l'eau » ne se limite donc pas aux zones de sécheresse de la planète.[131]

Dans la ville américaine de Denmark, par exemple, les autorités locales ont ajouté le produit chimique non testé HaloSan à l'eau potable pour lutter contre les dépôts de rouille dans les canalisations. Les habitants ont ensuite souffert d'une série de maladies cutanées inexpliquées. Dans la réserve de la nation Navajo, où vivent plus de trois cent mille personnes dans une région qui s'étend sur une partie de l'Utah, du Nouveau-Mexique et de l'Arizona, les habitants utilisaient sans le savoir une eau extrêmement nocive pour leur santé en raison de l'exploitation minière de l'uranium. Un nombre étonnamment élevé de personnes, dont de nombreux bébés, présentaient des traces d'uranium dans le sang. Dans la ville d'Inez, dans le Kentucky, les habitants luttent toujours contre les restes de millions de litres de boues toxiques, enrichies d'arsenic et de mercure, qui se sont déversées dans l'eau voici plusieurs dizaines d'années. Les habitants sont confrontés à des lésions du foie et des reins et à un risque accru de cancer. Depuis l'an 2000, la rivière locale est contaminée par de grandes quantités de sous-produits de l'extraction du charbon. Les factures d'eau ont grimpé en flèche, mais les habitants affirment que le problème n'a pas été résolu. Le robinet produit ce qu'un habitant a qualifié d' « eau poissonneuse ». La police locale a fait les gros titres lorsqu'elle a arrêté un habitant qui refusait de payer pour cette eau. [132]

Des infrastructures d'eau potable obsolètes

En 2017, une attestation de l'American Society of Civil Engineers a attribué la note D à l'infrastructure d'eau potable du pays et a exhorté les États-Unis à investir mille milliards de dollars dans des travaux de rénovation au cours des vingt-cinq prochaines années. Les nouvelles technologies existantes pour une eau du robinet potable, saine et sûre pourraient être mises en œuvre pour seulement quelques dollars par semaine et par personne. « Les normes juridiques sont souvent des compromis entre ce que les données montrent en termes de toxicité et de risque et ce que cela va coûter », signale Alexis Temkin, toxicologue à l'Environmental Working Group, une organisation de recherche et de défense des droits.[133]

La crise de l'eau à Flint (Michigan)

La ville de Flint, dans le Michigan aux États-Unis, est connue dans le monde entier pour sa crise de l'eau depuis 2014. Les autorités ont mis toute une communauté en danger pour économiser de l'argent. La ville était en proie à des difficultés financières depuis un certain temps lorsque le directeur municipal a décidé de changer de source d'eau. Obtenir de l'eau de la rivière Flint, située à proximité, était une bonne opportunité. En avril 2014, Flint a mis fin à sa relation avec le service des eaux et des égouts de Détroit et est passé à l'autorité de l'eau de Karegnondi. La première de plusieurs alertes est revenue en août en réponse à la présence de bactéries coliformes fécales dans l'approvisionnement en eau. L'épidémie a incité la ville à pomper davantage de chlore dans les canalisations pour tuer les bactéries. Cependant, bien que les bactéries aient été éliminées, le traitement au chlore a exacerbé le problème de corrosion des canalisations. Ce changement a provoqué la corrosion des canalisations de distribution d'eau, ce qui a entraîné l'une des pires crises de santé publique que les États-Unis aient connues à ce jour. Du plomb hautement toxique s'est infiltré dans l'approvisionnement en eau de la ville. Lorsque la source a été changée, les responsables n'ont pas effectué les tests de contrôle de corrosion appropriés. La corrosion des canalisations a entraîné des degrés élevés de contamination par les métaux lourds dans les maisons, les écoles et les entreprises de toute la ville. Le plomb, interdit depuis longtemps dans la peinture, les tuyaux et d'autres matériaux de construction, est une neurotoxine puissante. Lorsque les habitants se sont plaints de la qualité de l'eau à Flint, les autorités en ont finalement testé une partie. Selon une première étude réalisée par des étudiants de Virginia Tech, environ quarante pour cent des foyers de Flint présentaient des taux de plomb élevés. [134]

Presque tous les habitants de la ville ont été exposés, à un degré ou à un autre, à de l'eau contaminée. Peu de temps après la modification de l'approvisionnement en eau, une épidémie de légionellose s'est déclarée. Cette épidémie a coûté la vie à douze personnes et a incité les autorités à tester l'eau. Elles n'y ont trouvé aucune trace de légionelle. En octobre 2014, General Motors a coupé sa connexion à l'approvisionnement en eau de Flint parce que l'eau excessivement chlorée érodait les pièces du moteur. En décembre 2014, le ministère de la qualité de l'environnement du Michigan a signalé à la ville de Flint des violations de la loi sur la salubrité de l'eau potable (« Safe Drinking Water Act »). Début 2015, les autorités ont mis en garde les habitants contre la présence de sous-produits chimiques cancérigènes dans l'eau, mais ont affirmé que l'eau était sans danger pour la population en général. Le gouverneur Snyder a déclaré l'état d'urgence à Flint en 2015 et a fourni gratuitement des filtres à eau et de l'eau en bouteille à tous les habitants. Ces mesures devaient servir de palliatif en attendant que les canalisations endommagées soient réparées. Dans l'intervalle, les habitants de Flint ont pu se procurer de l'eau potable auprès de sources extérieures avec l'aide de la Garde nationale et de l'aide fédérale. Malheureusement, il a fallu plus d'un an pour que l'eau de Flint soit ramenée à une concentration inférieure aux degrés toxiques, et trois ans de plus pour qu'elle devienne potable. Environ 18 mois après le début de la crise, l'État a commencé à effectuer des tests plus rigoureux pour déterminer combien d'habitants étaient touchés. Au total, environ neuf mille enfants furent exposés à des concentrations de plomb dangereusement élevées. Cette situation était particulièrement inquiétante en raison des dommages que le plomb peut causer au cerveau en développement.[135]

En 2015, le gouverneur Rick Snyder a signé une loi visant à reconnecter la ville au système de Detroit. Cela a finalement mis fin à la connexion de Flint à sa rivière. Cependant, les canalisations corrodées restent un problème. En réponse à la crise de l'eau de Flint, le président Barack Obama a signé en 2016 la loi sur l'amélioration des infrastructures de l'eau pour la nation, le « Water Infrastructure Improvements for the Nation Act ». L'objectif de cette loi est d'améliorer l'infrastructure de l'eau aux États-Unis. Lorsque le 44e président des États-Unis Barack Obama a signé la loi, il a alloué 174 millions de dollars à Flint. Au total, soixante-dix-neuf actions en justice furent intentées pendant la crise. La plus importante était une action collective contre la ville, l'État et plusieurs entreprises. [136]

La crise de l'eau à Flint se poursuit en 2022. Sur les plus de 30 000 canalisations touchées qui étaient reliées à l'approvisionnement en eau contaminée de la ville, chacune doit être inspectée, réparée ou remplacée, ce qui prendra encore plusieurs années. En fin de compte, la crise de l'eau à Flint a coûté plus de 450 millions de dollars à l'État, à la ville et au gouvernement fédéral. [137]

Une justice environnementale pour les vulnérables

Walter note que les données négatives concernant la qualité de l'eau sont plus accessibles dans certains pays que dans d'autres.

Aux États-Unis, il trouve également des données sur la présence d'uranium dans l'eau. Dans une étude sur les concentrations de métaux dans les réseaux d'eau américains et les modèles de disparités, des chercheurs de la Mailman School of Public Health de l'université de Columbia ont constaté que les concentrations de métaux étaient particulièrement élevées dans les communautés hispaniques semi-urbaines, indépendamment du lieu ou de la région, ce qui permet de tirer des conclusions en matière de justice environnementale. Ces communautés présentaient les concentrations les plus élevées d'uranium, de sélénium, de baryum, de chrome et d'arsenic dans l'eau. « Des études antérieures ont établi un lien entre l'exposition chronique à l'uranium et le risque accru d'hypertension, de maladies cardiovasculaires, de lésions rénales et de cancer du poumon », explique Anne Nigra, professeure adjointe de sciences de la santé environnementale à la Mailman School of Public Health de Columbia. Les scientifiques ont évalué six années de dossiers d'examen pour l'antimoine, l'arsenic, le baryum, le béryllium, le cadmium, le chrome, le mercure, le sélénium, le thallium et l'uranium afin de déterminer si les concentrations moyennes dépassaient les niveaux maximaux de contaminants qui réglementent les limites pour six catégories de polluants. L'étude a porté sur environ treize millions d'enregistrements provenant de cent trente-neuf mille systèmes publics d'approvisionnement en eau desservant deux cent quatre-vingt-dix millions de personnes par an. Selon les résultats de l'étude, 2,1 pour cent des réseaux d'eau communautaires ont signalé des concentrations moyennes d'uranium dépassant les niveaux maximaux de contamination entre l'an 2000 et 2011. L'uranium a souvent été détecté lors des contrôles de conformité (dans soixante-trois pour cent des cas). L'association entre les concentrations élevées de métaux et les communautés hispaniques semi-urbaines implique que les disparités de concentration sont un échec de la politique réglementaire plutôt que de la géologie sous-jacente.

Les populations hispaniques présentent de nombreuses disparités en matière de santé, notamment une mortalité accrue due au diabète et aux maladies hépatiques, rénales et cardiovasculaires. « De telles interventions et politiques devraient protéger spécifiquement les communautés les plus exposées afin de faire progresser la justice environnementale et de protéger la santé publique », déclare Anne Nigra.[138]

3M en Belgique, pollution thermique aux États-Unis

Après les Etats-Unis, Walter a trouvé un cas intéressant en Belgique. Il lui est plus facile de trouver des exemples dans les démocraties. Walter l'avait déjà remarqué avec l'exemple de la mer d'Aral. Ce n'est que lorsque l'on a reçu des images de la mer d'Aral prises par des satellites en orbite autour de la Terre que le monde s'est rendu compte : la mer d'Aral n' plus !

En Belgique, en juin 2021, les habitants de la commune de Zwijndrecht et toutes les personnes vivant dans un rayon de 15 kilomètres autour de la ville ont été invités à ne plus consommer d'œufs provenant de leurs jardins. Plus d'un million de personnes vivent dans cette commune. Jusqu'au début des années 2000, l'usine 3M de Zwijndrecht a pollué le sol environnant. L'entreprise américaine, connue pour ses Post-Its, produisait du sulfonate de perfluorooctane (SPFO), un produit chimique fabriqué par l'homme qui présente des risques pour la santé. Des chercheurs de l'université d'Anvers ont trouvé des concentrations de sulfonate de perfluorooctane supérieures à la norme européenne dans des œufs situés dans un rayon de quinze kilomètres. Le sulfonate de perfluorooctane est un « produit chimique perpétuel » ; il est pratiquement indestructible. Selon l'Autorité européenne de sécurité des aliments, on le trouve dans divers secteurs industriels, notamment les textiles, les produits ménagers, la lutte contre les incendies, l'automobile, l'industrie alimentaire, la construction ou l'électronique. Il est hydrofuge, ignifuge, résistant aux graisses et aux taches et est utilisé, par exemple, dans les revêtements antiadhésifs pour les fours, les mousses anti-incendie ou les vêtements imperméables.[139]

Il est absorbé par notre alimentation et se retrouve dans notre sang. « Ces substances se retrouvent le plus souvent dans l'eau potable, le poisson, les fruits, les œufs ou les ovoproduits transformés », a annoncé l'Autorité européenne de sécurité des aliments. Les aliments peuvent être contaminés par des sols ou des eaux contaminés, par la concentration de ces substances chez les animaux par le biais des aliments et de l'eau consommés, par des emballages alimentaires et des équipements de transformation contenant du sulfonate de perfluorooctane. Il reste dans notre corps pendant des années, bloquant le système immunitaire et entraînant une résistance aux vaccins. Il peut entraîner une augmentation du taux de cholestérol et des infections plus fréquentes chez les enfants. C'est également un perturbateur endocrinien, il bloque le fonctionnement de la glande thyroïde et est cancérigène. D'autres cas de pollution à grande échelle ont été recensés aux États-Unis et en Europe. À la fin des années 1990, un éleveur de Virginie occidentale dont la ferme était située à proximité d'une usine DuPont a vu ses vaches mourir l'une après l'autre. DuPont a déjà versé au moins quatre cents millions de dollars de dommages et intérêts. À Dordrecht, aux Pays-Bas, une autre substance de la famille des sulfonates de perfluorooctane est déversée dans les eaux usées depuis des décennies, de même qu'en Bavière et autour de deux usines en Italie. En Belgique, la contamination était déjà connue, mais elle est revenue sur le devant de la scène à l'occasion de travaux effectués près du site de 3M à Zwijndrecht dans le cadre de la fermeture du Ring d'Anvers. Lantis, qui a géré le projet, a découvert des centaines de milliers de mètres cubes de sol pollué par le sulfonate de perfluorooctane et des eaux souterraines contaminées, pour lesquelles une station d'épuration a été installée.

Walter retourne aux États-Unis parce qu'il peut y clarifier la question de l'approvisionnement en eau et en énergie. Il faut beaucoup d'eau pour produire de l'énergie sous forme d'électricité et de carburant, en particulier pour la production d'énergie thermoélectrique. Aux États-Unis, par exemple, près de quatre-vingt-dix pour cent de l'électricité est produite par des centrales thermoélectriques. Une fois la vapeur utilisée, elle doit être refroidie. Parfois, l'eau est réutilisée ou renvoyée dans le système, mais le plus souvent elle n'est exploitée qu'une seule fois (systèmes de refroidissement dits « à passage unique »), après quoi elle est rejetée dans un bassin de refroidissement ou renvoyée dans le plan d'eau d'où elle a été prélevée, mais à une température plus élevée. Environ quarante-trois pour cent des centrales électriques aux États-Unis utilisent des systèmes de refroidissement à passage unique. Les grandes quantités d'eau nécessaires aux centrales thermoélectriques proviennent de sources d'eau de surface et soixante-douze pour cent de sources d'eau douce telles que les lacs et les rivières. Lorsque l'eau de refroidissement est rejetée dans la masse d'eau d'où elle provient, elle est généralement plus chaude que lorsqu'elle a été prélevée, ce qui peut nuire à la vie aquatique par le biais de la « pollution thermique ».

En fait, la principale cause de pollution thermique des rivières est l'eau de refroidissement des centrales électriques. De nombreuses centrales aux États-Unis auraient renvoyé de l'eau de refroidissement dans les sources d'eau à des températures supérieures à 32 degrés Celsius, voire à 43 degrés Celsius pour certaines d'entre elles. Cette situation devient de plus en plus problématique car les températures moyennes de l'air et de l'eau atteignent des degrés records chaque année en raison du changement climatique. Il faut plus d'électricité pour faire fonctionner les climatiseurs et les systèmes de chauffage, de ventilation et de climatisation, ce qui signifie qu'il faut plus d'eau de refroidissement. Cette eau sera plus difficile à refroidir en raison de la hausse des températures de l'air, et l'eau dans laquelle elle sera renvoyée sera plus chaude, ce qui provoquera davantage de dégâts des eaux. En fonctionnement normal, les centrales électriques tuent chaque année des centaines de milliards de poissons et d'organismes aquatiques à cause de leurs systèmes de prise d'eau de refroidissement. L'eau tiède ou chaude qui est rejetée dans la source, comme une rivière ou un lac, peut également être nocive pour la vie aquatique. Les centrales électriques fonctionnant en période de sécheresse et de pénurie d'eau peuvent exacerber ces impacts.[140]

Sécheresse, incendie, Bhopal et Coca-Cola en Inde

Les exemples de pollution de l'eau sont nombreux. Walter est bien décidé à en citer encore quelques-uns, même s'il se sent mal à l'aise à l'idée de le faire. Bien sûr, il ne pourra pas tous les citer, mais il ne faut pas en oublier certains. En Inde, ce n'est pas seulement la catastrophe actuelle de la chaleur et de la sécheresse qui afflige la population, mais aussi une triste histoire de pollution de l'eau et de machinations de grandes entreprises. Mais commençons par le commencement. Delhi est considérée comme la capitale la plus polluée du monde. Une dizaine d'années auparavant, le riz paddy était cultivé au début du mois d'avril, pendant les mois chauds de l'été, et récolté en septembre. Toutefois, en raison de l'épuisement des nappes phréatiques, le gouvernement a décidé de déplacer la saison de plantation à la mi-juin, lorsque les nappes phréatiques sont réapprovisionnées par la mousson indienne. La récolte aurait alors lieu au cours de la première semaine de novembre. Le mois de novembre est également la période idéale pour planter du blé. Les agriculteurs disposent donc d'une fenêtre très étroite pour débarrasser les champs des tiges de riz, les résidus de la récolte de riz, et les préparer à l'ensemencement du blé.

Brûler ces résidus leur permet de nettoyer rapidement leurs champs. Cette pratique s'est développée à partir des années 1980, surtout après que les agriculteurs indiens ont commencé à utiliser des techniques de récolte mécanisées qui laissaient de nombreuses tiges de riz coincées dans le sol. Auparavant, la tâche traditionnelle consistait à récolter le riz à la main. Cette méthode prenait du temps, mais ne laissait pas de tiges dans les champs. Lorsque les agriculteurs brûlent les résidus de culture, la température de la couche supérieure du sol atteint 42 degrés Celsius, ce qui tue tous les microbes bénéfiques présents dans le sol. Selon un rapport de Natalia Rodríguez du Partenariat mondial pour les sols de l'Organisation des Nations Unies pour l'alimentation et l'agriculture, il en résulte non seulement une pollution de l'air, mais aussi une mauvaise santé des sols, qui peut affecter la qualité des aliments et de l'eau. Selon Rattan Lal, professeur émérite de sciences du sol à l'université de l'État de l'Ohio, la mauvaise santé des sols peut également nuire à la biodiversité.[141]

À Bhopal, les gens sont toujours malades

À Bhopal, en Inde, un accident chimique dévastateur a eu lieu dans la nuit du 2 au 3 décembre 1984. Il résulte de l'explosion d'une usine d'une filiale de la société américaine Union Carbide, qui fabrique des pesticides, et qui a libéré quarante tonnes d'isocyanate de méthyle dans l'atmosphère de la ville. Des milliers de personnes sont mortes à cause d'une fuite de produits chimiques. Plus de cent cinquante mille personnes ont été gravement handicapées par la suite et vingt-deux mille sont décédées des suites de leurs blessures. Pour ces raisons, la catastrophe gazière de

Bhopal est largement reconnue comme la pire catastrophe industrielle au monde. Plus de vingt-sept tonnes d'isocyanate de méthyle et d'autres gaz mortels ont transformé Bhopal en chambre à gaz. Aucun des six systèmes de sécurité de l'usine ne fonctionnait, et les propres documents d'Union Carbide montrent que l'entreprise a conçu l'usine avec une technologie « non éprouvée » et « non testée » et qu'elle a rogné sur la sécurité et la maintenance pour économiser de l'argent. En 1989, un accord a été conclu entre Union Carbide et le gouvernement indien, qui n'accordait à chaque survivant que cinq cents dollars US pour les dommages causés à la santé au cours de sa vie. Cela signifie que les survivants ont reçu moins de cinq Cents par jour. Nombre d'entre eux ont perdu leur capacité à travailler en raison de leurs problèmes de santé et vivent dans une pauvreté sans fin. Les enfants des parents touchés n'ont reçu aucune aide.[142]

Union Carbide a quitté Bhopal sans nettoyer le site de son usine. Pendant des années, elle a déversé des produits chimiques et des déchets sur le site de l'usine, contaminant l'eau potable de trente mille personnes. Des dizaines de milliers de personnes ont bu cette eau pendant des années, et Union Carbide n'a informé personne des risques. Des tests publiés dans un rapport de 2002 ont révélé la présence de toxines telles que le trichlorobenzène, le dichlorométhane, le chloroforme, le plomb et le mercure dans le lait maternel des femmes allaitantes qui vivaient à proximité de l'usine. De nombreuses personnes ayant bu de l'eau sont devenues trop malades pour travailler, mais elles n'ont reçu aucune aide. Le site contaminé n'a toujours pas été nettoyé et des familles sans moyens continuent de vivre sur le sol contaminé. L'eau provenant d'une pompe manuelle à Atal Ayub Nagar, qui était déjà mortelle en 1999, est devenue sept fois plus toxique. Le taux de malformations congénitales dans les zones contaminées est dix fois plus élevé que dans le reste de l'Inde. Le cancer et d'autres maladies sont très répandus. En 2001, Dow Chemical a racheté purement et simplement Union Carbide. Dans ce contexte, immédiatement après l'acquisition, Dow a débloqué 2,2 milliards de dollars pour faire face aux responsabilités d'Union Carbide en matière d'amiante aux États-Unis. Actuellement, les poursuites pénales contre Union Carbide à Bhopal sont toujours en cours. Jusqu'à présent, Dow ou Union Carbide ont refusé de nettoyer le site, qui continue de contaminer les personnes vivant à proximité.[143]

Coca-Cola au centre de conflits hydriques en Inde

Coca-Cola ne fait pas non plus bonne figure en tant que grande entreprise en Inde. Le géant américain est accusé d'avoir épuisé les nappes phréatiques dans l'État du Kerala. Le parlement du Kerala, un État du sud de l'Inde, a voté en 2011 la création d'un tribunal spécial chargé de statuer sur les demandes de dédommagement à l'encontre de Coca-Cola. Coca-Cola est accusé de surexploiter et de polluer les eaux souterraines, mettant en danger la santé de milliers d'habitants. Les pertes agricoles, la pollution de l'eau et les maladies combinées sont estimées à trente-quatre millions d'euros de dommages. Que s'est-il passé ? L'usine en question a été construite en l'an 2000 sur les terres agricoles de Plachimada, un village entouré de rizières qui consomment beaucoup d'eau. Quelques mois après la mise en service de l'usine, les habitants ont commencé à se plaindre du goût de l'eau et de la baisse des nappes aquifères. En moyenne, cinq cent mille litres étaient prélevés chaque jour et cent cinquante mille litres d'eaux usées étaient rejetés. L'usine a été fermée en 2004 à la suite des protestations des habitants et d'une loi du Kerala State Pollution Control Board, le Conseil de contrôle de la pollution de l'État de Kerala. Malgré cela, Coca-Cola revendique toujours le droit d'utiliser l'eau et a porté l'affaire devant la Cour suprême.

Mais les études scientifiques sont sans équivoque. Dès 2003, le professeur John Henry, alors toxicologue à la faculté de médecine de l'Imperial College de Londres, mettait en garde contre « les conséquences dévastatrices des eaux usées pour la population environnante ». Les eaux contiendraient des concentrations élevées de chlore et de cadmium, entraînant des cancers, des maladies de la peau et des problèmes respiratoires. Bien que l'enquête du comité de protection de l'environnement du Kerala ait abouti à des conclusions similaires, Coca-Cola continue de nier ces allégations. Le fabricant a déclaré qu'il regrettait la nomination du tribunal spécial, qui a considéré que la loi adoptée par le parlement du Kerala était « dépourvue de faits et de données scientifiques ». Une autre étude scientifique financée par Coca-Cola touche d'autres de ses usines opérant sur des sites où les eaux souterraines ont été surexploitées. Ils ont notamment montré que l'usine de Kaladera, au Rajasthan, avait été impliquée dans « la dégradation de l'eau et les tensions avec les communautés voisines ».

Coca-Cola champion du monde de la pollution plastique

Même les boissons supposées « potables » comme l'eau en bouteille peuvent être contaminées : un scandale ! C'est le cas de Dasani qui, évaluée à plus de cent soixante-dix milliards de dollars, appartient à qui ? À Coca Cola. Pourtant, Dasani ne contient que de l'eau purifiée et des minéraux, pas de sucre, pas de caféine. Selon le site web de Dasani, l'objectif est de rendre l'eau purifiée accessible. Cependant, Coca-Cola a élargi la gamme de produits Dasani pour conquérir le marché en ajoutant de l'eau pétillante, de l'eau aromatisée et des gouttes Dasani, des gouttes aromatisées avec différents parfums. Cette expansion des produits a permis à l'eau Dasani de devenir la deuxième marque d'eau embouteillée aux États-Unis. Elle est également disponible au Canada, au Royaume-Uni, en Irlande et en Amérique du Sud. Rien qu'en 2018, Dasani a gagné plus d'un milliard de dollars. Mais malgré cet « excellent » produit, Dasani Water a rappelé son produit au moins trois fois à partir de 1999. En 2004, Coca-Cola a lancé l'eau Dasani au Royaume-Uni et tout semblait aller pour le mieux. Jusqu'au rappel. Que s'est-il passé ?[144]

Tout d'abord, la presse nationale britannique a eu vent de la source de l'eau de Dasani. La plupart des eaux embouteillées au Royaume-Uni proviennent de glaciers alpins ou de sources naturelles, ce qui constitue un argument de vente important et permet aux producteurs de faire monter les prix. Mais l'eau Dasani ne pouvait pas se prévaloir d'une telle provenance au Royaume-Uni. On a appris que Coca-Cola collectait et purifiait l'eau du robinet de Sidcup, un quartier du sud-est de Londres ! L'indignation a gagné tout le pays.

Les Britanniques avaient l'impression que Coca-Cola les trompait. En mars 2004, à la suite d'un dysfonctionnement dans l'usine d'embouteillage de Dasani à Londres, un lot de minéraux dangereux, dont le bromate, a contaminé l'eau. Le bromate est soupçonné par la communauté médicale d'avoir des propriétés cancérigènes. Cette contamination a conduit Coca-Cola à rappeler un demi-million de bouteilles d'eau Dasani, soit la totalité du stock en circulation au Royaume-Uni à l'époque. Cela a sonné le glas de Dasani au Royaume-Uni. Depuis lors, l'eau Dasani est interdite dans ce pays.[145]

En 2018, l'eau de toutes les grandes marques d'eau minérale a été testée, notamment Dasani, Evian, Nestlé et Aquafina. Les scientifiques ont constaté que la plupart des bouteilles contenaient des microparticules de plastique à peu près aussi fines qu'un cheveu humain. L'étude a révélé une moyenne de 10,4 microparticules par bouteille d'eau d'un litre. Sur l'ensemble des bouteilles testées, quatre-vingt-treize pour cent contenaient des microparticules, et certaines en contenaient jusqu'à dix mille ! Il convient également de noter que certaines bouteilles n'en contenaient aucune. Elles pourraient être fabriquées dans le même plastique que celui utilisé pour les bouchons des bouteilles, ce qui suggère que les particules proviennent des bouchons en plastique. Pour être juste, il convient de mentionner que l'étude a également révélé que l'eau du robinet purifiée contient également des microparticules de plastique, bien qu'elle n'en contienne qu'environ la moitié de la quantité moyenne que l'on trouve dans l'eau en bouteille. L'Organisation mondiale de la santé a demandé que des recherches plus approfondies soient menées sur cette découverte. Ceci en déclarant qu'il n'existe actuellement aucune preuve que les microparticules de plastique aient un quelconque impact sur la santé humaine.[146]

Walter aimerait ajouter un point important. Il s'agit de la pollution plastique de notre planète, de nos eaux et de nos corps. Qu'il s'agisse de Nestlé, de Coca-Cola ou d'autres grands producteurs de l'industrie des boissons, beaucoup trop sont emballées dans du plastique. Selon un classement réalisé en 2021 par l'ONG Break Free From Plastic, la marque américaine reste celle qui génère de loin le plus de déchets dans l'environnement, devant PepsiCo et Unilever. Chaque année, Break Free From Plastic envoie ses volontaires à travers le monde pour collecter les déchets plastiques qui sont partout mais pas là où ils devraient être, à savoir dans les poubelles. La mission est d'identifier le parcours de ces déchets. Ensuite, un classement des entreprises les plus polluantes est établi. Et chaque année, Coca-Cola arrive en tête de cette liste pas vraiment honorable. Sur 19 826 déchets plastiques sous forme de bouteilles ou de morceaux de bouteilles recyclés et identifiés dans trente-neuf pays différents, Coca-Cola occupe la première place du podium. Les autres lauréats sont PepsiCo en deuxième position, Unilever en troisième, Nestlé quatrième, Procter and Gamble cinquième, Mondelez sixième, Philip Morris septième, Danone huitième, Mars neuvième et Colgate Palmolive dixième. La liste pourrait être allongée, mais Walter n'a pas le temps de s'y attarder.

« La protection de l'environnement est une priorité majeure », écrit la marque championne du monde sur son site Internet. Et plus loin : « Nous nous engageons notamment à permettre la collecte de tous les emballages de nos produits d'ici 2025 afin qu'ils ne finissent pas en déchets ou dans les océans ». En attendant, nous sommes encore loin - très loin - du compte. Selon les rapports successifs de Break Free From Plastic, la situation empire. Dans la première édition de son rapport en 2018, l'ONG avait recensé 9 216 déchets plastiques associés aux produits commercialisés par Coca-Cola, 11 732 l'année suivante et 13 834 en 2020. En 2021, la multinationale était plus présente que ses rivaux PepsiCo et Unilever, qui se classaient respectivement deuxième (8 231 déchets plastiques) et troisième (6 079).

C'est d'ailleurs la première fois qu'Unilever monte sur le podium et met Nestlé hors course. Unilever a rejoint le petit cercle des partenaires importants de la COP26 sur le climat, Conférence des Nations Unies sur le changement climatique à Glasgow en 2021, ce que Break Free From Plastic considère comme une « insulte » car quatre-vingt-dix-neuf pour cent du plastique est d'origine fossile.

La privatisation de l'approvisionnement en eau

La privatisation de l'approvisionnement en eau n'a pas été couronnée de succès, car les entreprises privées ne peuvent pas produire de l'eau à moindre coût que les services publics municipaux : contrairement au secteur public, elles doivent faire des bénéfices. Lors de la grande vague de privatisation des télécommunications, de l'électricité et du gaz dans les années 1990, l'approvisionnement en eau a été ajouté à la liste dans le monde entier. Dans l'UE, les exigences politiques ont également joué un rôle : la dette des municipalités devait être réduite à court terme afin de respecter les critères de Maastricht. En Europe de l'Est et dans les pays émergents, les banques internationales de développement et la Banque mondiale ont même fait de la privatisation une condition pour l'octroi de prêts dans le secteur de l'eau.

Dans de nombreux pays, la privatisation de l'approvisionnement en eau a été inversée. Des investissements sont nécessaires pour assurer une qualité parfaite de l'eau, un approvisionnement continu ainsi qu'un renouvellement et un entretien réguliers des installations sur le long terme. Ces dépenses sont désormais financées par les redevances perçues auprès des usagers (ménages, commerces, industries, etc.). On tente ainsi de contenir la hausse excessive du prix de l'eau.

La ruée vers l'or bleu

Une étude de numbeo.com sur le prix de l'eau dans le monde est nécessaire pour que Walter ait un peu plus de recul sur son coût pour les consommateurs.[147] Pour ce faire, il a examiné le prix de l'eau du robinet et de l'eau en bouteille dans plus de cent villes du monde et a calculé le coût moyen dans chacune d'entre elles. Ces villes ont été choisies non seulement pour leur popularité en tant que destinations commerciales, mais aussi parce qu'elles sont des lieux où le risque de pénurie est le plus élevé. Pour ce faire, le stress hydrique de chacune de ces villes peut être vérifié. [148]

L'eau courante : chère à Oslo, bon marché à Beyrouth

L'eau du robinet est la plus chère à Oslo et la moins chère à Beyrouth. En premier lieu vient la qualité de l'eau du robinet, puis le coût mensuel de la consommation de l'eau du robinet, à partir duquel un pourcentage d'écart par rapport au prix moyen a pu être calculé pour toutes les villes de la liste. Les résultats montrent plus ou moins combien les habitants de chacune de ces zones métropolitaines paient pour leur eau du robinet par rapport au reste du monde. Les villes suivantes sont les plus chères, avec un prix moyen en euros par mètre cube, en fonction de la qualité de l'eau du robinet : Oslo, Norvège, à 5,51 euros, San Francisco à 5 euros, Stuttgart à 4,67 euros, San Diego à 4,43 euros et Copenhague à 4,37 euros par mètre cube. Les villes les moins chères avec la qualité d'eau la plus basse sont (dans l'ordre) Ryad (Arabie Saoudite) avec 0,03 euros, Le Caire (Egypte) avec 0,07 euros, Karachi (Pakistan) avec 0,08 euros,

Kuala Lumpur (Malaisie) avec 0,20 euros, Beyrouth (Liban) avec 0,22 euros par mètre cube.[149]

Les bouteilles d'eau sont les moins chères en Turquie. Compte tenu de la très mauvaise qualité de l'eau du robinet dans de nombreux pays, l'achat d'eau en bouteille est inévitable pour de nombreux habitants. Par conséquent, malgré son impact très négatif sur l'environnement, l'eau en bouteille est devenue un phénomène omniprésent dans de nombreuses villes au cours des dernières décennies, avec des prix qui varient considérablement d'un endroit à l'autre et d'une marque à l'autre.[150] Pour déterminer l'ampleur exacte de ces différences, le prix d'une bouteille d'eau abordable vendue dans un supermarché a été utilisé. En outre, Walter a examiné le prix moyen par bouteille de trois des marques d'eau les plus populaires dans chaque ville : Evian, Perrier, Nestlé et la marque d'eau locale Coca-Cola. D'après les résultats, les cinq villes les plus chères au monde par bouteille d'eau minérale plate (500 millilitres) sont : Oslo à 1,52 euros, Virginia Beach (EUA) à 1,31 euros, Los Angeles à 1,27 euros, la Nouvelle-Orléans à 1,22 euros et Stockholm à 1,23 euros pour 500 millilitres d'eau plate.[151] Les cinq villes les moins chères du monde sont Beyrouth (Liban) à 0,03 euros, Bangalore (Inde) à 0,11 euros, Accra (Ghana) à 0,13 euros, Lagos (Nigeria) à 0,14 euros et Istanbul à 0,15 euros par bouteille d'eau.[152]

La consommation mondiale moyenne d'eau par personne et par mois est de quinze mètres cubes.[153] Dans sa recherche, Walter trouve une enquête réalisée entre janvier et février 2021 qui examine le classement des prix par pays pour une bouteille d'eau de 0,33 litre dans les établissements hôteliers. Les résultats sont les suivants : en première position, la Suisse à 3,62 euros, suivie du Luxembourg (2,79 euros), de la Norvège (2,72 euros), du Danemark (2,57 euros), de la Belgique (2,16 euros), de l'Autriche (2,15 euros), de l'Allemagne (2,14 euros), les Pays-Bas (2,07 euros),

Israël (2 euros), l'Australie (1,99 euros), l'Islande (1,96 euros), la Nouvelle-Zélande (1,78 euros), la Suède (1,70 euros), la France (1,67 euros), les États-Unis (1,50 euros). En toute dernière position à la place 93, l'Azerbaïdjan (0,27 euros), suivi de l'Ouzbékistan (0,27 euros), du Ghana (0,25 euros), de l'Arabie Saoudite (0,24 euros), du Nigeria (0,23 euros), de la Turquie (0,22 euros), de l'Irak (0,22 euros), la Tunisie (0,21 euros), l'Égypte (0,19 euros), le Pakistan, le Népal, l'Inde et le Bangladesh à 0,18 euros, l'Algérie (0,17 euros) et enfin le Sri Lanka (0,13 euros).[154]

L'eau, ressource miracle de Nestlé

Entre-temps, Walter se rend avec son verre à la petite cuisine située au même étage du bâtiment des Nations Unies. Pour lui, le chemin n'est pas long. Il peut emporter son verre d'eau et le remplir : une pause bien méritée. Mais dans de nombreux pays, ce n'est pas le cas. Les femmes et les enfants, en particulier, doivent parcourir de nombreux kilomètres, généralement à pied, pour atteindre le point d'eau le plus proche. « L'accès à l'eau devrait être un droit public », at indiqué Peter Brabeck, qui, de 2005 à 2017, a dirigé l'entreprise alimentaire suisse Nestlé contrôlant dix pour cent du marché mondial de l'eau en bouteille.[155] C'est ce qu'écrit Peter König, économiste et analyste géopolitique suisse qui a travaillé pendant plus de trente ans pour la Banque mondiale, gérant des projets de développement international dans les domaines de l'eau et de l'environnement, dans un article publié par Global Research.

Il a analysé le Conseil mondial de l'eau (CME), qui se tient chaque année dans différents endroits du monde, pour analyser le cartel. Le CME, explique M. König, est étroitement lié au WEF, le Forum économique mondial de Davos, et cela en tant qu'organisateur. Selon la déclaration de mission du forum, son objectif est de « promouvoir la prise de conscience ; de faire avancer la défense politique et d'encourager l'action sur les problèmes critiques de l'eau sur tous les plans ; de promouvoir une préservation efficace et la protection, le développement, la planification, la gestion et l'utilisation de l'eau dans toutes ses dimensions sur une base durable et respectueuse de l'environnement pour le bénéfice de toutes les vies ». De nombreuses sociétés transnationales ayant des intérêts importants dans le domaine de l'eau, telles que Nestlé, Coca-Cola, PepsiCo, Dow Chemicals, Veolia, Suez, Thames et Petrobras, sont impliquées. Elles sont rejointes par la Banque mondiale, la Banque interaméricaine de développement (BID), diverses agences des Nations Unies, des donateurs multi- et bilatéraux et d'autres organisations, ONG et entreprises. Sont également représentés le Groupe des ressources en eau (WRG), dirigé par le FEM, Coca-Cola, PepsiCo, Dow Chemicals, ainsi que les Nations Unies (PNUD), le Partenariat mondial pour l'eau (GWP) et la Société financière internationale (SFI), la branche de la Banque mondiale chargée du développement du secteur privé. Le Centre international d'évaluation des ressources en eaux souterraines (IGRAC), une émanation de l'UNESCO chargée de l'évaluation des aquifères transfrontaliers, est également présent. Dans l'ensemble, il s'agit d'un complexe opaque qui négocie et décide du contrôle des ressources mondiales en eau douce.[156]

Venons-en à l'un de ces « acteurs » : Nestlé, dont le siège se trouve sur les rives du lac Léman, qui peut être décrit comme le groupe agricole et alimentaire le plus puissant du monde. En 2005, le groupe s'est demandé quelle serait la ressource qui pourrait assurer la croissance de l'entreprise au cours des cent prochaines années. Pour Peter Brabeck, ancien président de la multinationale, la réponse était claire : la « ressource miracle » est l'eau. Nestlé est aujourd'hui devenu le leader du marché de l'eau minérale, avec un chiffre d'affaires de plus de 80 milliards d'euros en 2012. Le géant suisse possède au moins une usine d'embouteillage dans chaque pays. En Éthiopie, par exemple, Nestlé a installé des pompes pour fournir de l'eau à la population locale, mais elles n'ont pas été entretenues. Face à ces critiques, Nestlé a fourni gratuitement de l'eau potable à vingt mille réfugiés du camp de Kebribeyah, en Éthiopie. On ne sait pas si les pompes ont été réparées.

Au Nigeria, Nestlé vend de l'eau sans la distribuer aux habitants. Ces derniers n'ont accès qu'à une eau de mauvaise qualité. En 2019, l'entreprise a signé un partenariat avec l'association Wecyclers, basée au Nigéria, pour collecter les déchets plastiques. Au total, cinq points de collecte ont été mis en place et financés, créant ainsi une quarantaine d'emplois. L'un des objectifs de Nestlé est de parvenir à un impact environnemental nul dans cette activité tout en s'efforçant d'assurer un avenir sans déchets. Un élément clé pour atteindre cet objectif est de rendre tous les emballages réutilisables ou recyclables d'ici 2025.[157]

Aux États-Unis, un âpre conflit juridique a opposé Nestlé aux habitants de la ville de Fryeburg, dans l'État du Maine. Nestlé a construit la plus grande usine d'embouteillage du monde au pied du Mont Washington, où la loi autorise des prélèvements d'eau illimités. À Fryeburg, les habitants se sont exprimés clairement : « Cette eau embouteillée qu'on nous vend à prix d'or est la même que celle qui coule dans nos toilettes ». La confrontation entre eux et Nestlé est celle de deux adversaires inégaux. Entre-temps, le projet a été abandonné parce que l'eau pour le projet Nestlé n'était pas disponible en quantité suffisante.

Au Pakistan, avant le lancement du produit « Pure Life », l'eau était disponible gratuitement. Aujourd'hui, seule la nouvelle gamme Pure Life de Nestlé y est proposée. Purifiée et enrichie en minéraux, c'est l'eau minérale la plus vendue au monde. Les classes privilégiées du Pakistan ont servi de marché test. Mais près des bidonvilles, les sources s'épuisent et deviennent de plus en plus insalubres. Pour des dizaines de milliers d'habitants, à Lahore et ailleurs, l'eau potable n'est plus disponible qu'en bouteilles. Nestlé n'a pas communiqué clairement sur le sujet. Comme en Éthiopie, où l'on a découvert que les pompes installées par l'entreprise n'avaient pas été entretenues par Nestlé depuis 2005, ce qui rend difficile l'approvisionnement en eau de la population environnante. En 2014, Nestlé a souligné l'urgence de trouver des solutions aux pénuries d'eau dans certains pays.[158]

Nestlé retire Vittel du marché allemand

Vittel a disparu des supermarchés allemands et autrichiens avant l'été 2022. La marque d'eau Contrex est également touchée par ce retrait. En France, la ville thermale de Vittel, dans les Vosges, s'est défendue contre le groupe. Apparemment, la quantité d'eau extraite était telle que la nappe phréatique de la ville était en train de s'épuiser. Nestlé a annoncé qu'elle n'avait plus atteint ses prévisions de marge. Selon l'entreprise, la critique de l'extraction d'eau n'était pas la raison de la fin de la marque en Allemagne et en Autriche. Nestlé avait déjà cessé les livraisons de Vittel à Lidl en 2021 - à cette chaîne de supermarché discount, qui était auparavant l'un des principaux distributeurs de l'eau en Allemagne.[159] Un canal de distribution important a ainsi été supprimé sur le marché allemand. À la place, Lidl a vendu le produit concurrent Volvic de Danone, toujours dans des bouteilles en plastique jetables, au grand dam des écologistes.

Bien que Vittel ait disparu des supermarchés allemands, l'eau minérale de Nestlé sera toujours disponible à l'achat. Nestlé déclare vouloir se concentrer à l'avenir sur les eaux de qualité supérieure dans le monde entier. Pour le marché allemand, la société se concentre sur les marques haut de gamme San Pellegrino et Aqua Panna. Elles seront vendues principalement aux établissements de restauration. La société s'était déjà séparée de ses activités de puits régionaux en Allemagne depuis plusieurs années.[160]

Les milliards d'euros d'assainissement de Veolia

Ce qui se passe en Suisse avec Nestlé n'est que la partie émergée de l'iceberg. D'autres acteurs sont également concernés, comme l'entreprise Environnement, dont la marque est Veolia. Il s'agit d'un groupe français qui exerce ses activités dans trois grands secteurs de services et d'utilité publique traditionnellement gérés par les autorités publiques : la gestion de l'eau, la gestion des déchets et les services énergétiques. Auparavant, l'entreprise gérait également des services de transport par l'intermédiaire de sa filiale Veolia Transport, devenue Transdev, jusqu'en janvier 2019. En 2012, Veolia employait 318 376 personnes dans quarante-huit pays et son chiffre d'affaires s'élevait à 29,4 milliards d'euros. Le groupe est coté sur Euronext à Paris. Son siège social est situé à Aubervilliers. Mais l'histoire même du groupe déroute Walter. Comment les multiples changements de nom peuvent-ils ne pas perdre les différentes autorités financières ? Il s'attaquera à une reconstitution précise de ces renommages une autre fois : quoi qu'il en soit, l'entreprise s'est d'abord appelée Compagnie Générale des Eaux, puis Vivendi Environnement, ensuite Vivendi Water et maintenant Veolia.[161]

Aujourd'hui, Veolia Eau est le premier fournisseur mondial de services d'eau. L'entreprise gère les services d'eau et d'assainissement pour des clients du secteur public et de diverses industries. Environ trente-sept pour cent de ses ventes proviennent de

France, trente pour cent d'autres pays européens, près de neuf pour cent des Amériques, seize pour cent d'Asie et 7,6 pour cent d'Afrique et du Moyen-Orient. Au 31 décembre 2012, les actions de Veolia Environnement étaient détenues comme suit : 9,3 pour cent par la Caisse des Dépôts et Consignations (actionnaire principal), suivie par le Groupe Industriel Marcel Dassault (6,3 pour cent), Groupama (5,42 pour cent), Velo Investissement (4,73 pour cent), Électricité de France (4,22 pour cent), Veolia Environnement (2,73 pour cent). Les 67,3 pour cent restants sont détenus par des investisseurs publics et d'autres investisseurs institutionnels.[162]

L'urbanisation accélérée, l'industrialisation et l'agriculture intensive entraînent une explosion de la demande en eau. Soixante-dix pour cent de l'eau mondiale est utilisée pour l'agriculture et notre alimentation. Cinq pour cent constituent actuellement des eaux usées recyclées. Dix milliards d'euros, c'est le montant actuel du marché du dessalement de l'eau de mer. Ce chiffre pourrait être multiplié par dix d'ici 2030.

« Le concept de pénurie d'eau est source de malentendus », précise Antoine Frérot, ancien PDG de Veolia. Pour lui, nous disposons d'autant d'eau douce sur Terre que voilà dix mille ans et cela en quantité suffisante. Le vrai problème, selon lui, c'est la répartition de la ressource. Le défi consiste donc à fournir une eau de qualité au bon endroit : c'est ce qu'on appelle la gestion décentralisée de l'eau. Les opportunités pour les investisseurs sont énormes. Deux grandes technologies sont gagnantes : le recyclage des eaux usées et le dessalement de l'eau de mer. Le recyclage de l'eau est pratiqué depuis longtemps, mais les développements en cours visent à intervenir plus tôt en amont pour réduire le ruissellement des eaux polluées. Cela nécessite une approche adaptable à chaque secteur économique. En effet, il existe peu de similitudes entre une papeterie, très gourmande en eau, et une usine pharmaceutique, qui n'utilise que quelques dizaines de mètres cubes par jour. « L'idée est d'intégrer le traitement de l'eau dans le processus industriel dès le début, sans laisser d'eaux usées en bout de chaîne », indique Sophie Altmeyer, responsable technique du pôle de compétitivité Hydreos.[163]

En France, dix-sept mille stations d'épuration ont été construites. La législation pousse désormais les utilisateurs de l'eau à réduire leur empreinte hydrique à la source. Veolia et Suez voient émerger des secteurs d'activité intéressants. Ils s'adaptent à cette évolution en proposant des installations personnalisées en fonction des cycles de l'eau dans chaque usine, tout en assurant la maintenance et les différentes méthodes nécessaires au recyclage de l'eau. « Les techniques sont de plus en plus maîtrisées dans l'industrie, mais moins dans l'agriculture, où l'eutrophisation, c'est-à-dire l'intrusion d'engrais, de nitrates et de phosphates, reste difficile à contrôler », explique Antoine Frérot.

En tout cas, l'entreprise peut se targuer d'avoir relevé avec succès le défi du « zéro rejet » d'eau polluée à l'usine Renault de Tanger, au Maroc, indique Veolia. L'eau est utilisée, traitée et filtrée en circuit fermé. Elle en ressort « pure », du moins selon les critères de l'industrie, et peut ainsi contribuer au traitement des surfaces et de la peinture des véhicules. Les métaux lourds qui se retrouvent à la fin du cycle sont filtrés. Ce procédé permettrait de réduire la consommation d'eau de soixante-dix pour cent, sans aucun rejet d'eaux usées. Cependant, l'équipement sophistiqué qui serait utilisé impliquerait des investissements importants qui pourraient multiplier le coût final de l'eau par un facteur de cinq. Oui, c'est reparti pour un coût élevé. Walter est mécontent.

Voici vraiment de quoi stimuler la créativité des ingénieurs. Marie-Ange Debon, ancienne directrice générale adjointe de Suez Environnement, qui gère les eaux industrielles de Shanghai, a annoncé que le groupe allait lancer une « zone libellule » à Shanghai. Il s'agit d'une zone humide envahie de plusieurs centaines d'espèces végétales sélectionnées pour leur capacité à purifier les eaux de la plus grande zone pétrochimique d'Asie. Entre-temps, le groupe a finalisé l'acquisition de la division eau de General Electric pour 3,2 milliards d'euros. Cette nouvelle dimension permettra à l'entreprise de proposer des solutions de recyclage et de « zéro déchet liquide » à ses clients dans le monde entier.

Retournons à Veolia. Pour Antoine Frérot, « la gestion de l'eau passe par une gouvernance collective ». Veolia est bien sûr très actif sur ce marché. En réponse à une question sur la concentration du marché, il a déclaré : « Nous ne sommes pas les seuls, certains groupes asiatiques commencent à s'y intéresser, mais aussi de petites entreprises locales, notamment en Afrique. Ce marché présente une spécificité qui le rend difficile d'accès : celle des responsabilités juridiques. En effet, lorsque le processus est supporté par plusieurs entreprises différentes, il est difficile de déterminer qui est responsable en cas de problème. Dans le modèle français, nous offrons une garantie pour toute la durée de nos contrats ». Le groupe cherche naturellement à se développer davantage sur ce marché : « L'assainissement des eaux usées et des eaux pluviales, la station Veolia d'Abu Dhabi, se développera à l'échelle des villes du monde entier », indique l'entreprise.[164]

Drame mondial, marché boursier et fièvre boursière

Le changement climatique devrait alimenter encore davantage la demande en eau. Le marché de l'eau, sous toutes ses facettes, devrait atteindre des sommets historiques. La diminution de l'approvisionnement en eau crée des opportunités intéressantes pour les investisseurs à long terme. Les investisseurs peuvent opter pour une stratégie d'investissement passive en investissant dans un fonds négocié en bourse (ETF) exposé à l'eau. Ils peuvent également rechercher des entreprises capables de tirer parti de cette situation. Walter est impatient de passer à cette question. Il commence par prendre un café rapide dans son thermos. Cette dose de caféine lui permettra d'aborder le sujet dans les meilleures conditions. Il est presque quatre heures du matin en ce 22 mars, et il est temps de commencer. C'est un sujet dont il parle souvent avec ses amis de Wall Street, à quelques rues des Nations Unies. L'eau douce reste une denrée rare sur la planète et la situation ne va pas s'améliorer. L'IME (Institution of Mechanical Engineers) affirme que la demande d'eau pour répondre aux besoins alimentaires de l'humanité pourrait atteindre entre dix et 13,5 milliards de mètres cubes par an en 2050. Cela représente environ trois fois la quantité d'eau consommée actuellement.

Le Fonds mondial pour la nature (WWF) estime que les deux tiers de la population de la planète pourraient être confrontés à des pénuries d'eau dès 2025. « Le changement climatique, l'augmentation de la population mondiale, la demande accrue pour l'agriculture et l'expansion des zones urbaines constituent des facteurs qui ne feront qu'exacerber ce stress dans les années à venir », souligne John Plassard, de la banque Mirabau à Genève, en Suisse. Il a même parlé d'un « drame mondial ». Selon le dernier rapport de l'UNESCO, cela risque de limiter la croissance économique. La Californie fait partie des pays en première ligne. En effet, le problème ne se limite pas à l'Afrique et aux pays du Sud, bien au contraire. « Dans la vallée de Tulare, au cœur de la Californie, où sont cultivés les deux tiers des fruits des Etats-Unis, plusieurs milliers d'arbres ont été déracinés. Certains agriculteurs ont décidé de réduire leurs troupeaux par manque d'eau. Si cette sécheresse est due à une météo clémente, elle est aussi et surtout due à des récoltes intensives », précise John Plassard.

Et si la Californie était un pays indépendant, elle aurait le cinquième produit intérieur brut du monde, devant le Royaume-Uni et la France. L'État de l'ouest des États-Unis avait déjà fait parler de lui en novembre 2020, lorsque le Chicago Mercantile Exchange (CME) et le Nasdaq californien ont lancé des contrats à terme sur l'eau en Californie. Une grande première pour l'eau en tant que ressource. Elle est désormais devenue une marchandise et un actif financier, au même titre que le blé ou le pétrole. L'objectif affiché par les opérateurs est, selon eux, de permettre aux très gros consommateurs et aux grands agriculteurs d'avoir une meilleure visibilité sur la disponibilité de l'eau, et ainsi de se prémunir contre les fluctuations des prix. Face à cette situation, il est à nouveau nécessaire de rappeler quelques chiffres : il faut entre cinq mille et quinze mille litres d'eau pour produire un kilo de porc. Selon l'Institut de biologie moléculaire et d'écologie appliquée IME, il faut même entre cinq cents et quatre mille litres pour produire un kilo de blé. Walter estime que le blé sera très cher, compte tenu des pénuries en Ukraine et en Inde. La bière, le thé et le vin sont logiquement les produits les moins consommés. Côté alimentation, les tomates arrivent en tête avec deux cent seize litres par kilo, suivies des choux avec deux cent trente-sept litres et des pommes de terre avec deux cent quatre-vingt-sept litres. Dans ce cas, se dit Walter, il serait peut-être préférable de manger moins de steak frites et de consommer plus de bière ou de vin à la place. Walter essaie de rester concentré sur le sujet.

Parce que la situation est préoccupante, elle représente un thème d'investissement important. « L'objectif n'est évidemment pas de profiter de cette situation dramatique, mais d'analyser les entreprises les plus à même de l'améliorer en développant des solutions et des méthodes pour lutter contre ce fléau », indique John Plassard. En Europe, John Plassard recommande d'investir

« dans nos deux champions nationaux, Veolia et Suez, ou dans Geberit, le spécialiste suisse des systèmes d'évacuation des eaux usées et des installations sanitaires ». De nombreux ETF, fonds négociés en bourse ou « exchange-traded fund », se rapportent également à cette question, a-t-il ajouté. Rendu riche par l'effondrement du marché immobilier sur lequel il avait parié, alors célèbre grâce au film « The Big Short » (« le grand court » faisant rapport à la stratégie de bourse à court terme), l'investisseur Michael Burry ne s'est pas trompé. Il déclarait dès 2010 avoir investi dans des exploitations agricoles (dont les cultures d'amandes, dont quatre-vingts pour cent de la production mondiale se trouve en Californie et qui nécessitent des quantités astronomiques d'eau) disposant de réserves d'eau. Il concentre également tous ses investissements sur cette « matière première » comme il la nomme. « Le petit investissement qu'il continue à faire se concentre sur un seul produit : 'l'eau' ». Au cours des dix dernières années, sa société de gestion, Scion Asset Management, a réalisé un rendement total de quatre cent quatre-vingt-neuf pour cent, net de frais.

Bourse : miser sur l'eau, cela peut-il rapporter gros ?

Les entreprises actives dans l'industrie de l'eau peuvent être divisées en trois secteurs : technologie de l'eau, Infrastructure de l'eau et Traitement de l'eau. Walter a choisi les titres suivants : XYL de Xylem Inc, AWK d'American Water Works Inc, VIE de Veolia Environ. SA, GEBN de Geberit AG, HLMA Halma PLC, PNR de Pentair, WTRG de Essential Utilities Inc, AQN de Algonquin Power Utilities Corp, UU de United Utilities Group PLC, SEV de Suez SA.[165] Walter s'intéresse plus particulièrement aux trois titres Xylem, Veolia Environnement et Geberit. L'action Xylem (XYL) provient du principal fournisseur américain opérant dans l'industrie des technologies de l'eau. Xylem a été fondée en

2011 et opère dans cent cinquante pays, dont la France et la Belgique. L'entreprise se concentre sur des solutions technologiques innovantes pour relever les défis hydriques dans le monde entier. Xylem fabrique des pompes dotées de systèmes de contrôle intelligents. Mais commençons par le commencement.[166]

L'action AWK d'American Water Works (NYSE : AWK), 28,5 milliards de dollars de chiffre d'affaires

Cette société de distribution d'eau et de traitement des eaux usées, basée dans le New Jersey, dessert quinze millions de personnes dans 16 États. American Water Works est peut-être l'un des meilleurs exemples de la façon dont des actions ennuyeuses peuvent tranquillement écraser le marché. Fondée en 1886, la société de distribution d'eau est entrée en bourse en 2008 au prix de 21,50 dollars par action et tournait autour de 160 dollars par action en mars 2022. AWK est la plus grande société de distribution d'eau du pays. Comme d'autres services publics, elle bénéficie d'un monopole réglementé, ce qui signifie qu'elle n'est pas en concurrence dans les régions où elle opère. En contrepartie, les prix sont réglementés par l'État et les autorités locales. Au fil des ans, AWK s'est développée en investissant dans sa propre infrastructure par le biais d'acquisitions et en tirant parti d'opportunités dans des activités basées sur le marché, telles que son groupe de services de défense. L'entreprise prévoit de continuer à investir dans ses activités et des investissements compris entre vingt-deux et vingt-cinq milliards de dollars au cours de cette décennie pour stimuler une croissance supplémentaire. Elle a également réalisé vingt-trois acquisitions en 2021. Le multiplicateur de profit d'AWK a considérablement augmenté, car l'entreprise a bénéficié de la baisse des taux d'intérêt. Cette situation a incité les investisseurs à délaisser les obligations au profit des actions à dividendes, ce qui a généralement eu pour effet d'augmenter le multiplicateur des actions, même si cette tendance pourrait s'inverser à mesure que les taux d'intérêt augmentent. S'il est utile de surveiller les taux d'intérêt, la taille de l'entreprise lui confère un avantage en termes d'évolutivité et d'acquisitions. Elle verse un dividende trimestriel de 2,41 dollars, soit un rendement de 1,5 pour cent, à partir de mars 2022.

L'action York Water Company (NASDAQ : YORW), 586,3 millions de dollars de chiffre d'affaires

York Water Company est une société de purification et de distribution d'eau potable basée en Pennsylvanie et fondée en 1816. Il s'agit de la plus ancienne société de distribution d'eau appartenant à un investisseur aux États-Unis. La société fournit, purifie et distribue de l'eau potable dans trois comtés du centre-sud de la Pennsylvanie. Elle possède également deux systèmes de collecte des eaux usées et cinq installations de collecte et de traitement des eaux usées. En tant que société de distribution d'eau, la croissance de York est déterminée par le nombre de clients et par les prix de l'eau et des eaux usées. Comme elle ne peut pas contrôler directement les prix, le meilleur moyen pour la société de se développer est d'élargir sa clientèle. York Water a procédé à un certain nombre d'acquisitions sur son territoire pour stimuler sa croissance, mais elle opère dans une région du pays à faible développement. Le nombre total de clients de l'entreprise a légèrement augmenté, passant de soixante et 71 411 à la fin de 2019 à 73 144 à la fin de 2021, avec des revenus en hausse de 2,3 pour cent à 55,1 millions de dollars en 2021. L'entreprise est très rentable avec une marge d'exploitation de quarante-deux pour cent. YORW offre un rendement du dividende de 1,8 pour cent et le ratio de distribution est d'environ soixante pour cent, ce qui signifie que les investisseurs peuvent s'attendre à ce que le dividende soit maintenu.

L'action WTRG de Essential Utilities (NYSE : WTRG), d'une valeur de 12,3 milliards de dollars

Essential Utilities est basée en Pennsylvanie et fournit des services d'eau, d'assainissement et de gaz naturel à ses cinq millions de clients. La société, anciennement connue sous le nom d'Aqua America, est un service public de distribution d'eau et de gaz naturel qui dessert environ cinq millions de personnes sous les marques Aqua et Peoples. L'entreprise a débuté en tant que service public dans le sud-est de la Pennsylvanie et s'est développée jusqu'à être présente dans dix États. En 2020, la société a fait son entrée dans le secteur du gaz naturel en rachetant Peoples Natural Gas Company, ce qui lui a permis d'acquérir sept cent cinquante mille clients dans trois États. Les deux tiers du chiffre d'affaires d'Essential Utilities proviennent désormais de l'eau, et le tiers restant du gaz naturel. La société se concentre sur la croissance dans les domaines où elle dispose d'une masse critique d'opérations afin de gagner en échelle et en efficacité. Historiquement, les services d'eau résidentiels ont augmenté leur chiffre d'affaires d'environ un pour cent par an. Les services publics ont tendance à croître lentement, mais la hausse des tarifs a aidé, et les acquisitions, y compris l'activité gaz naturel, ont permis d'augmenter les revenus de vingt-huit pour cent pour atteindre 1,88 milliard de dollars en 2021. La société est très rentable, avec une marge bénéficiaire de vingt-trois pour cent. WTRG offre actuellement un rendement en dividendes de 2,2 pour cent et a une longue tradition d'augmentation des dividendes.

L'action AWR d'American States Water Company (NYSE : AWR), 3,2 milliards de dollars de chiffre d'affaires

Le fournisseur californien d'eau et d'électricité aux clients de l'État est un service public diversifié avec de multiples filiales et trois segments, dont l'eau, l'électricité et les services sous-traités. À la fin de l'année 2020, les services publics réglementés d'AWR comptaient exactement 261 796 clients pour l'eau et 24 545 clients pour l'électricité. L'entreprise a également conclu un certain nombre de contrats militaires. Une grande partie de ses revenus provient de la Golden State Water Company, une filiale impliquée dans l'achat, la production et la distribution d'eau dans dix comtés californiens. Comme d'autres entreprises de services publics, AWR bénéficie d'un manque de concurrence. Toutefois, la croissance a été modeste ces dernières années, les recettes augmentant de trois pour cent entre 2019 et 2020. AWR a moins fait d'acquisitions que d'autres services publics de distribution d'eau, bien que les bénéfices aient augmenté de manière significative, passant de 1,62 dollar par action en 2016 à 2,33 dollars en 2020. L'entreprise a maintenu ses coûts à un niveau relativement bas, même si les prix ont augmenté. La société est un payeur de dividendes fiable, offrant un rendement de 1,5 pour cent à partir de décembre 2021.

L'action Middlesex Water Company (NASDAQ : MSEX), 1,82 milliard de dollars de chiffre d'affaires

Middlesex Water Company, société de distribution d'eau et de traitement des eaux usées basée dans le New Jersey, a été fondée en 1897 et exploite des systèmes réglementés de distribution d'eau et de traitement des eaux usées dans le New Jersey et le Delaware. La société compte environ cent quinze mille clients dans les deux États. Le chiffre d'affaires de Middlesex est resté pratiquement stable au cours des cinq dernières années, passant de 132,9 millions de dollars en 2016 à 143,1 millions de dollars en 2021, soit seulement un pour cent par an. MSEX n'a pas cherché à se développer et son revenu d'exploitation est également resté stable. En 2021, elle a vendu une installation de traitement des eaux usées dans le Delaware, et dans l'un de ses territoires, les revenus ont en fait diminué en réponse à la loi sur les réductions d'impôts et les emplois de 2017, car les paiements d'impôts de MSEX ont diminué de manière significative après l'adoption de cette loi. Middlesex voit son revenu net impacté par quatre éléments : les conditions météorologiques, l'allègement des tarifs, la gestion efficace des coûts et la croissance de la clientèle. MSEX est considérée comme une action à dividendes fiable et augmente régulièrement ses versements. En mars 2022, Middlesex a versé un dividende de 1,1 pourcent. Son ratio de distribution est d'environ soixante pour cent, ce qui signifie qu'elle devrait être en mesure d'augmenter légèrement son dividende dans les années à venir.

L'action Xylem de Xylem (NYSE : XYL), 15,8 milliards de dollars de chiffre d'affaires

Xylem n'est pas une entreprise de distribution d'eau, mais une entreprise de technologie de l'eau, c'est-à-dire le fabricant d'une large gamme de produits liés à l'eau, notamment des pompes, des compteurs et des dispositifs de traitement biologique. L'entreprise fabrique des produits destinés au transport et au traitement de l'eau, au pompage et au chauffage, ainsi qu'aux relevés de compteurs et à l'analyse des données. Xylem n'a pas de concurrents directs, mais elle est en concurrence avec diverses entreprises dans ses trois secteurs d'activité. Elle estime à 60 milliards de dollars le marché total qu'elle dessert dans ces segments, au sein d'un marché plus vaste de 600 milliards de dollars pour l'industrie mondiale de l'eau. L'entreprise voit des opportunités dans les marchés émergents à mesure que l'eau potable devient plus accessible grâce à l'innovation technologique. Les performances de Xylem en 2020 ont été affectées par le COVID-19, qui a réduit les ventes de sept pour cent à 4,9 milliards de dollars, mais l'entreprise a renoué avec la croissance en 2021, avec une augmentation de sept pour cent à 5,2 milliards de dollars, soit une croissance organique de quatre pour cent. Avant cela, Xylem était solidement rentable, bien que ses bénéfices aient fluctué. Le bénéfice par action a culminé à 3,03 dollars en 2018 et a chuté à 1,41 dollar en 2020, plombé par la baisse des ventes et l'augmentation des dépenses. Le bénéfice par action a rebondi à 2,35 dollars lorsque l'entreprise a repris son élan pour se remettre de la pandémie. Xylem a régulièrement augmenté son dividende depuis son entrée en bourse en 2011 et offre un rendement de 1,4 pour cent.

L'action Primo Water Corporation (NASDAQ : PRMW), un chiffre d'affaires de 2,3 milliards de dollars

L'entreprise est un fournisseur de réservoirs d'eau remplaçables, d'eau minérale, de services de filtration de l'eau et de produits connexes. Primo Water est surtout connue pour ses réservoirs d'eau interchangeables, disponibles dans les grandes surfaces. La société Primo Water actuelle résulte de l'acquisition, en mars 2020, de Primo Water par la société de boissons Cott Corporation. Cott a vendu ses activités dans le domaine du café et du thé et s'est rebaptisée Primo Water pour devenir une entreprise spécialisée uniquement dans l'eau. La direction continue de repositionner l'entreprise après l'acquisition. Elle a annoncé en novembre 2021 qu'elle se retirerait de l'activité nord-américaine de vente au détail d'eau en bouteille à usage unique, ce qui devrait contribuer à accroître la rentabilité et à réduire l'empreinte carbone de l'entreprise. Primo Water a terminé l'année 2021 avec une croissance des revenus de six pour cent à 2,07 milliards de dollars et prévoit de continuer à faire des acquisitions pour stimuler la croissance. Sur la base du bénéfice avant intérêts, impôts, dépréciation et amortissement (BAIIDA) ajusté, les marges de l'entreprise représentent environ vingt pour cent. Ses bénéfices seront aussi selon les principes comptables généralement acceptés (GAAP), ceux-ci étant plus proches du seuil de rentabilité en raison de son niveau d'endettement élevé. Néanmoins, la société affiche une croissance régulière et offre aux investisseurs une bonne opportunité en tant qu'action rare réservée à l'eau.

L'action VIE (CAC40 : VIE) de Veolia Environnement

Walter avait déjà rencontré le groupe français. Veolia Water est la plus grande entreprise d'eau au monde et gère plus de trois mille cinq cents usines qui produisent de l'eau potable. Parallèlement, Veolia possède plus de 2 800 stations d'épuration des eaux usées. Elle est également active dans le domaine du dessalement de l'eau de mer. En 2021, l'action VIE est cotée à un peu moins de vingt euros par action et a une valeur de marché d'un peu plus de onze milliards d'euros. L'action fait partie du célèbre indice CAC40 en France depuis 2001. En 2019, Veolia a encore réalisé un chiffre d'affaires de 27,2 milliards d'euros. Depuis 2017, le chiffre d'affaires a augmenté de huit pour cent et le bénéfice par action de quatre-vingt-treize pour cent. Durant cette période, le cours de l'action de VIE a augmenté de cinquante pour cent. Comme Xylem, Veolia a subi les conséquences de la crise du COVID-19. Le bénéfice de Veolia pour 2020 devrait s'élever à 25,9 milliards d'euros. Il s'agit d'une baisse de près de cinq pour cent par rapport à 2019, et le chiffre d'affaires devrait à nouveau augmenter en 2021. En 2019, Veolia a encore versé un dividende de 0,92 pour cent par action. Ces dernières années, le dividende a augmenté en moyenne de huit pour cent par an. À l'origine, il était prévu de verser un dividende d'un euro par action en 2020. En raison de la crise du COVID-19, l'entreprise a décidé de faire preuve de prudence et de ne verser qu'un dividende de cinquante centimes par action. Le prix actuel donne un rendement de 2,5 pour cent. Selon les analystes, le dividende devrait rapidement retrouver son niveau d'avant la crise du COVID-19.

L'action GEBN (SWX : GBN) de Geberit

Geberit est l'entreprise suisse leader en Europe dans le domaine des toilettes et des installations sanitaires. L'entreprise est active dans cent-vingt pays, dispose d'un réseau de vingt-neuf sites de production et emploie plus de douze mille personnes. La principale contribution de Geberit au secteur de l'eau est de permettre aux clients d'économiser l'eau. Geberit a notamment mis au point un mécanisme de chasse d'eau spécial pour les toilettes qui ne consomme que quatre litres et demi d'eau au lieu des neuf ou dix litres habituels. Selon Geberit, ses produits ont permis d'économiser environ trois mille cent vingt millions de mètres cubes d'eau en 2019. Cela représente plus de la moitié de la consommation annuelle des ménages allemands. Les actions de Geberit sont cotées à la bourse suisse SWX. Une action Geberit coûte 522 francs suisses. Cela correspond à une valeur de marché d'environ dix-sept milliards d'euros. Au cours des six dernières années, le chiffre d'affaires a augmenté de huit pour cent par an et, en 2019, l'entreprise a terminé l'année avec un chiffre d'affaires de plus de trois milliards de francs. Cela correspond à 2,9 milliards d'euros. En outre, Geberit peut présenter des marges élevées. Le rendement des capitaux propres est de trente-cinq pour cent et la marge opérationnelle de vingt-quatre pour cent. Ces marges élevées sont le reflet d'une bonne gestion. Le dividende de Geberit s'élève à 11,3 francs suisses par action. Le rendement du dividende est donc légèrement supérieur à deux pour cent. Contrairement à Veolia, Geberit n'a pas touché à son dividende. Récemment, le ratio cours-bénéfice de cette action était de vingt-neuf, ce qui est assez élevé. La crise de Corona s'est également répercutée sur les revenus de cette entreprise. En 2020, le bénéfice a diminué de cinq pour cent et, en même temps, le prix a augmenté grâce aux attentes positives des investisseurs à l'égard de l'action.

Le fonds iShares Global Water UCITS ETF

L'iShares Global Water UCITS ETF permet aux investisseurs passifs d'investir dans le secteur de l'eau. Cet ETF comprend un portefeuille diversifié de cinquante sociétés du monde entier actives dans le secteur de l'eau. Le rendement de l'ETF a été de soixante-dix pour cent au cours des cinq dernières années, ce qui est nettement supérieur à celui du marché dans son ensemble. Toutefois, cet ETF est libellé en dollars. Les investisseurs européens risquent donc de perdre une partie de leur investissement en cas de dépréciation du dollar par rapport à l'euro. L'ETF verse des dividendes et le rendement du dividende est actuellement d'un pour cent. Cet ETF a un ratio de dépenses total de 0,65 pour cent. Il s'agit du total des frais à payer pour un investissement.

Douze mille milliards de dollars pour l'infrastructure

À long terme, les entreprises actives dans le traitement ou la technologie de l'eau ont un potentiel de croissance considérable. Toutefois, plus la pénurie d'eau s'accentuera, plus les autorités renforceront leur contrôle sur la consommation d'eau des entreprises. Celles qui parviendront à trouver des solutions pour faire face à la crise de l'eau en tireront profit à long terme. Dans les années à venir, des milliards de dollars américains seront investis dans le secteur de l'eau pour stabiliser ou augmenter les réserves actuelles d'eau potable. Selon les consultants de McKinsey, près de douze mille milliards de dollars américains seront investis dans les infrastructures de l'eau dans le monde d'ici à 2030. Cela représente plus de la moitié du produit intérieur brut des États-Unis. Le coût à payer par les entreprises pour leur consommation d'eau augmente de près de six pour cent par an. Cette augmentation est plus rapide que la croissance économique. Par conséquent, les revenus des entreprises opérant dans le secteur de l'eau devraient dépasser ceux des autres entreprises. Ces dernières années, les entreprises du secteur de l'eau cotées en bourse ont surpassé le marché global. Il est donc évident que de plus en plus d'investisseurs s'intéressent à ce bien devenu si précieux.[167]

Raréfaction due au changement climatique

Spéculer sur l'eau en tant que marchandise coûteuse, gagner de l'argent grâce au changement climatique alors que des millions de personnes tombent malades ou meurent à cause du manque d'eau - chacun peut décider pour lui-même comment évaluer cela. Dans le Sahara, la fréquence des tempêtes de sable a augmenté de dix pour cent au cours des dernières décennies en raison du réchauffement climatique. En conséquence, l'Europe connaît des chaleurs extrêmes lorsque les vents se déplacent vers le nord depuis le Sahara. Le changement climatique ne date pas d'hier lorsque les enfants de « Fridays for Future » ont commencé à bloquer nos routes avec des manifestations. Cela fait des décennies que les agriculteurs ont senti que quelque chose commençait à changer. [168]

Le changement climatique s'accélère

Le mot « changement climatique » est sur toutes les lèvres. Pour Walter, il est clair que l'eau est la première concernée. Après tout, l'eau est l'élément sur terre qui joue l'un des rôles les plus importants dans le cycle de la vie. Mais comment ? Quelles sont les causes sous-jacentes ? Il faut vraiment qu'il regarde de plus près le rapport 2022 sur le climat. Les gaz à effet de serre semblent jouer un rôle majeur dans la régulation du climat. Sans eux, la température moyenne sur terre serait de moins dix-huit degrés Celsius au lieu de plus quatorze degrés Celsius, et la vie ne pourrait pas exister sous cette forme. Depuis le XIXe siècle et la révolution industrielle, l'homme a augmenté la quantité de gaz à effet de serre dans l'atmosphère à un point tel qu'il semble avoir modifié l'équilibre naturel. La terre tente de se réajuster en réchauffant sa surface.[169]

Comment fonctionne l'effet de serre ?

La terre reçoit constamment de l'énergie du soleil. La partie de cette énergie qui n'est pas réfléchie par l'atmosphère, les nuages ou la terre est absorbée par la surface de la terre elle-même. Elle se réchauffe donc. D'autre part, plus la terre se réchauffe, plus la surface terrestre et l'atmosphère émettent des rayonnements infrarouges. Une partie de ce rayonnement est absorbée par les gaz et les nuages : c'est le phénomène de l'effet de serre. L'augmentation des gaz à effet de serre due à l'activité humaine prend une partie de ce rayonnement, ce qui entraîne une hausse de la température sur terre jusqu'à ce qu'un nouvel équilibre soit trouvé. Certains gaz à effet de serre, comme la vapeur d'eau et le dioxyde de carbone, sont naturellement présents dans l'air. La révolution industrielle du XIXe siècle a ajouté des émissions d'autres gaz à effet de serre : le dioxyde de carbone, le méthane, l'oxyde nitreux et l'hexafluorure de soufre. L'accumulation de dioxyde de carbone (CO2) dans l'atmosphère contribue aux deux tiers de l'augmentation de l'effet de serre, par exemple par la combustion de gaz et de pétrole, la déforestation et les cimenteries. C'est pourquoi l'effet des autres gaz à effet de serre est généralement mesuré en équivalent dioxyde de carbone.

Les émissions actuelles de dioxyde de carbone ont une durée de vie dans l'atmosphère de plus de cent ans. Les élevages de bétail, les rizières inondées, les décharges et les exploitations pétrolières et gazières sont les principales sources de méthane. La durée de vie du méthane dans l'atmosphère est d'environ douze ans. L'oxyde nitreux (N2O) provient des engrais azotés et de certains processus chimiques. Sa durée de vie est d'environ cent vingt ans. L'hexafluorure de soufre (SF6) a une durée de vie de cinquante mille ans dans l'atmosphère.[170]

Depuis 1988, le Groupe d'experts intergouvernemental sur l'évolution du climat (GIEC) évalue les connaissances sur le changement climatique mondial, ses impacts et les moyens de l'atténuer et de s'y adapter. Dans de nombreuses régions du monde, telles que l'Asie, l'Afrique et les zones tropicales et subtropicales, la production agricole pourrait diminuer, ce qui entraînerait de graves crises alimentaires et des sources de conflit, ainsi que des migrations. Le changement climatique est également susceptible d'avoir un impact direct sur le fonctionnement des écosystèmes et sur la transmission des maladies animales, qui peuvent comporter des éléments pathogènes également potentiellement dangereux pour nous, les humains. L'augmentation de la concentration de dioxyde de carbone dans l'atmosphère entraîne également une augmentation de la concentration dans les océans. Cela entraîne une acidification de l'eau de mer, car le dioxyde de carbone se transforme en acide carbonique au contact de l'eau. Walter le sait grâce aux bouteilles d'eau gazeuse.[171]

Il préfère boire de l'eau plate. De 1751 à 2004, le pH, c'est-à-dire le potentiel hydrogène des eaux de surface des océans, est passé de 8,25 à 8,14 : un risque majeur pour les récifs coralliens et certaines espèces de plancton, menaçant l'équilibre de nombreux écosystèmes. À cela s'ajoutent les déplacements de population dus à l'élévation du niveau de la mer. Selon les scénarios, une élévation de 26 à 98 centimètres est attendue d'ici 2100. Les deltas des fleuves d'Afrique et d'Asie seront particulièrement touchés. On craint que des îles entières, comme les Maldives, ne disparaissent purement et simplement. Les effets du changement climatique peuvent varier considérablement d'une région à l'autre, mais ils affectent en fin de compte l'ensemble de la planète.

Du cycle de l'eau au cycle de la chaleur

Pénuries d'eau, exode, malnutrition, disparition d'espèces. Le changement climatique et le réchauffement de la planète entraînent une augmentation constante de la demande en eau, par exemple dans l'agriculture. La culture du coton, du riz et de la canne à sucre est particulièrement gourmande en eau, comme Walter l'a déjà constaté. La nappe phréatique de notre planète s'affaisse. Selon les Nations Unies, un tiers des plus grandes nappes phréatiques du monde sont déjà touchées. Les villes en pleine croissance puisent leur eau potable dans des bassins versants de plus en plus vastes, siphonnant des réserves d'eau souterraine de plus en plus profondes. Les lacs et les rivières s'assèchent parfois complètement en raison de périodes de sécheresse prolongées. Le changement climatique entraîne des phénomènes météorologiques plus fréquents et plus extrêmes, tels que des vagues de chaleur, des sécheresses et des pluies torrentielles. Les inondations polluent souvent l'eau potable et la rendent inutilisable. Selon les dernières études, les micro-organismes présents dans le sol produisent davantage de dioxyde de carbone, ce qui est encore plus néfaste pour le climat.

« La vie sur Terre peut se remettre d'un changement climatique majeur en évoluant vers de nouvelles espèces et en créant de nouveaux écosystèmes », souligne le résumé technique de cent trente-sept pages du Groupe d'experts intergouvernemental sur l'évolution du climat (GIEC). L'humanité ne peut faire cela. Le projet de rapport, rédigé par des centaines de scientifiques affiliés au GIEC, oscille entre un ton apocalyptique et l'espoir. Ce rapport d'évaluation de quatre mille pages est destiné à éclairer les décisions politiques.

En signant l'Accord de Paris en 2015, le monde s'est engagé à limiter le réchauffement à plus 1,5 degré Celsius par rapport à l'ère préindustrielle, si possible. Ce faisant, le GIEC estime que cela pourrait déjà entraîner des « conséquences progressives et graves pendant des siècles et parfois de manière irréversible. » Selon l'Organisation météorologique mondiale, il y a quarante pour cent de chances que ce seuil de plus 1,5 degré Celsius par rapport à la moyenne annuelle soit dépassé dès 2025. Le climat a déjà changé, a-t-il déclaré. Il pourrait même être trop tard pour certaines espèces animales et végétales. « Même à plus 1,5 degré Celsius, les conditions de vie changeront au-delà de la capacité d'adaptation de certains organismes », indique le rapport, citant les récifs coralliens dont dépendent un demi-milliard de personnes. Parmi les espèces les plus touchées figurent les animaux de l'Arctique, une région qui se réchauffe trois fois plus vite que la moyenne. Walter se souvient de Knut, l'ours polaire. Il est vrai qu'il est mort de chagrin au zoo, car son gardien bien-aimé était décédé peu de temps avant lui. Mais les pensées de Walter se tournent vers les modes de vie des peuples qui vivent en étroite relation avec la glace et qui risquent de disparaître. Nombre d'entre eux dépendent de l'aide d'autres régions de leur pays, comme le Canada, la Suède, la Finlande et la Norvège.[172]

Les risques climatiques comme moteur principal

La grande question est de savoir si l'humanité y parviendra ou non. En tout cas, elle ne semble pas prête. « Les pertes soudaines augmentent dans tous les systèmes de production alimentaire », note le rapport, qui désigne les aléas climatiques comme le « principal facteur ». « Les niveaux actuels d'adaptation ne seront pas suffisants pour répondre aux risques climatiques futurs », prévient le GIEC. Même si la hausse est limitée à deux degrés Celsius, jusqu'à quatre-vingts millions de personnes supplémentaires souffriront de la faim d'ici à 2050, et cent trente millions de personnes pourraient tomber dans l'extrême pauvreté d'ici à dix ans.

D'ici à 2050, des centaines de millions d'habitants des villes côtières seront exposés au risque de vagues sous-marines plus fréquentes, qui entraîneront à leur tour d'importantes vagues de migration. À plus 1,5 degré Celsius, trois cent cinquante millions de citadins supplémentaires seront touchés par la pénurie d'eau, et quatre cents millions à plus deux degrés Celsius. Le texte souligne également le risque d'effets en cascade. Certaines régions, comme l'est du Brésil, l'Asie du Sud-Est, le centre de la Chine et la quasi-totalité des zones côtières, pourraient être touchées par trois ou quatre catastrophes météorologiques simultanées, voire plus : vague de chaleur, sécheresse, cyclone, incendies, inondations et maladies transmises par les moustiques.

Au-delà de deux degrés Celsius, la fonte des calottes glaciaires du Groenland et de l'Antarctique occidental pourrait conduire à un point de non-retour, selon des travaux récents. Leur fonte totale pourrait entraîner une élévation du niveau de la mer de 13 mètres. C'est pourquoi « chaque fraction de degré compte », insiste le GIEC, alors qu'un réchauffement encore plus important pourrait transformer l'Amazonie en savane. Face à ces problèmes systémiques, il n'y a pas de remède miracle.

Malgré ses conclusions alarmantes, le rapport donne aussi des raisons d'espérer. L'humanité peut encore orienter son destin vers un avenir meilleur en prenant des mesures drastiques à court terme pour endiguer l'emballement de la seconde moitié du siècle. « Nous avons besoin d'une transformation radicale des processus et des comportements sur tous les plans : les individus, les communautés, les entreprises, les institutions et les gouvernements », ajoute le rapport, et « nous devons redéfinir notre façon de vivre et de consommer. »

À la suite de la publication du nouveau rapport du Groupe d'experts intergouvernemental sur l'évolution du climat (GIEC) fin février 2022, le gouvernement allemand a annoncé qu'il allait intensifier ses efforts en matière de protection du climat. Les précipitations journalières maximales en Allemagne, par exemple, ne changent actuellement que modérément. Cependant, avec un réchauffement de trois degrés, de vastes zones seraient touchées. Le nombre de journées chaudes augmenterait également de façon spectaculaire, en particulier le long du Rhin supérieur. Au cours de l'été 2022, l'impensable s'est produit : le Rhin a atteint un niveau zéro à certains endroits. À l'exception d'un étroit chenal de navigation, certaines parties du fleuve étaient tout simplement à sec.[173]

Les décès dus à la chaleur seront deux à trois fois plus élevés à trois degrés qu'à 1,5 degré. Les dommages causés par la sécheresse à l'agriculture peuvent dans un premier temps être atténués par l'irrigation, mais avec des températures supérieures de trois degrés, les pénuries d'eau limitent cette possibilité. [174]

Le président de la conférence mondiale sur le climat COP26, Alok Sharma, a appelé tous les États à renforcer leurs objectifs climatiques. Les risques s'avèrent plus importants qu'on ne le pensait, a signalé le professeur Hans-Otto Pörtner, de l'Institut Alfred Wegener pour la recherche polaire et marine. Il a souligné que trente à cinquante pour cent des écosystèmes doivent être protégés d'une intervention humaine importante. La nature a besoin de cet espace pour s'adapter au réchauffement climatique et continuer à absorber le dioxyde de carbone à long terme.

Actuellement, quinze pour cent des terres et huit pour cent des eaux sont protégées.[175]

Près de la moitié de la population mondiale, soit 3,3 à 3,6 milliards de personnes, sont considérées comme des victimes potentielles de cette crise. À l'échelle globale, les rendements du maïs diminuent déjà si le réchauffement atteint 1,5 degré. L'élévation du niveau des mers met de plus en plus en danger les régions côtières. La probabilité d'une inondation, qui ne se produisait jusqu'à présent qu'une fois tous les cent ans, augmente de vingt pour cent lorsque le niveau de l'eau s'élève de seulement 15 centimètres. Plus la température moyenne augmente, plus les mesures d'adaptation s'avèrent nécessaires. La plupart de ces mesures sont régionales et bien connues : la protection contre la chaleur et les fortes pluies dans les villes, par exemple. Mais la science attire l'attention sur le fait que toute adaptation a des limites. À des températures supérieures à cinquante degrés, comme c'est de plus en plus souvent le cas en Australie, au Moyen-Orient, en Afrique et même dans certaines régions d'Amérique du Nord, aucune vie durable n'est possible. La combinaison de la chaleur et des inondations, comme au Bangladesh, met également en péril les habitats. Parce que « tout est lié à tout », de simples interventions ne suffisent pas.[176]

Le secrétaire général des Nations Unies, António Guterres, a évoqué l'état d'urgence des océans, les problèmes causés par l'homme et le fait que l'humanité a le devoir de résoudre à nouveau ces problèmes lors de la conférence des Nations Unies sur le changement climatique en 2022. L'ambassadeur du climat et ancien secrétaire d'État américain John Kerry a averti : « Si nous ne trouvons pas de réponses, tout cela restera de la rhétorique, ces réunions finiront sur le tas d'ordures de l'histoire parce que les générations à venir nous demanderont : "Qu'est-ce que vous avez bien pu faire ? Pourquoi ne l'avez-vous pas fait ? Avez-vous fait ce qu'il fallait faire ?" [177] »

Fonte des glaces, montée des eaux et États insulaires

Le fait que quatre-vingts pour cent de la population mondiale subisse déjà les conséquences du changement climatique est une affirmation forte. Walter aimerait passer brièvement en revue certains paramètres. Il sait que le changement climatique peut modifier la disponibilité de l'eau et donc menacer la sécurité de l'eau, mais il est assez difficile de chiffrer les projections du Rapport mondial sur le climat. Tout d'abord, la répartition spatiale des effets du changement climatique sur la disponibilité des ressources varie considérablement d'un modèle climatique à l'autre et en fonction de l'évolution prévue des précipitations. Il trouve des corrélations claires dans les projections de réduction de la disponibilité de l'eau autour de la région méditerranéenne et dans certaines parties de l'Afrique australe. En revanche, en ce qui concerne l'Asie du Sud et de l'Est, les projections sont beaucoup plus incertaines et présentent des variations plus importantes.[178]

Deuxièmement, les régions qui souffrent actuellement de stress hydrique pourraient avoir moins de problèmes à reconstituer leurs ressources en eau à l'avenir en raison de l'augmentation des précipitations. Troisièmement, avec une hausse possible de la température globale de moins de deux degrés Celsius, les variations de température dues au changement climatique pourraient généralement avoir un impact plus important sur les populations que les modifications dans la disponibilité de l'eau elle-même. Quatrièmement, les estimations de la disponibilité future de l'eau sont pertinentes : non seulement pour les projections climatiques et démographiques, mais aussi pour le choix du modèle d'impact hydrologique qui produira une mesure via le stress ou la pénurie. [179]

Des satellites pour des mesures précises

Des données précises sont nécessaires pour étudier l'élévation du niveau de la mer. L'une des observations les plus exactes des calottes glaciaires du Groenland et du pôle Sud, par exemple, a été réalisée par des climatologues à l'aide de lasers embarqués sur des satellites de l'agence spatiale américaine NASA. Les données satellitaires ont montré que de très grandes masses de glace ont fondu au Groenland et au pôle Sud entre 2003 et 2019. Comme le rapportent les scientifiques dans la revue *Science*, le niveau des mers a augmenté de quatorze millimètres au cours de cette période. Cela peut sembler peu, mais cela représente une perte moyenne de deux cents milliards de tonnes de glace par an au Groenland au cours de cet espace de temps. En Antarctique, environ 118 milliards de tonnes de glace par an ont fondu à la même époque. Mais la fonte s'est produite différemment dans les deux régions. Au Groenland, ce sont principalement les masses de glace terrestres qui ont dégelé, l'eau de fonte contribuant directement à l'élévation du niveau de la mer. Dans l'Antarctique, en revanche, ce sont les icebergs flottants qui ont fondu. C'est surtout dans l'Antarctique occidental que la fonte a été extrême. Chaque année, les grands glaciers y perdent de trois à cinq mètres de hauteur. Walter avait observé l'arrivée d'icebergs flottants entre Madagascar et La Réunion. Une route régulière d'icebergs s'y est formée. Et même si l'eau de fonte des icebergs ne fait pas directement monter le niveau de la mer, la fonte fait glisser davantage de masses de glace du continent vers la mer, ce qui fait en monter le niveau. De plus, les mesures ont montré que les nappes glaciaires de certaines régions se sont agrandies sous l'effet des chutes de neige. Mais cet effet ne compense pas la perte de glace causée par le réchauffement climatique.[180]

D'autres climatologues ont analysé l'élévation du niveau de la mer et ses causes au cours des cent vingt dernières années, de la fonte des glaciers à la dilatation thermique de l'eau. Dans les résultats publiés dans la revue *Nature,* ils ont attribué les causes pertinentes dans chaque cas, telles que la fonte des glaciers, la construction de barrages, la dilatation thermique dans le cadre du réchauffement climatique et les variations du niveau des nappes phréatiques, en fonction de la décennie. Il s'est avéré que la fonte des glaciers contribuait environ deux fois plus à l'élévation du niveau de la mer que l'expansion thermique au cours de la période analysée. Alors que le niveau de la mer a fortement augmenté dans les années 1940, il a ralenti dans les années 1960 et 1970. Cette évolution peut s'expliquer par la construction de nombreux barrages au cours de cette période. En effet, entre 1900 et 2003, un total d'environ dix mille kilomètres cubes d'eau ont été endigués et n'ont pas pu s'écouler dans les mers.[181]

Pour Walter, ces mesures sont très importantes, car chaque fonte signifie une perte d'eau potable lorsque l'eau douce devient saumâtre. Les températures ont considérablement augmenté au Groenland. En été, des mares et des ruisseaux se forment désormais sur la glace. Le dégel des glaciers a été particulièrement important en 2012, et un groupe dirigé par le scientifique Luke Trusel, de l'université américaine Rowan, dans le New Jersey, a démontré que cette fonte était unique au cours des trois cent cinquante dernières années. L'équipe internationale de Trusel a analysé des d'échantillons cylindriques du sol appelés « carottes » prélevées à l'ouest de l'inlandsis groenlandais. Dans cette région, les températures estivales ont augmenté de deux à trois degrés Celsius au cours des deux cents dernières années. À l'aide de carottes, ils ont analysé les couches de glace qui se forment après un dégel et un regel de courte durée de la neige. Ils les ont également comparées, avec des images satellites et des calculs informatiques du dégel. D'après les résultats, la quantité d'eau de fonte provenant de la surface a augmenté d'environ cinquante pour cent par rapport à la première moitié du XIXe siècle. [182]

Le dégel du pergélisol et le rétrécissement des glaciers

Dans de vastes régions de l'hémisphère nord, le sol est gelé en permanence, même en été. Mais en raison du réchauffement climatique, ces sols, connus sous le nom de pergélisol, dégèlent partiellement. Ce phénomène menace de nombreuses habitations, routes, ponts et oléoducs, ainsi que d'autres infrastructures telles que les canalisations d'eau situées sur des sols pergélisolés. D'ici à 2050, trente à cinquante pour cent de ces infrastructures pourraient être endommagées, voire détruites, selon des chercheurs qui ont publié un article dans la revue *Nature Reviews Earth & Environment*. Le pergélisol désigne les sols ou les roches qui restent gelés pendant plus de deux ans. Par exemple, la quasi-totalité de la surface du Groenland, quatre-vingts pour cent des sols de l'Alaska, deux tiers des sols russes et la moitié des sols canadiens restent gelés en permanence. Lorsque les sols du pergélisol se réchauffent, la glace qu'ils contiennent fond en eau liquide et le pergélisol dégèle. Cependant, l'eau a une densité plus élevée que la glace et occupe donc moins d'espace que cette dernière, de sorte qu'à mesure que la glace fond, les sols se relâchent et forment ce que l'on appelle des couches actives d'eau liquide. Il est vrai que les zones de pergélisol sont très peu peuplées. Mais au total, cent vingt mille bâtiments, quarante mille kilomètres de routes et 9 500 kilomètres de pipelines se voient menacés par le dégel du pergélisol.

Les glaciers diminuent ou augmentent « réellement » sur des milliers d'années. Mais aujourd'hui, ils disparaissent sous nos yeux. Si un glacier « ne bouge pas, ce n'est pas un glacier, c'est de la glace couchée », explique Dan Fagre, qui travaille depuis vingt ans comme climatologue et écologiste dans le parc national des Glaciers, dans le Montana. Le parc compte vingt-cinq glaciers actifs, contre cent cinquante il y a cent ans, et nombre d'entre eux ont disparu avant d'avoir pu être dessinés sur des cartes. Tout ce qu'il en reste, ce sont des moraines, c'est-à-dire des amas de débris que les glaciers ont poussés devant eux en descendant la pente. Voilà vingt mille ans, la Suisse était une mer de glace d'où seules les Alpes émergeaient comme des îles balayées par les vents. Au XIXe siècle, à la fin de ce que l'on appelle le petit âge glaciaire, les vestiges de cette période glaciaire ont légèrement fondu. En 1849, la langue du glacier du Rhône apparaissait environ cinq cents mètres plus bas qu'aujourd'hui. Certains glaciers avancent encore, mais seulement quelques-uns, et pas dans les Alpes. Là, la moitié de la glace a fondu au cours du siècle dernier. Les prévisions sont sombres : quatre-vingts à quatre-vingt-dix pour cent des glaciers qui subsistent encore aujourd'hui auront disparu d'ici 2100.

La fonte des glaces de l'Antarctique a été multipliée par six depuis 1997. Cette accélération menace de nombreuses villes côtières, qui pourraient être complètement submergées d'ici l'an 2500. L'Antarctique fond de plus en plus vite. Un collectif de 84 scientifiques a publié dans la revue *Nature des* chiffres particulièrement alarmants sur l'évolution de la calotte glaciaire. Entre 1997 et 2002, le continent blanc du pôle Sud a perdu environ 38 milliards de tonnes de glace par an. Depuis, ce chiffre a doublé tous les cinq ans : soixante-treize milliards de tonnes par an entre 2002 et 2007, puis cent soixante milliards entre 2007 et 2012, et enfin 219 milliards entre 2012 et 2017. Pour rappel, la calotte glaciaire de l'Antarctique contient suffisamment d'eau pour élever le niveau des océans de soixante mètres. L'accélération de la fonte des glaces constitue une menace pour des centaines de millions de personnes vivant dans des zones côtières de faible altitude. Les derniers scénarios prévoient une élévation du niveau de la mer de soixante-dix-sept centimètres d'ici 2100 sans réduction des émissions de gaz à effet de serre et de « seulement » trente-deux centimètres dans le cas d'une réduction modérée. Le pire reste à venir pour les générations futures.

Les îles artificielles des Maldives et des îles Marshall

« Ne soyons pas naïfs. Préparons-nous au pire des scénarios ». Ces mots, prononcés par l'ancien ministre de l'Environnement des Maldives, Mohamed Aslam, font référence à l'engloutissement imminent de l'archipel. Les Maldives constituent un archipel composé de 1 192 îles, dont deux cents sont habitées. Elles représentent une destination touristique populaire en raison de leur situation idyllique. Le tourisme représente quarante pour cent du produit intérieur brut. Cependant, l'avenir de ces îles est incertain. La configuration de l'archipel, en particulier sa faible altitude - quatre-vingts pour cent des terres se trouvent à moins d'un mètre au-dessus du niveau de la mer - et la petite taille de ses îles, dont quatre-vingt-seize pour cent ont une superficie inférieure à un kilomètre carré, en font l'une des zones les plus vulnérables à la montée des eaux. En 2004, un tsunami a tué cent personnes, détruit deux îles et entraîné l'évacuation de six autres. « Le problème du réchauffement climatique n'est pas tant la montée des eaux que la mort des coraux », a indiqué Thomas Leber, expert auprès d'une société de conception environnementale. Depuis 2008, le tourisme haut de gamme s'accompagne d'un tourisme de masse soutenu par le gouvernement. Dès lors, de grandes quantités d'eau ont été nécessaires pour cette activité.

En réalité, les habitants n'ont aucun refuge en cas d'élévation du niveau de la mer. Mais il y a des moyens de s'en sortir. Les bénéfices du tourisme, par exemple, sont utilisés pour construire des îles artificielles. La location d'îles à l'Arabie saoudite est également prévue et devrait permettre aux Maldiviens de trouver un foyer en cas de crise. Si ces solutions s'avèrent viables à court terme, le risque que les Maldiviens deviennent un jour des réfugiés climatiques est bien réel.

Déménager ou relever le niveau : les Îles Marshall envisagent des mesures drastiques. L'une d'entre elles consiste à créer de nouvelles îles artificielles. Depuis des milliers d'années, les Marshallais ont intégré l'environnement qui les entoure, construisant une culture sur plus de mille deux cents îles dispersées sur près de deux millions de kilomètres carrés d'océan. Mais les atolls de cette grande nation insulaire sont menacés. Les cyclones tropicaux, les récifs endommagés, les graves sécheresses et la montée des eaux salées obligent les Marshallais à faire face à une nouvelle réalité. Les océans, qui absorbent la chaleur deux fois plus vite qu'il y a dix-huit ans, ont vu six cent milliards de tonnes de glace les atteindre. Les Marshallais doivent agir rapidement. Un rapport publié en octobre 2021 par le Groupe d'experts intergouvernemental sur l'évolution du climat a mis en évidence les différentes conséquences d'une augmentation de la température de 1,5 degré Celsius par rapport à une augmentation de deux degrés Celsius. Selon ce rapport, les petits pays insulaires en développement tendent à être affectés de manière disproportionnée par les conséquences du réchauffement climatique. Quatre atolls sont particulièrement menacés : Kiribati, Tuvalu, les Maldives et les Îles Marshall. Avec trois degrés Celsius de plus, l'élévation moyenne du niveau de la mer en 2100 serait de l'ordre de trois à treize mètres, voire plus. Si aucune mesure extraordinaire n'est prise, le changement climatique pourrait rendre les îles Marshall inhabitables. [183]

L'érosion de la côte sénégalaise et la montée constante des eaux y créent chaque jour de nouveaux déplacements climatiques. Une étude publiée par la Banque mondiale en 2013 révèle que la zone perd cinq à six mètres de plage par an. Dans la région, des maisons et des écoles ont été détruites et des villages entiers furent engloutis par les eaux. Par la suite, de nombreuses victimes se sont installées dans le district de Guet Ndar. Depuis, le district est devenu le troisième endroit le plus densément peuplé au monde, avec trente mille habitants au kilomètre carré. Certes, deux nouveaux résultats de prospection publiés dans *Nature au* début de l'année 2022 ont révisé les estimations de l'élévation du niveau de la mer. Ils affirment que l'Antarctique contribuerait à l'élévation du niveau de la mer à hauteur de sept à quarante centimètres dans le pire des scénarios. À cela s'ajoutent la dilatation des océans à mesure qu'ils se réchauffent, la fonte des glaciers de montagne (quinze centimètres) et les changements de volume d'eau dans les lacs et les rivières à travers le pays (près de 4 cm). Ainsi, l'élévation du niveau de la mer se situerait entre soixante et quatre-vingt-dix centimètres, un chiffre qui reste important. Ce n'est pas une bonne nouvelle, car une énorme quantité d'eau supplémentaire « grignote » les côtes - suffisamment pour paralyser les villes de Boston à Shanghai. « Si les estimations de l'élévation du niveau de la mer ne sont pas aussi mauvaises que nous le pensions, les prévisions climatiques sont pires », a précisé Nicholas Golledge, professeur de glaciologie au Centre de recherche antarctique de l'Université Victoria de Wellington, en Nouvelle-Zélande, et auteur principal de l'une des études.

Walter trouve des chiffres sur la quantité d'eau potable renouvelable dont disposent les habitants de l'île par habitant et par an. Dans ce contexte, le terme « renouvelable » signifie que l'eau alimente la nappe phréatique par la pluie. Saint-Kitts-et-Nevis, les Bahamas et le Koweït ne disposent chacun que de 0,02 kilomètre cube d'eau douce renouvelable ; les Maldives ont 0,03 ; Malte et Antigua-et-Barbuda ont 0,05 ; le Qatar a 0,06 ; Bahreïn a 0,12 ; la Barbade a 0,08 ; et le Koweït a 0,02. Antigua-et-Barbuda, Saint-Vincent-et-les-Grenadines et Saint-Kitts-et-Nevis sont systématiquement classés dans la catégorie des pays pauvres en eau, définie par les Nations Unies comme des pays disposant de moins de mille mètres cubes de ressources en eau renouvelables par habitant et par an.

La situation de la Barbade, avec seulement trois cent cinquante mètres cubes par habitant, est particulièrement grave, a souligné Keithroy Halliday, directeur général de la Barbados Water Authority. Si la plupart des habitants des Caraïbes, en dehors des zones rurales et montagneuses, sont raccordés au réseau public d'approvisionnement en eau. Ils sont souvent confrontés à des infrastructures vieillissantes qui doivent être réparées, ce qui entraîne d'importantes pertes d'eau potable. Alan Poon King, ancien directeur de la Trinidad and Tobago Water and Sewerage Authority (WASA), a déclaré que la compagnie perdait jusqu'à soixante millions de gallons d'eau par jour à cause de fuites dans les infrastructures, et qu'une grande partie était gaspillée à cause de problèmes tels que des robinets qui fuient dans des propriétés privées.

La situation est similaire en Jamaïque. Peter Clarke, directeur général de l'Autorité des ressources en eau du pays, a expliqué que le pays souffrait « d'une grave perte d'eau qui a été produite et qui est censée être livrée, mais qui n'atteint pas l'utilisateur final en raison d'une infrastructure vieillissante - elle fuit, elle est perforée ». Si ces problèmes structurels ne sont pas résolus, la situation ne peut qu'empirer. « Le secteur de l'eau dans les Caraïbes est confronté à de nombreux autres problèmes, et le changement climatique exacerbe les conditions sous-jacentes existantes », précise Adrian Cashman, qui siège au comité consultatif technique mondial du Partenariat mondial pour l'eau. « Au cours de l'été 2021, la Jamaïque a connu une sécheresse importante », souligne M. Clarke. « C'était un véritable défi pour les compagnies des eaux. À Trinité-et-Tobago, les précipitations auraient diminué de dix à vingt pour cent. Porto Rico a dû mettre en place un rationnement de l'eau après une sécheresse, et le changement climatique a déjà eu un impact significatif sur l'approvisionnement en eau de la Barbade. Toutes les ressources internes renouvelables en eau de la Barbade proviennent des précipitations et, en 2019, le pays a enregistré son niveau le plus bas depuis 1947.

Entre « jour zéro » et inondations

Malheureusement, il est possible d'observer suffisamment d'exemples de pénuries d'eau dans le monde. En Afrique du Sud, par exemple, la région du Cap a failli manquer d'eau en 2018. Les quatre millions d'habitants du Cap ont connu la pire sécheresse depuis plus d'un siècle et s'approchaient dangereusement du « Jour zéro » : le jour où toutes les réserves d'eau sont épuisées. Sans aucune perspective de précipitations, il semblait tout à fait possible que Le Cap entre dans l'histoire comme la première métropole à s'assécher complètement. La municipalité a donc dû anticiper concrètement le jour zéro. Les barrages restent la principale source d'eau de la ville, et leur niveau avait considérablement baissé. Le niveau ne devait pas descendre en dessous de treize pour cent. La région a réussi à réduire de moitié sa consommation d'eau en l'espace d'un an. Entre-temps, le risque a de nouveau augmenté à la mi-avril 2018. La municipalité avait plafonné la consommation d'eau autorisée par personne et par jour à quatre-vingt-sept litres. Mais « malgré nos mois d'insistance, soixante pour cent des habitants du Cap consomment plus de quatre-vingt-sept litres d'eau par jour. Nous devons nous rendre à l'évidence qu'ils ne changeront pas leur comportement », déclare Patricia de Lille, ancienne maire du Cap. Le 1er février 2018, la restriction a été ramenée à cinquante litres. Les contrevenants étaient passibles d'amendes importantes, ce qui a provoqué la colère et le stress de nombreux habitants. Certes, les plus pauvres d'entre les pauvres ne paient souvent pas pour l'eau : les habitants des townships reçoivent gratuitement une petite quantité de base. Mais en général, ils s'en contentent à peine. La phase critique a également mis à l'ordre du jour la question de l'hygiène dans l'utilisation des toilettes et des douches. En effet, une minute de douche ou de chasse d'eau consomme près de 15 litres d'eau.

Vingt-cinq litres par personne et par jour au jour zéro

Dès le mois d'octobre, l'armée a été déployée dans la région pour sécuriser les différents points d'eau et prévenir les troubles. Deux cents points de collecte d'eau ont été mis en place en cas de Jour Zéro et de rationnement de vingt-cinq litres par personne et par jour. Parallèlement, les autorités ont commencé à forer des aquifères. Quatre nouvelles usines de dessalement ont également été mises en service pour produire deux cents millions de litres d'eau d'ici février. Il était impossible pour la région d'estimer les conséquences économiques et financières d'une telle situation. Toute l'Afrique australe a été touchée par cette crise de sécheresse, exacerbée par le phénomène climatique El Niño. Dans le même temps, d'autres régions d'Afrique australe ont connu des pluies abondantes qui ont mis fin au problème.

Fin août, le « Jour zéro » a été annulé. Les principales mesures qui ont fonctionné sont la réduction de soixante pour cent de la consommation d'eau et le forage des nappes phréatiques. À l'avenir, les usines de dessalement de l'eau de mer et le traitement des eaux usées devraient apporter leur contribution. Car le forage seul n'est pas une solution. En 2022, plusieurs centaines de personnes ont perdues la vie à cause de pluies diluviennes. Les dégâts sont énormes. La tempête qui s'est abattue sur la province côtière du KwaZulu-Natal a été la pire jamais enregistrée dans l'histoire du pays. Des glissements de terrain se sont produits en de nombreux endroits. Des maisons ont été détruites. Certaines ont enterré leurs habitants. L'armée a également été mobilisée pour venir en aide aux sinistrés.

Inondations mortelles en Europe en 2021

Des précipitations record ont également provoqué des inondations meurtrières en Europe, principalement en Allemagne et en Belgique, en juillet 2021, faisant au moins deux cent vingt victimes. Des maisons et d'autres bâtiments ont été détruits par des crues soudaines. Certaines parties de la région ont reçu plus de pluie en un seul jour qu'elles n'en recevraient normalement en un mois entier. Les résultats d'une étude menée par trente-neuf scientifiques et chercheurs de la World Weather Attribution Initiative (WWA) ont conclu que ces pluies extrêmes n'arrivaient qu'une fois tous les quatre cents ans et que le changement climatique augmentait l'intensité des précipitations extrêmes quotidiennes de trois à dix-neuf pour cent. « Ces inondations nous ont montré que même les pays développés ne sont pas à l'abri des graves conséquences des phénomènes météorologiques extrêmes que nous avons observés et dont nous savons qu'elles s'aggravent avec le changement climatique », déclare Friederike Otto, chercheure associée à l'Institut du changement environnemental de l'Université d'Oxford. Le problème est connu depuis des années. Maarten van Aalst, professeur de climat et de résilience aux catastrophes à l'université de Twente, aux Pays-Bas, souligne qu'il

« en fait une chance sur quatre cents chaque année ». Les scientifiques se sont concentrés sur les zones situées autour des rivières Ahr et Erft en Allemagne et de la Meuse en Belgique, ainsi que sur certaines parties de la France, des Pays-Bas, du Luxembourg et de la Suisse. Ce qui s'est passé dans ces régions devrait être un signal d'alarme. En outre, le sol de la région est déjà saturé, ce qui provoque des effets d'entonnoir en cas d'inondation extrême. Au cours de l'été 2022, l'hémisphère nord a connu, outre des inondations meurtrières, toute une série de phénomènes météorologiques extrêmes, notamment des températures record qui ont parfois déclenché des incendies de forêt aux États-Unis, au Canada, en Sibérie, en Algérie et dans le sud de l'Europe.[184]

La capitale du Chili rationne l'eau du robinet

Des informations dramatiques nous parviennent également du Chili au début de l'année 2022. À Santiago, l'eau du robinet a dû être rationnée, a rapporté Claudio Orrego, gouverneur de la région métropolitaine de Santiago, car le niveau des rivières dans lesquelles la ville puise son eau est alarmant. Il a annoncé un plan de rationnement de l'eau pour quelque six millions d'habitants, en déclarant : « Une ville ne peut pas vivre sans eau. Nous nous trouvons dans une situation sans précédent dans les quatre cent quatre-vingt-un ans d'histoire de Santiago, où nous devons nous préparer à ce qu'il n'y ait pas assez d'eau pour tout le monde. » Un système à quatre couleurs, du vert au rouge, a été mis en place pour correspondre aux niveaux d'eau des fleuves Maipo et Mapocho. Ces rivières fournissent la majeure partie de l'eau du robinet de Santiago, mais leur débit a considérablement diminué ces dernières années. Les zones couvertes par ces niveaux devraient faire l'objet d'une rotation afin que chaque district ait à nouveau accès à de l'eau supplémentaire. Au stade rouge, le conseil d'administration peut même décider de couper l'eau. Cela signifierait qu'il y aurait une importante pénurie dans les réservoirs. L'eau pourrait être réduite de manière significative pour un district sur des périodes allant jusqu'à 24 heures. Claudio Orrego accuse le changement climatique d'être à l'origine de ces mesures : « Il est important que les gens comprennent que le changement climatique est permanent. Les actions ne sont pas seulement ressenties à l'échelle mondiale, mais aussi locale. » On estime que la quantité d'eau au Chili a diminué de dix à trente-sept pour cent au cours des dernières années.

Un avertissement venu des Pays-Bas en 2022

Le groupe d'intérêt des agriculteurs néerlandais « Zuidelijke Land- en Tuinbouworganisatie » (ZLTO) a tiré la sonnette d'alarme concernant la sécheresse du printemps 2022. En l'absence de pluie, les récoltes risquent d'être mauvaises, ce qui peut entraîner une hausse des prix. ZLTO représente douze mille agriculteurs et jardiniers de Gelderland-Zuid, Noord-Brabant et Zeeland. Selon Janus Scheepers, membre du conseil d'administration, les graines n'ont pas germé parce que le sol était trop sec. « Nous ne pouvons pas maintenir en vie les plantes gonflées et semées si tôt dans l'année », a-t-il indiqué. Si une partie des récoltes échoue, la question est de savoir s'il restera suffisamment de nourriture abordable, a ajouté M. Scheepers, « pour les gens, mais bien sûr aussi pour les animaux. En effet, nous produisons également des produits destinés à la consommation animale. En raison de la guerre en Ukraine, peu de céréales sont venues de ce pays et de la Russie, alors qu'en temps normal, environ un tiers de la production globale provient de ce pays. » C'est pourquoi, selon M. Scheepers, beaucoup de céréales ont été semées, mais la sécheresse est préoccupante : « S'ils ne commencent pas à pousser maintenant, nous aurons beaucoup moins de céréales aux Pays-Bas. Et cela vaut pour toute l'Europe, car la sécheresse est très importante. » En 2022, par exemple, l'Office des eaux du delta du Brabant a décidé qu'il ne serait plus permis d'irriguer avec de l'eau provenant de fossés, de ruisseaux et de canaux dans certaines parties du Brabant. En raison de la sécheresse, l'office de l'eau a imposé des interdictions de rejet. Le déficit moyen de précipitations en 2022 était d'environ soixante millimètres, selon le KNMI Precipitation Monitor. Cela fait de 2022 l'une des années les plus sèches depuis le début des mesures météorologiques en 1906. [185]

Sécheresse et famine : Afrique, Inde, Pakistan

Après la perte des revenus de Corona, la pénurie de céréales due à la guerre en Europe de l'Est et la montée en flèche des prix des denrées alimentaires, la sécheresse est maintenant à nos portes. « Je n'ai jamais vu une situation aussi grave dans le monde », précise Amer Daoudi, directeur principal des opérations du Programme alimentaire mondial (PAM) des Nations Unies. Une fois de plus, l'Afrique est le continent le plus durement touché. Actuellement, vingt pour cent de la population y est déjà sous-alimentée. D'ici 2030, les Nations Unies prévoient que ce chiffre atteindra vingt-cinq pour cent. Pourtant, de nombreux pays d'Afrique ont réalisé des progrès étonnants : Lagos, Kigali et Nairobi sont devenus des lieux privilégiés de création d'entreprises.

Au Kenya, par exemple, la révolution numérique a commencé voilà quinze ans. Les drones sont considérés comme l'industrie du futur en Afrique, en particulier dans les régions où il n'y a pratiquement pas de routes. Depuis les airs, il est facile de voir les eaux polluées, c'est-à-dire les endroits où les bactéries du choléra peuvent se développer. Les machines volantes sont également censées aider à trouver les meilleurs endroits pour cultiver des légumes ou des fruits. Mais depuis 2020, il n'y a pas eu de pluie en Afrique de l'Est pendant deux ans. Au début de l'été, le maïs, le millet ou les haricots devraient encore prospérer au Kenya, mais les champs sont desséchés. Les saisons des pluies ne sont plus rythmées.[186]

C'est l'une des raisons du retour de la faim. Normalement, deux récoltes étaient possibles : l'une en juillet et août, l'autre en janvier et février, chacune après la saison des pluies. Les météorologues prévoient une sécheresse prolongée. Début septembre 2021, l'ancien président du Kenya, Uhuru Kenyatta, avait donc déclaré une catastrophe. Dans le nord du pays et dans le comté de Tana River, les troupeaux nomades meurent déjà. Les hommes doivent creuser à plusieurs mètres de profondeur dans le lit de la rivière Tana jusqu'à ce qu'ils trouvent de l'eau. Plusieurs centaines de milliers de personnes pourraient également mourir de faim dans la province éthiopienne du Tigré. Dans le sud de Madagascar, la situation est également dramatique à la suite d'une sécheresse sans précédent. Le manque de pluie n'est pas le seul facteur à affecter les populations. Depuis 2020, d'énormes essaims de criquets pèlerins dévastent la région. Il s'agit d'une réaction en chaîne. Elle a commencé par des pluies exceptionnellement fortes sur la péninsule arabique en 2018, provoquant le développement des essaims de criquets, qui ont été poussés vers l'Afrique par les vents.

Plus à l'est, l'agriculture souffre également du manque de pluie. Le sol s'est tellement asséché que de vastes zones sont devenues difficilement cultivables. À certains endroits, on menace de créer un « bol de poussière » que rien ne peut retenir. En Inde et au Pakistan, les fronts froids saisonniers venant de l'ouest ne se sont pas formés en 2022. Les températures extrêmement élevées se sont concentrées dans les plaines de l'Indus et du Gange, les greniers à blé du Pakistan et de l'Inde. Dès le mois de mars 2022, la chaleur soudaine a frappé l'agriculture de plein fouet, provoquant un retard de croissance des cultures céréalières, précisément pendant la phase importante de formation des grains. Les rendements des cultures de blé avaient déjà chuté de cinquante pour cent. Selon le Centre pour la science et l'environnement, certains agriculteurs des principales régions productrices de blé, comme le Pendjab, dans la région frontalière entre l'Inde et le Pakistan, se sont plaints de pertes de récoltes allant jusqu'à soixante pour cent.

Des températures maximales à la surface du sol d'environ 65 degrés Celsius ont été mesurées au sud-est et au sud-ouest d'Ahmedabad, selon l'Agence spatiale européenne. La promesse faite par le Premier ministre indien Narendra Modi en raison de la guerre en Ukraine et du manque d'approvisionnement en blé de ce pays - « Nous nourrissons le monde » - ne peut plus être tenue. L'Inde a imposé un embargo sur les exportations de céréales à la mi-mai 2022. Une catastrophe, qui plus est pour le continent africain. Pendant ce temps, les gens continuent à travailler dans la caverne de charbon du Jharkhand sur des sols brûlants et avec des températures non mesurables, ou qui ne devraient pas l'être. À New Delhi, une décharge a brûlé : les gens ont signalé que le gouvernement ne faisait rien. L'eau nécessaire pour éteindre de tels incendies manque déjà ailleurs, a annoncé Sunita Narain, directrice du Centre pour la science et l'environnement à Delhi. La chaleur a déjà fait s'évaporer la plupart des réservoirs en surface, si tant est qu'il en .[187]

Dans la région du Baloutchistan, au Pakistan, les habitants ont souffert pendant des semaines de températures atteignant régulièrement près de cinquante degrés Celsius. Les habitants n'ont pu travailler que pendant les heures les plus fraîches de la nuit et ont dû faire face à de graves pénuries d'eau et à des coupures d'électricité. La situation était similaire dans l'ensemble du sous-continent, où les réalités du changement climatique sont ressenties par plus de 1,5 milliard de personnes. La ministre pakistanaise du changement climatique, Sherry Rehman, a prévenu que la vague de chaleur faisait fondre les glaciers dans le nord du pays à un rythme sans précédent et que des milliers de personnes risquaient d'être victimes d'inondations. Elle a ajouté que les températures caniculaires affectaient également l'approvisionnement en eau. « Les réservoirs d'eau s'assèchent. Nos principaux barrages restent actuellement au point mort et les sources d'eau se font rares », a-t-elle dit, notant que « la chaleur torride est probablement un avant-goût des choses à venir, car le réchauffement climatique continue de s'accélérer ». Les vagues de chaleur sont plus fréquentes et plus intenses, et elles commencent plus tôt que par le passé. [188] »

L'Iran, la Méditerranée, les réfugiés climatiques de Syrie

Iran - Réchauffement climatique ou gouvernance ?

En Iran, la sécheresse a déjà entraîné la disparition de plusieurs glaciers dans plusieurs provinces. Le réchauffement climatique est considéré comme l'une des causes de l'assèchement de la rivière Zayandeh-Roud. Pour les habitants de la ville d'Ispahan, le Zayandeh-Roud, enjambé par plusieurs ponts monumentaux et inscrit au patrimoine mondial de l'UNESCO, fait partie de l'identité de leur ville. Le soir, ils aiment se retrouver sur ses rives pour pique-niquer en famille ou écouter les chanteurs traditionnels postés sous les ponts aux arcades illuminées. Or, depuis l'an 2000, le fleuve est à sec, à l'exception de quelques courtes périodes. Les agriculteurs de la région protestent contre le fait que les autorités détournent une partie de l'eau en amont de la ville pour alimenter la province voisine de Yazd, qui manque également d'eau.

La ville d'Ispahan est un centre industriel important. Les agriculteurs de la province demandent que les industries du carrelage et de l'acier de la région soient situées dans une zone côtière, « et non dans une province située à des kilomètres de la mer ». Les habitants et les agriculteurs manifestent régulièrement dans le lit asséché de leur rivière Zayandeh-Roud pour exprimer leur colère contre les politiques de gestion des ressources en eau. Après plusieurs semaines de manifestations, les forces de l'État, notamment la police d'Ispahan, des membres des gardiens de la révolution, l'armée idéologique de la République islamique, et des services de renseignement sont intervenus à la fin du mois de novembre 2021. Elles ont arrêté de nombreuses personnes. De nombreuses personnes furent blessées. Dans la province de Tchaharmahal-et-Bakhtiari, plusieurs centaines de personnes ont manifesté à la même période pour réclamer une solution à la pénurie d'eau potable. Plusieurs d'entre elles ont été tuées.

« L'Iran connaît de plus en plus de problèmes d'accès à l'eau, et cela n'est pas seulement lié au réchauffement climatique, mais aussi à une mauvaise gouvernance », souligne Jonathan Piron, historien spécialiste de l'Iran pour le centre de recherche éthiopien de Bruxelles. L'enjeu est la construction de grands barrages pour produire de l'énergie hydraulique et redistribuer l'eau aux zones agricoles d'autres régions et aux grands conglomérats sidérurgiques avides d'eau. « Alors que sa population a explosé, le pays reconnaît que ses ressources en eau restent limitées. Cependant, le modèle agricole doit être revu. Il n'est pas basé sur une gestion durable », poursuit Jonathan Piron. Il parle d' « aberrations agricoles » comme le développement de la riziculture, très consommatrice d'eau, dans une région comme le Khouzistan, où les précipitations ont été divisées par deux en quelques années.

« L'Etat iranien est dans une logique de souveraineté alimentaire. Cette politique de court terme a montré ses limites. À cela s'ajoutent la corruption et les perspectives désastreuses du réchauffement climatique », explique M. Piron. Des militants écologistes ont tenté d'alerter, mais plusieurs d'entre eux ont été arrêtés en 2018 et condamnés à dix ans de prison. Ils appelaient à des changements structurels et politiques « qui vont à l'encontre des intérêts du système et donc des Gardiens de la révolution. » Ces derniers possèdent en effet de nombreuses entreprises en Iran, notamment dans le secteur de la construction de barrages. Mais l'urgence est là. Les experts prévoient une aggravation de la situation avec des conflits sociaux et un déplacement de la population des régions du sud vers le nord, moins touché par la sécheresse. Le président iranien Ebrahim Raïssi, qui a dirigé les manifestations à Ispahan, a promis de résoudre le problème de l'eau dans la région ainsi qu'à Yazd. Le guide suprême, l'ayatollah Ali Khamenei, a qualifié cette question de « problème du pays ». « Ce ne sont pas les premières déclarations d'Ali Khamenei, mais comme elles ne sont pas suivies d'actes, une partie de la population n'y croit plus », indique M. Piron.[189]

Les « réfugiés climatiques » de Syrie

L'eau est une menace cachée du changement climatique qui déstabilise déjà le monde, a-t-on déclaré à l'issue de la COP 21, la conférence des Nations Unies sur le climat qui s'est tenue à Paris en 2015, les pénuries d'eau contribuant déjà à la déstabilisation de pays comme la Syrie. « Je pense que nous sous-estimons le problème de l'eau dans le contexte du réchauffement. Le dérèglement est climatique et aussi aquatique », a précisé Jean-Louis Chaussade, ancien directeur général de Suez, lors de la COP21 au Bourget. Certes, le climat, l'énergie, les forêts et les impacts sociaux ont été évoqués dans les couloirs de la conférence, mais la question de l'eau potable a rarement été mise en avant. « D'ici

2035, quarante pour cent de la population mondiale vivra dans des zones où l'eau est rare. Si rien n'est fait, ces populations souffriront de graves conflits d'utilisation des terres, de problèmes d'assainissement et de santé. Cela entraînera des mouvements massifs de réfugiés climatiques », a déclaré M. Chaussade. L'eau a en effet été un facteur aggravant en Syrie.

Walter se souvient qu'en 2006, la Syrie a connu une sécheresse importante qui a provoqué une migration massive des campagnes vers les villes. « Cela a sans doute contribué à la déstabilisation du pays que nous connaissons aujourd'hui », se dit-il. Ahmad Junaid, directeur de la pratique mondiale de l'eau à la Banque mondiale, le confirme : « En Syrie et au Tchad, nous voyons que l'incapacité à résoudre les problèmes d'eau est le terreau de la déstabilisation des États. L'eau est un facteur caché du changement climatique ». Le réchauffement climatique permet à l'atmosphère de retenir davantage d'eau ; en conséquence, les terres s'assèchent. Cette eau va alors s'écouler massivement ailleurs. « Les zones qui ont peu d'eau en auront encore moins que celles qui en auront trop », résume Brice Lalonde, conseiller des Nations Unies pour le développement durable. Autre différence : les réfugiés environnementaux ne peuvent pas retourner chez eux, comme c'est le cas après un conflit armé, par exemple.

La Méditerranée en danger

De plus, selon Jean-Louis Guigou, président de l'IPEMED, l'Institut de prospective économique du monde méditerranéen, « la situation de la Méditerranée est dramatique ». Il s'agit en particulier d'un arc qui s'étend de la Turquie au Maroc. Cette zone, qui compte deux cent quatre-vingts millions d'habitants, représente quatre pour cent de la population mondiale. Cependant, elle ne dispose que d'un pour cent des ressources en eau de la planète. D'ici quarante ans, sa population passera à trois cent soixante millions d'habitants. Combinée au réchauffement, la croissance démographique et l'hyperurbanisation augmenteront encore la pression sur des ressources en eau déjà limitées. « Pour relever ces défis, nous avons besoin d'innovations technologiques, financières et comportementales », déclare Marie-Ange Debon, ancienne directrice générale adjointe de Suez, responsable de l'international. « Les partenariats Nord-Sud doivent être renforcés. L'innovation est nécessaire pour maximiser l'utilisation des ressources en eau. Il faut mobiliser tous les acteurs, il est de la responsabilité de l'entreprise de participer à la prise de conscience collective de cet enjeu », ajoute Jean-Louis Chaussade. Enfin, Brice Lalonde s'interroge : « Peut-être faudrait-il lancer un GIEC de l'eau pour identifier les problèmes et y répondre collectivement. [190] »

La bataille pour l'eau se durcit

« Il est évident qu'il existe de nombreux facteurs de développement humain », souligne Andrew Hudson, responsable du programme de gouvernance de l'eau et des océans du PNUD auprès des Nations Unies, « mais l'eau est le facteur le plus important ». Il a calculé la contribution de divers facteurs à l'indice de développement humain, qui permet de mesurer la situation sociale et économique des sociétés.[191]

Suffisamment d'eau mais pour qui ?

C'était frappant. J'ai examiné l'accès à l'énergie, les dépenses de santé, les dépenses d'éducation et j'ai constaté que l'accès à l'eau et à l'assainissement était de loin le principal moteur de l'indice de développement humain au niveau mondial. La disponibilité de l'eau est un problème pour certains pays, selon le rapport correspondant, mais la crise globale de l'eau est enracinée dans le pouvoir, la pauvreté et l'inégalité, et non dans la disponibilité physique. Mais la croissance démographique et les changements climatiques pourraient changer la donne. Selon l'Organisation mondiale de la santé, d'ici à 2020, environ soixante-quatorze pour cent de la population de la planète devrait utiliser un service d'eau potable géré en toute sécurité, c'est-à-dire disponible en cas de besoin et exempt de contamination. En 2010, l'Assemblée générale des Nations Unies a explicitement reconnu le droit de l'homme à l'eau et à l'assainissement.

Pourtant, en 2020, au moins deux milliards de personnes dans le monde ont utilisé une source d'eau potable contaminée par des matières fécales. Parmi ces personnes, environ 1,2 milliard disposaient d'une source d'eau située à moins de trente minutes de trajet aller-retour. Deux cent quatre-vingt-deux millions de personnes mettaient plus de trente minutes pour aller chercher de l'eau, et trois cent soixante-huit millions devaient s'approvisionner dans des puits et des sources non protégés. Cent vingt-deux millions de personnes recueillent de l'eau de surface non traitée dans des lacs, des étangs, des rivières et des ruisseaux. La présence naturelle de produits chimiques, en particulier dans les eaux souterraines, les insectes qui vivent dans l'eau et de nombreux autres dangers guettent les populations, provoquant des maladies telles que la dengue. Les enfants sont particulièrement vulnérables aux maladies d'origine hydrique. « Plusieurs fleuves n'atteignent plus la mer », indique Mark Smith, aujourd'hui directeur général de l'Institut international de gestion de l'eau (IWMI). « Le fleuve Jaune en est un, le Murray-Darling en Australie en est un autre - ils doivent draguer l'embouchure du fleuve chaque année pour s'assurer qu'il ne s'assèche pas. » La mer d'Aral et le lac Tchad se sont rétrécis parce que les rivières qui les alimentent se sont largement asséchées. On peut également le constater à plus petite échelle, lorsque des cours d'eau importants pour de petites communautés en Tanzanie peuvent s'assécher pendant la moitié de l'année, notamment parce que la population utilise de plus en plus d'eau pour l'irrigation des cultures.[192]

Le changement climatique rend les prévisions peu fiables

C'est un tableau complexe, et la prévision de ses effets semble en comparaison passer la simple modélisation du climat pour une tâche triviale. Des chercheurs de l'université de Kassel, dirigés par Martina Floerke, ont essayé. Leurs projections indiquent que certaines régions restent susceptibles de connaître une diminution drastique de la quantité d'eau disponible pour l'usage personnel, et ce pour de curieuses raisons. « La principale cause de la diminution du stress hydrique, si elle se produit, est la plus grande disponibilité de l'eau due à l'augmentation des précipitations annuelles associée au changement climatique », ont-ils noté.[193]

Le facteur le plus important de cette augmentation est la croissance de la consommation domestique d'eau, qui est stimulée par la hausse des revenus. Jusqu'à six milliards de personnes pourraient être confrontées à une pénurie d'eau. Cela dépend principalement de la façon dont les sociétés se développent. Pour parler franchement, les sociétés les plus riches sont les plus à même de s'adapter à ces changements. Un siècle auparavant, un pipeline de cinq cents kilomètres a été construit pour acheminer l'eau de la côte ouest de l'Australie vers les champs aurifères desséchés de l'intérieur du pays, autour de Kalgoorlie-Boulder. L'économie de l'or a rendu ce système viable. Aujourd'hui, alors que la capitale côtière de Perth s'assèche, il est prévu de construire un pipeline encore plus long pour acheminer l'eau depuis le nord de l'État. Celui-ci a récemment acquis une usine de dessalement. Plusieurs pays du Moyen-Orient adoptent une approche similaire. Cette solution est même envisagée près de Londres. Les rivières peuvent être détournées sur de longues distances, comme l'envisage la Chine. L'Espagne et Chypre peuvent effectuer des livraisons d'eau par bateau. Mais toutes les sociétés peuvent-elles se le permettre ? - Probablement pas ![194]

L'eau, facteur de séparation ou de coopération ?

Dans le cas du stress hydrique, il est frappant de constater qu'il affecte le territoire de cent quarante-huit nations situées sur les eaux internationales. Plus de trente d'entre elles sont presque entièrement situées sur des bassins ou des veines d'eau transfrontaliers. Leur inévitable interdépendance est illustrée par le nombre de pays qui partagent chacune de ces eaux internationales. On imagine aisément les problèmes posés par des fleuves comme le Danube, qui se partage entre dix-neuf pays, ou le bassin du Nil, qui comprend onze pays. Les eaux internationales qui traversent les frontières de deux pays ou plus couvrent environ quarante-cinq pour cent de la surface terrestre. Elles abritent environ quarante pour cent de la population mondiale et représentent environ soixante pour cent de tous les cours d'eau du monde. De plus, leur nombre ne cesse de croître : en 1978, les Nations Unies recensaient deux cent quatorze eaux internationales. En 2022, on en comptait deux cent soixante-seize, en grande partie grâce à des changements politiques tels que l'éclatement de l'Union soviétique et de l'ex-Yougoslavie, ainsi qu'aux progrès de la cartographie grâce à l'imagerie par satellite.[195]

L'eau est si importante que les nations n'ont peut-être pas les moyens de se la disputer. Elle favorise une plus grande interdépendance. La multiplicité des bassins partagés, associée à la raréfaction de l'eau pour des populations croissantes, a malheureusement conduit de nombreuses personnes à faire les gros titres sur l'existence de « guerres de l'eau ». En 1995, par exemple, l'ancien vice-président de la Banque mondiale, Ismaïl Serageldin, a précisé que les guerres du siècle prochain seraient causées par l'eau. Cet avertissement visait le Moyen-Orient, région aride et hostile, où des armées ont été mobilisées et des guerres lancées pour cette ressource rare et précieuse. Si les ressources en eau et les infrastructures ont souvent servi d'instruments ou de cibles militaires, depuis l'affrontement des cités-États de Lagash et d'Umma dans le bassin du Tigre et de l'Euphrate en 2500 avant J.-C., pratiquement aucun État n'est entré en guerre uniquement pour ses ressources en eau. Au contraire, selon l'Organisation des Nations Unies pour l'alimentation et l'économie des terres (FAO), plus de trois mille six cents traités sur l'eau ont été signés entre 805 et 1984. [196]

L'histoire est parsemée d'exemples violents de conflits internes où l'eau joue un rôle majeur : lorsque les agriculteurs californiens, au début des années 1900, ont bombardé les pipelines transportant l'eau de la vallée d'Owens à Los Angeles ; ou les agriculteurs chinois de Shandong, en l'an 2000, qui ont affronté la police pour protester contre les plans du gouvernement visant à détourner l'irrigation au profit des villes et des industries. Ces conflits ont tendance à éclater au sein des nations. Il en va tout autrement des fleuves internationaux. L'histoire montre que les différends internationaux sur l'eau sont résolus de facto, même entre ennemis et même lorsque les conflits ont éclaté pour d'autres raisons. Certains des ennemis les plus farouches du monde ont négocié ou travaillent sur des accords hydriques. Et les organisations qui les ont créés sont souvent résistantes, même lorsque les relations restent tendues. Par exemple, le Comité du Mékong, créé en 1957 en tant qu'agence intergouvernementale entre le Cambodge, le Laos, la Thaïlande et le Viêt Nam, a continué à partager des données et des informations sur le développement des ressources en eau pendant la guerre du Viêt Nam (1955-1975). [197]

Traités internationaux entre pays riverains

La commission de l'Indus, créée en 1960 en vertu du traité sur les eaux de l'Indus conclu entre l'Inde et le Pakistan, a survécu à deux guerres majeures entre les deux pays en 1965 et 1971. Les onze pays riverains du bassin du Nil mènent des négociations intergouvernementales de haut niveau pour améliorer le bassin dans un esprit de coopération, malgré les désaccords persistants entre les États situés en amont et en aval. En Afrique australe, plusieurs accords de bassin fluvial ont été signés alors que la région était aux prises avec une série de guerres locales dans les années 1970 et 1980, telles que la « guerre populaire » en Afrique du Sud et les guerres civiles au Mozambique et en Angola. Malgré la complexité des négociations, ces accords ont représenté de rares moments de coopération pacifique entre nombre de ces pays. Après la fin de la plupart de ces guerres et de l'apartheid, l'eau s'est avérée être l'un des fondements de la coopération dans la région. En fait, le protocole de 1995 sur les systèmes fluviaux partagés a été le premier signé au sein de la Communauté de développement de l'Afrique australe.[198]

Des scientifiques de l'université d'État de l'Oregon ont compilé un ensemble de données sur toutes les interactions (conflictuelles ou coopératives) signalées entre deux ou plusieurs nations et motivées par des questions hydriques au cours du dernier demi-siècle. Ils ont constaté que le taux de coopération dépassait la fréquence des conflits aigus. Tous ces témoignages positifs d'experts sur le passé ne garantissent pas que l'avenir sera le même. L'eau et les conflits sont soumis à des changements lents mais constants. Les conflits liés à l'eau de demain pourraient donc être très différents de ceux d'aujourd'hui.[199]

Le changement de paradigme et les nomades de l'eau

L'incertitude régnant à savoir si les réserves ou les ressources en eau seront suffisantes a conduit certains pays à prendre eux-mêmes les choses en main : ils pompent désormais agressivement les ressources en eau souterraines. L'UNESCO s'efforce de constituer une base de connaissances scientifiques pour les aider à exploiter leurs ressources en eau de manière durable. Cette initiative est soutenue par le Programme hydrologique intergouvernemental (PHI), qui dirige le rapport mondial des Nations Unies sur la mise en valeur des ressources en eau, et par de nombreux centres et chaires de l'eau dans le monde entier. Lorsque les pays se tournent vers une utilisation non durable de l'eau, l'économie en est affectée à un moment ou à un autre. La croissance économique peut diminuer rapidement, entraînant une hausse considérable du prix des denrées alimentaires et d'autres produits. Cela peut jeter de l'huile sur le feu ou provoquer de nouveaux conflits.[200]

Walter se rappelle que, selon les Nations Unies, les deux tiers de la population de notre planète vivront dans des régions en situation de stress hydrique d'ici à 2025. Une pénurie intense pourrait entraîner le déplacement de sept cents millions de personnes dans le monde. Un rapport du Fonds monétaire international de 2018 a classé le Pakistan au troisième rang des pays confrontés à un stockage aigu de l'eau, après le Timor-Oriental et le Yémen. Selon World Vision, l'Érythrée n'a qu'un accès d'environ dix-neuf pour cent aux services d'eau de base. On s'attend à ce que les habitants des régions où l'eau est rare migrent vers des endroits où l'approvisionnement est meilleur. Cela pose plusieurs problèmes à la fois. Plus un endroit est peuplé, plus ses réserves d'eau risquent de s'épuiser rapidement. Il est également possible que certains endroits rejettent et empêchent l'arrivée de ces personnes déplacées par l'eau. De cette manière, des intérêts et des intentions contradictoires se heurtent et des conflits peuvent survenir.[201]

Depuis quelque temps, la production agricole diminue dans de nombreuses régions du monde, ce qui peut entraîner de graves crises alimentaires, sources de conflits et de migrations. Le 24 mai 2018, le Conseil de sécurité des Nations Unies a adopté à l'unanimité une résolution condamnant l'utilisation de l'insécurité alimentaire et de la faim comme tactique de guerre. C'était la première fois que le Conseil se penchait sur la question, reconnaissant une menace pour la vie de dizaines de millions de personnes. La résolution s'adresse aux pays impliqués dans des guerres internationales ou des conflits civils et appelle toutes les parties à laisser intacts les stocks alimentaires, les exploitations agricoles, les marchés et les autres mécanismes de distribution. Elle demande aux parties au conflit de permettre aux travailleurs humanitaires d'accéder librement aux populations dans le besoin et déclare que « l'utilisation de la famine des civils comme méthode de guerre peut constituer un crime de guerre.[202] »

Feux de brousse et sécurité de l'eau en Australie

En Australie, le continent le plus sec de la planète, le stress hydrique est toujours très élevé. Dans de nombreux endroits, l'eau vient à manquer. On s'attend à ce que l'offre de ressources naturelles ne soit plus en mesure de répondre à la demande d'ici 2030. Le Grand Sydney est confronté à une pénurie d'eau de treize pour cent d'ici vingt ans si la ville continue à se développer au rythme actuel, alors que le changement climatique rend les précipitations moins prévisibles.[203] La quantité dans les rivières devant diminuer de dix à quinze pour cent d'ici dix ans, la pression sur les systèmes d'approvisionnement en eau de l'Australie va encore s'accroître, en particulier avec l'augmentation de la demande de la population. Pour garantir sa sécurité hydrique, l'Australie doit continuer à s'adapter. Échaudé par le changement climatique et drainé par les industries, le principal réseau fluvial du pays est au bord de l'effondrement. [204]

Les incendies qui ravagent fréquemment l'Australie ont, dans une large mesure, provoqué l'épuisement de l'eau. Le pays est confronté à une crise d'approvisionnement qui a des implications évidentes à moyen et à long terme pour la sécurité nationale, notamment en raison de son impact négatif inévitable sur le budget de la défense. Un examen des cartes des précipitations en Australie au cours des cent dix-neuf dernières années montre une corrélation évidente entre : les zones dévastées par les incendies et les précipitations les plus faibles enregistrées depuis plus d'un siècle. Les données mensuelles du Bureau météorologique australien pour 2019 sont encore plus convaincantes en ce qui concerne la localisation des récents foyers d'incendie. Le lien est à la fois évident et reconnu par les dirigeants politiques et les pompiers. Le temps sec prolongé rend le combustible très sec plus facilement disponible pour les incendies de forêt en grandes quantités. L'eau est évidemment une arme puissante pour lutter contre les incendies et sauver des vies. Elle est essentielle pour que les gens puissent survivre à un incendie ou pour la période qui suit. Toutefois, l'Australie ne semble pas disposer de plans de stockage de l'eau adaptés à son risque d'incendie.[205]

Un autre signe d'alerte a été le quasi-effondrement du principal système fluvial du bassin Murray Darling en 2019. Ce réseau traverse quatre des États continentaux du pays, du sud du Queensland à l'Australie-Méridionale, en passant par la majeure partie de la Nouvelle-Galles du Sud et par la frontière avec le Victoria. La longueur combinée des deux principaux fleuves, le Murray et le Darling, équivaut à peu près à la longueur de la côte est du continent. En mai 2019, le bassin des lacs Menindee, sur la rivière Darling, n'était plus qu'à environ un pour cent de sa capacité. Un troisième signal d'alarme est apparu dans un rapport de 2019 du Bureau australien de météorologie, intitulé Water in Australia (L'eau en Australie).[206] Ce rapport fait état d'une forte augmentation de l'utilisation des eaux souterraines. Il a constaté des niveaux alarmants de surveillance ou de cohérence des données pour l'extraction des eaux souterraines, en particulier l'extraction de l'eau au détail. En 2018, le gouvernement australien a nommé le général de division Stephen Day pour coordonner la réponse nationale à ce qui était déjà à l'époque une grave sécheresse. [207]

Une coordination nécessaire entre les autorités

Une lecture attentive du rapport de Stephen Day révèle l'importance accordée aux nouvelles études et à la collecte de données. Cela montre que le pays n'a pas encore réussi à mettre en place un répertoire national des connaissances sur la sécheresse ni à déployer des efforts similaires en matière de collecte de données. Et cela pour deux raisons principales : la première est que l'Australie a adopté une approche trop permissive ou volontaire du développement des connaissances dans ses universités, négligeant les résultats qu'elles produisent. La deuxième cause est un décalage entre la nature de la crise de l'eau en tant que problème de sécurité nationale et les structures politiques pour y faire face. L'Australie cartographie très bien ses incendies et dispose de capacités prédictives utiles en ce qui concerne la progression des incendies et les risques. Mais il lui manque une mentalité de défense civile sur le plan national. Le pays n'a pas fait le lien entre le fait de savoir où les incendies peuvent se produire et comment ils peuvent se comporter, et l'alignement de la distribution et de la gestion des ressources en eau. Le gouvernement a annoncé la création d'une nouvelle agence de lutte contre les feux de brousse. Elle devra disposer d'un système d'analyse des renseignements et d'alerte organisé sur le plan national, qui devra être relié à une agence de sécurité de l'eau organisée à l'échelle nationale. Ces deux agences devront avoir le poids politique et l'autorité nécessaires pour passer outre les intérêts politiques et commerciaux des États qui sapent actuellement la sécurité de l'eau de la nation. Les deux agences doivent être indépendantes.[208]

La guerre de l'eau et les budgets de défense

L'Australie n'entrerait jamais en guerre pour des droits sur l'eau car elle n'a pas de voisins terrestres. Le risque le plus important, comme l'affirment les chefs militaires du monde entier depuis 2009, est que les réponses des gouvernements à l'adaptation au changement climatique soient très coûteuses pour les budgets nationaux et qu'elles aient un impact correspondant sur les capacités de défense. En 2016, le gouvernement australien s'est engagé à augmenter ses dépenses de défense de quatre-vingt-un pour cent d'ici 2025, passant de 32,4 milliards de dollars australiens en 2016 à 58,7 milliards de dollars australiens en 2025. Pour de nombreuses raisons politiques, cet engagement n'a probablement jamais été viable. L'un des risques imprévus à l'époque était la nécessité d'engager des dépenses massives pour l'adaptation possible et future au changement climatique. Depuis, les feux de brousse ont alimenté l'opinion publique sur le manque de dépenses d'adaptation du gouvernement et de préparation de la défense civile face à la menace prévisible de méga-incendies. Il est très probable que la croissance ambitieuse du budget de la défense soit suspendue. Cela fera de la place pour les centaines de milliards de dollars que le pays devra dépenser pour contenir les feux de brousse et les sécheresses. Des mesures doivent également être prises pour se préparer à l'érosion côtière et à l'élévation du niveau de la mer. Il est plus qu'urgent de s'attaquer à la crise nationale de l'eau, sans précédent et qui ne cesse de s'aggraver.[209]

Le besoin de l'Inde en technologies innovantes

L'Inde est au bord d'une grave pénurie d'eau. Selon les calculs du Programme des Nations Unies pour l'environnement (PNUE), le pays pourrait souffrir d'un stress hydrique extrême dès 2025. L'une des raisons est qu'en moyenne, l'Inde extrait trente-sept pour cent de plus d'eau souterraine qu'elle ne peut en reconstituer naturellement. Les ressources existantes en eaux de surface se raréfient également. De surcroît, de nombreuses rivières et de nombreux lacs sont de plus en plus contaminés par des substances nocives. Entre-temps, la demande en eau potable continue d'augmenter. Cela est dû non seulement à la croissance démographique de 1,2 pour cent par an, mais aussi à la demande croissante d'eau de la part de l'industrie. Ces dernières années, de plus en plus de ménages ont été raccordés à un système d'approvisionnement en eau. Bien que le pourcentage de personnes ayant accès à l'eau soit élevé (quatre-vingt-neuf pour cent), seuls trente-sept pour cent des ménages sont raccordés à un système d'adduction d'eau. Par ailleurs, la majorité de la population continue de s'approvisionner en eau à l'aide de pompes manuelles et de puits. Il y a donc un besoin considérable de modernisation. La nécessité de rattraper le retard dans le domaine de l'évacuation des eaux usées est encore plus importante : plus de soixante pour cent de la population n'a pas accès à des installations sanitaires modernes.[210]

Soixante-dix-neuf pour cent de l'eau pour l'agriculture

Le volume d'eau utilisé annuellement en Inde était d'environ 634 milliards de mètres cubes en 2016. La consommation moyenne par habitant des ménages privés était plutôt faible, avec cinquante-cinq litres par jour. La quantité d'eau douce disponible par habitant en Inde est également faible par rapport au reste du monde. Cela s'explique aussi par les précipitations saisonnières plutôt faibles en moyenne dans l'ensemble du pays. La plus grande partie de l'eau, soixante-dix-neuf pour cent, est actuellement utilisée à des fins agricoles. Les ménages privés n'utilisent que six pour cent de l'eau et l'industrie cinq pour cent. Les projections indiquent que la demande des installations municipales et des ménages privés doublera d'ici 2030. La demande en eau de l'industrie devrait quadrupler. Le volume total d'eau nécessaire devrait donc augmenter en moyenne de trois pour cent par an. Pour répondre à la demande croissante d'eau, des investissements de cent trente milliards de dollars seront réalisés dans le secteur de l'eau d'ici à 2030. Entre 2011 et 2016, le volume du marché des équipements d'approvisionnement en eau et de traitement des eaux usées a augmenté de soixante-deux pour cent. Les dépenses de l'industrie devraient être multipliées par plusieurs fois, et les dépenses pour les technologies de traitement des eaux usées industrielles devraient augmenter de cinq à dix pour cent par an. L'Inde a un grand besoin de technologies innovantes dans le domaine de la gestion de l'eau.[211]

Entreprises allemandes de l'industrie des eaux usées

De nombreuses entreprises allemandes se sont spécialisées dans les technologies et les produits liés à l'approvisionnement en eau et à la gestion des eaux usées. Cela a conduit à l'émergence d'entreprises de taille moyenne dans un secteur qui offre principalement des solutions spécifiques, telles que des systèmes de traitement de l'eau potable, des stations d'épuration des eaux usées ou des stations d'épuration de différentes tailles, des modules de technologie des eaux usées, des systèmes de traitement des eaux urbaines, des éléments de stockage de l'eau, des conduites d'eau ainsi que des techniques de pompage de l'eau, des tuyaux et des appareils de mesure, par exemple pour la détection des fuites d'eau. Ces entreprises ont un énorme potentiel de vente en Inde.[212]

La guerre de l'eau en Chine

Avec près de vingt pour cent de la population mondiale, la Chine dispose d'environ sept pour cent des réserves d'eau douce de la planète. Le problème ne se limite toutefois pas au simple volume. En clair, la China a trop d'eau là où se trouvent trop peu d'habitants, et trop peu d'eau là où se situent trop d'habitants. Ce problème ne date pas d'aujourd'hui. En 1952, Mao aurait observé que « le sud a beaucoup d'eau, le nord en a moins ». À l'époque, la population de la Chine ne représentait qu'un tiers de celle d'aujourd'hui. Dans les décennies qui ont suivi, le problème ne s'est guère amélioré. En 2005, le Premier ministre de l'époque, Wen Jiabao, a qualifié la pénurie d'eau de menace pour « la survie de la nation chinoise ». Le projet de dérivation des eaux du sud vers le nord (SNWD) constitue une réponse importante. En effet, quatre-vingts pour cent des sources d'eau utilisables se trouvent dans le sud, mais environ quarante pour cent de la population et au moins quarante pour cent de la demande totale en eau se trouvent dans le nord. Le projet de dérivation des eaux du sud vers le nord comprend une série de canaux, de réservoirs et de tunnels qui, une fois achevés, détourneront l'eau du bassin du Yangtze vers le nord en trois itinéraires, dont le plus long est de près de mille six cents kilomètres.[213]

Dérivation de l'eau du sud vers le nord - Projet Inland

La voie fluviale orientale rejoint la capitale par le Grand Canal, dont les parties les plus anciennes ont 2 500 ans. La voie centrale alimente Pékin à partir de la rivière Han, un affluent majeur du Yangtze. Ces itinéraires sont respectivement en service depuis 2013 et 2014. Un itinéraire occidental est en cours de planification et intégrera probablement de nouveaux projets de barrages sur le plateau tibétain, ce qui posera de nouveaux défis aux pays situés en aval. Le projet de dérivation des eaux du sud vers le nord est controversé en Chine. Il a entraîné le déplacement de près de quatre cent mille personnes le long des routes d'eau. Des industries locales ont été fermées dans une tentative presque vaine de limiter l'impact de la pollution de l'eau. En outre, les coûts du projet rendent l'eau plus chère. Mais le gouvernement est réticent à augmenter le prix de l'eau en raison des craintes d'instabilité sociale potentielle. Par conséquent, le projet est considéré comme un programme d'approvisionnement en eau subventionné destiné à la classe moyenne et à l'élite de Pékin, dont personne d'autre ne bénéficie vraiment. Néanmoins, le projet n'a pas comblé l'écart entre l'offre et la demande d'eau à Pékin, qui est très important. La déviation du Yangtze a ralenti le débit du fleuve. Au fil du temps, les polluants et le limon se sont accumulés. Le bassin du Yangtze a connu des sécheresses plus fréquentes en raison de la diminution de la fonte des glaces du plateau tibétain. Dans l'ensemble, les estimations de la disponibilité de l'eau n'ont pas été à la hauteur des attentes, tandis que le coût de l'eau produite avec cette eau a augmenté. Selon une analyse publiée en 2015 dans la revue *Nature, l'*ensemble du projet de détournement du fleuve Yangtze n'est pas nécessaire. Selon l'article, une meilleure protection et une bonne gestion des terres et de l'eau dans le nord et le sud suffiraient.[214]

En Chine, la question de la sécurité de l'eau pour l'économie et celle de la stabilité sociale intérieure sont étroitement liées. Selon une analyse réalisée en 2017 par Global Risk Insights, près de la moitié du produit intérieur brut de la Chine est généré « dans des régions dont les ressources en eau par habitant de s'avèrent similaires à celles du Moyen-Orient ». Avec une population d'environ vingt et un millions d'habitants, Pékin est en tête de liste des villes mondiales touchées par l'eau. Les autorités locales ont prévenu que l'infrastructure de la ville ne peut pas supporter plus de vingt-trois millions d'habitants. Tout cela ne manquera pas d'affecter la compétitivité internationale de la Chine, car les prix des produits agricoles et industriels s'en ressentent. Wang Shucheng, ancien ministre des ressources en eau, a pronostiqué en 2005 que Pékin manquerait d'eau dans quinze ans si le rythme d'utilisation se poursuivait, déclarant que la Chine « doit se battre ou mourir pour chaque goutte d'eau ». C'est le défi auquel la Chine est confrontée.[215]

Le pouvoir sur la quantité d'eau provenant des champs de glace de l'Himalaya

Le problème de l'eau en Chine est grave. Selon certaines estimations, deux milliards de personnes ou plus dans environ dix-huit pays dépendent d'une douzaine de grands fleuves, dont la plupart émanent du plateau tibétain dans le sud-ouest. Il s'agit notamment de l'Indus, du Mékong, du Yangtze, du fleuve Jaune, de l'Irrawaddy, du Brahmapoutre et d'autres cours d'eau importants. La région est parfois qualifiée de « troisième pôle » si l'on tient compte de la quantité d'eau provenant des champs de glace de l'Himalaya. La République populaire de Chine contrôle cette région depuis l'arrivée au pouvoir de Mao Zedong en 1949. On estime qu'au fil des décennies, Pékin a construit environ quatre-vingt-sept mille barrages sur certains de ces fleuves, qui comptent parmi les voies navigables les plus importantes du monde. La construction de barrages sur ces fleuves internationaux peut être décrite comme une tentative de Pékin d'exercer son influence dans toute l'Asie et d'établir sa domination sur l'eau et l'agriculture. Cela pourrait saper l'influence de l'Inde dans la région et fausser la loyauté des pays concernés qui dépendent de ces eaux. Les actions de la Chine sur le fleuve Brahmapoutre, par exemple, constituent un défi immédiat pour l'Inde. Le fleuve s'écoule du Tibet, contrôlé par la Chine, à travers l'Inde et le Bangladesh avant de rejoindre le Gange et de se jeter dans le golfe du Bengale. La Chine a construit trois barrages sur le Brahmapoutre. Jusqu'à huit autres sont prévus. Les infrastructures hydrauliques constituent une autre source de tensions transfrontalières. En 2017, l'Inde a accusé la Chine de violer les accords existants en retenant les données hydrologiques de l'Inde pendant la saison de la mousson d'été, ce qui a empêché Delhi de faire face aux inondations annuelles dans le nord-est de l'Inde. La Chine a répondu que les stations hydrologiques étaient maintenues, bien qu'un rapport de la BBC ait découvert que le Bangladesh, plus en aval, recevait toujours des données de la Chine. Si la situation a été désamorcée par la diplomatie, de nouvelles tensions et de nouveaux conflits semblent très probables.[216]

Des satellites au service de la diplomatie de l'eau

Le fleuve Mékong est un autre point chaud potentiel. La Chine a construit onze barrages sur le cours supérieur du Mékong. Le fleuve serpente sur quelque 4 800 kilomètres depuis le sud-ouest de la Chine à travers le Myanmar, le Laos, la Thaïlande et le Cambodge avant de se jeter dans la mer de Chine méridionale à travers le delta du Mékong au Viêt Nam. Trois autres barrages sont prévus. En 2020, les analystes du Stimson Center ont publié un rapport intitulé « New Evidence : How China Turned off the Tap on the Mekong River » (De nouvelles preuves : comment la Chine a fermé le robinet du Mékong), qui indique que « la partie chinoise du cours supérieur du Mékong a reçu des précipitations exceptionnellement élevées d'avril à novembre 2019, mais ses barrages ont bloqué ou confiné plus d'eau que jamais auparavant, causant aux pays en aval une sécheresse sans précédent ». Les niveaux d'eau au Laos et au Cambodge atteindraient des records de faiblesse. La production de sucre en Thaïlande a été la plus faible depuis près d'une décennie, a-t-il ajouté. À l'époque, la Chine a déclaré que les faibles précipitations étaient à l'origine du problème. Mais des photos satellites et d'autres données ont montré que ce n'était pas le cas. Les scientifiques du Stimson Center ont conclu que « les barrages chinois retenaient tellement d'eau qu'ils empêchaient complètement l'augmentation annuelle du niveau des rivières à Chiang Saen, en Thaïlande, provoquée par la mousson. Cela ne s'est jamais produit depuis que l'on tient des registres modernes. [217] »

Pas de justice, donc pas de guerre ?

Le développement autour du thème de l'eau, de la guerre et du droit reste passionnant. Pour ce faire, Walter s'appuie sur les conclusions de Mara Tignino, spécialiste très respectée du droit de l'eau à l'université de Genève. L'eau, ressource vitale par excellence, a toujours été un enjeu stratégique majeur lors des conflits armés. Cependant, elle est de mieux en mieux protégée par diverses normes juridiques. Pendant la guerre de Corée, par exemple, l'armée de l'air américaine a délibérément détruit des barrages. Lors de la guerre d'Irak de 1991 à 2003 ou à Gaza en 2006, des centrales électriques fournissant de l'eau à la population ont été bombardées. En Syrie, il s'agit des habitants de la ville rebelle de Homs.

Selon la plupart des experts, aucune amélioration n'est en vue. La protection de l'eau en temps de conflit armé ne peut se fonder que sur quelques lois. Il y en a essentiellement trois : le droit international humanitaire en tant que protocole additionnel de 1977 aux Conventions de Genève de 1949, le droit humain à l'accès à l'eau potable des Nations Unies de 2010 et la jurisprudence concernant les eaux internationales. Il faut tenir compte des effets indirects des opérations militaires sur l'eau ; il est interdit de détruire inutilement des installations essentielles à la survie de la population, comme les réservoirs, les réservoirs d'eau potable, les centrales hydroélectriques et les systèmes d'irrigation, d'empoisonner les sources d'eau potable et de causer des dommages à l'environnement.[218]

Au niveau régional, un certain nombre d'accords nt entre les Etats riverains, comme l'a déjà vu Walter. Ils ont notamment permis, en ce qui concerne le Mékong, l'Indus, le Danube et le Sénégal, d'instaurer des règles d'utilisation et d'extraction de l'eau qui restent valables même en cas de conflit. Les commissions qui préparent les accords sur l'eau comprennent généralement des techniciens et des experts, des scientifiques et des représentants apolitiques, selon Mara Tignino. Le dialogue reste souvent la seule plateforme de communication entre deux parties en temps de crise. En période de conflit, il sert de ligne directrice à la coopération intergouvernementale et au retour à la paix. Cependant, le succès n'est pas garanti.

Ainsi, la loi actuelle ne prévoit pas de protection explicite de l'eau. Il est important que les États membres puissent prendre les mesures nécessaires pour tenir compte des droits des habitants. Comme dans le cas du Kosovo en 1999, où, par exemple, la destruction de raffineries et d'installations industrielles sur les rives du Danube a été signalée. Cela a entraîné la fuite de polluants dans ce fleuve et la contamination des eaux souterraines. Les Nations Unies ont chargé une mission d'enquête. Dans ce cas, toutefois, l'OTAN a conclu que, compte tenu des circonstances, il n'était pas possible d'engager des poursuites, car les normes actuelles ne sanctionnent que les dommages étendus, durables et graves causés à l'environnement. Toutefois, ces critères s'avèrent si vagues qu'il était très difficile de prouver le bien-fondé de l'affaire devant un tribunal. Il ne peut y avoir de justice que lorsque des évaluations scientifiques restent disponibles. « Des données précises », souligne Mara Tignino, des données qui sont actuellement sur le terrain manquent encore trop souvent. Alors qu'il existe de nombreuses conventions sur le changement de la biodiversité, le climat et la désertification, il n'y a toujours pas d'instrument juridique unique qui protège l'eau en tant que ressource universelle. La possibilité de recourir à la Cour pénale internationale en théorie, mais dans les faits, cette instance ne s'est jamais penchée sur les questions environnementales.[219]

Les systèmes régionaux tels que la Cour européenne des droits de l'homme sont limités dans leur action en raison de la question de l'extraterritorialité. Les solutions les plus prometteuses sont actuellement incarnées par les commissions d'enquête. Par exemple, le Haut-Commissariat aux droits de l'homme a été créé pour enquêter sur les violations des normes humanitaires. Il pourrait être un moyen de pression sur les États membres. Cela a également été appliqué, par exemple, pour convenir du chômage dans l'UE. Il est indéniable que ce moyen mérite d'être exploré. Il est maintenant temps pour Walter d'examiner ce que les Nations Unies ont réalisé jusqu'à présent dans le domaine de l'eau.

Les Nations Unies à la recherche d'une solution globale

En ce 22 mars, il est déjà six heures du matin. Devant le bâtiment des Nations Unies, divers groupes d'organisations environnementales se tiennent debout avec des banderoles. Fridays for Future, Greenpeace, Robin Wood, WWF World Wide Fund for Nature et Médecins sans frontières se préparent à manifester. Une marche de protestation est prévue à New York dès huit heures ce matin en direction du siège de l'ONU. Greta Thunberg devrait y participer. Cette militante suédoise est devenue célèbre dans le monde entier en tant que représentante du mouvement international de protection du climat. Elle a lancé un appel disant « nous n'avons plus de temps à perdre ». Walter est du même avis. Il ne lui reste que deux heures avant le début de la conférence de l'ONU sur l'eau et il veut proposer à son ambassadeur des solutions, au moins des approches, à la crise de l'eau. Jusqu'à présent, il s'est contenté de mentionner les problèmes. Il a au moins une bonne nouvelle, mais elle ne s'adresse qu'au Nord de la planète. Les régions gravement touchées pourraient trouver de nouveaux moyens ou de nouvelles méthodes pour préserver l'eau et la rendre réutilisable si possible. L'autre nouvelle de moins bon augure s'avère être une question : tous les pays sont-ils réellement capables de résoudre ce problème, même ceux du Sud ?

L'ODD 6 et l'eau en tant que droit de l'homme

Les Nations Unies ont mis longtemps à s'attaquer à la question de l'eau. Aujourd'hui, le sixième objectif de développement durable (ODD 6) est l'eau et l'assainissement. L'eau a même été déclarée droit de l'homme. Le chemin parcouru pour en arriver là a toutefois été long. Fondées en 1945, les Nations Unies comptent aujourd'hui cent quatre-vingt-treize États membres. Sa mission et son travail sont guidés par les objectifs et les principes de sa charte. Son prédécesseur était la Société des Nations, créée en 1919 par le traité de Versailles et dissoute en 1946. Malgré les problèmes rencontrés, les principales puissances alliées se sont mises d'accord pour créer une nouvelle organisation globale après la Seconde Guerre mondiale. Le 1er janvier 1942, 26 pays ont signé la Déclaration des Nations Unies, qui énonçait les objectifs de guerre des puissances alliées. Les États-Unis, le Royaume-Uni et l'Union soviétique ont pris la tête du mouvement. En 1945, lors de la conférence de Yalta en Crimée, dans l'actuelle Ukraine, Roosevelt, Churchill et Staline ont posé les bases des dispositions de la Charte. À San Francisco, cinquante nations se sont mises d'accord sur la Charte des Nations Unies et l'ont signée le 24 octobre 1945. Les Nations Unies, dont le siège est à New York, disposent aujourd'hui de bureaux régionaux à Genève, Vienne et Nairobi. Grâce à leur charte, elles peuvent prendre des mesures pour relever les défis auxquels l'humanité est confrontée au XXIe siècle. L'histoire des objectifs de développement durable actuels remonte à une cinquantaine d'années. La conférence sur l'environnement humain, qui s'est tenue à Stockholm en 1972, peut être considérée comme le point de départ. Pour la première fois, les États membres des Nations Unies ont mentionné lors de cette conférence que l'économie et la nature entraient en conflit et que l'activité humaine devenait dangereuse pour la nature, comme jamais auparavant.[220]

Les limites de la croissance

En 1972, a été publié l'important ouvrage « The Limits to Growth » (Les limites de la croissance) des auteures Donella H.

Meadows, Dennis L. Meadows, Jørgen Randers et William W. Behrens. Si nous continuons à croître économiquement avec la technologie de l'époque, nous atteindrons les limites de la nature dans quelques décennies en raison d'une croissance géométrique constante. Le terme « développement durable » est apparu pour la première fois dans la littérature scientifique au début des années 1980. En 1983, la Commission mondiale des Nations Unies sur l'environnement et le développement a été créée.

En 1987, le terme a atteint un large public grâce à la publication de « Notre avenir à tous », plus tard connu sous le nom de « Rapport Brundtland ». Ce rapport a été rédigé par Gro Harlem Brundtland, alors Première ministre de Norvège. La Commission mondiale sur l'environnement et le développement a été rebaptisée « Commission Brundtland. [221] »

Il s'agit d'un tournant majeur à l'époque. Pour la Commission Brundtland, le développement qui garantit la capacité des générations futures à répondre à leurs propres besoins tout en répondant aux besoins de la génération actuelle peuvent aller de pair. Entretemps, la demande sans cesse croissante et l'utilisation abusive des ressources en eau ont accru le risque de pollution et de stress hydrique grave dans d'innombrables régions du monde. De nombreuses conférences dans divers domaines y feront suite.[222]

En Argentine, la première conférence de l'ONU sur l'eau s'est tenue à Mar del Plata du 14 au 25 mars 1977. Dans le plan d'action élaboré pour « l'approvisionnement communautaire en eau », les États membres de l'ONU ont déclaré que tous les peuples ont le droit d'accéder à l'eau potable en quantité et en qualité suffisantes pour répondre à leurs besoins fondamentaux. Après leur déclaration de Dublin (Irlande) en janvier 1992, ils ont inscrit l'importance de l'eau au chapitre 18 à Rio de Janeiro (Brésil) et, en 1993, ont déclaré le 22 mars Journée mondiale de l'eau et le

19 novembre Journée mondiale des toilettes. En 1998, les approches stratégiques de la gestion de l'eau douce ont été ajoutées. En l'an 2000, la Déclaration du Millénaire pour le développement a appelé le monde à réduire de moitié, d'ici à 2015, la proportion de personnes n'ayant pas accès à l'eau potable et à celles n'ayant pas accès à des services d'assainissement de base.[223] Le plan de mise en œuvre de Johannesburg de janvier 2002 a attiré l'attention du monde sur, entre autres, la promotion de la durabilité à long terme de l'eau douce.

En novembre 2002, le Comité des droits économiques, sociaux et culturels a adopté l'observation générale n° 15, article 11, sur le droit à l'eau : « Le droit à l'eau est indispensable à une vie conforme à la dignité humaine. Il est une condition préalable à la réalisation des autres droits de l'homme.[224] » En janvier 2003, les Nations Unies ont créé UN Water, un mécanisme de coordination interinstitutionnelle des Nations Unies pour toutes les questions liées à l'eau douce et à l'assainissement. Elles ont également proclamé l'Année internationale de l'eau douce, suivie de la Décennie « L'eau, source de vie », de 2005 à 2015.[225]

Le droit de l'homme à l'eau

Ce n'est que le 28 juillet 2010 que le droit de l'homme à l'eau et à l'assainissement a été explicitement reconnu par l'Assemblée générale des Nations Unies, par le biais de la résolution 64/292.[226] En 2012, les États membres de l'ONU se sont à nouveau réunis à Rio lors de la conférence « Rio +20 ». Il est apparu clairement que le concept de développement durable n'était pas pris très au sérieux. Après trois cents propositions d'objectifs et trois ans de négociations, au moins dix-sept objectifs prioritaires ont été fixés en 2015. Ils se concentrent sur le bien-être économique, social et environnemental, placent l'être humain au centre et incluent des objectifs planétaires, c'est-à-dire des mesures pour l'ensemble de la planète.

Ces dix-sept objectifs de développement durable (ODD) sont collectivement connus sous le nom d'Agenda 2030. L'objectif numéro six (ODD 6) était réservé à l'eau et à l'assainissement. Le 12 décembre 2015, l'Assemblée générale des Nations Unies a approuvé une convention-cadre sur les changements climatiques, connue sous le nom d'Accord de Paris sur le climat. Cet accord vise à mettre un terme au réchauffement de la planète et au changement climatique causé par l'homme.

En décembre 2016, l'Assemblée générale des Nations Unies a adopté la résolution « Décennie internationale d'action - L'eau au service du développement durable » (2018-2028) pour soutenir la réalisation de l'ODD 6 et d'autres objectifs liés à l'eau. L'eau et l'assainissement demeure depuis lors au cœur du développement durable et des services qu'ils fournissent, soutenant la réduction de la pauvreté, la croissance économique et la durabilité environnementale. Le monde doit transformer la façon dont il gère ses ressources en eau et dont il fournit des services d'eau et d'assainissement à des milliards de personnes.[227]

Le droit à l'eau potable et à l'assainissement

Parmi les documents destinés à son ambassadeur, Walter ajoute la résolution 64/292. Il est important que son Excellence la voie « noir sur blanc ». La résolution 64/292 est le texte adopté par l'Assemblée générale le 28 juillet 2010 qui établit le « droit de l'homme à l'eau potable et à l'assainissement ».[228] En voici les termes exacts :

64/292. Le droit de l'homme à l'eau et à l'assainissement

L'Assemblée générale,

Rappelant ses résolutions 54/175 du 17 décembre 1999 sur le droit au développement, 55/196 du 20 décembre 2000, par laquelle elle a proclamé 2003 Année internationale de l'eau douce, 58/217 du 23 décembre 2003, par laquelle elle a proclamé la période 2005-2015 Décennie internationale d'action sur le thème « L'eau, source de vie », 59/228 du 22 décembre 2004, 61/192 du 20 décembre 2006, par laquelle elle a proclamé 2008 Année internationale de l'assainissement, et 64/198 du 21 décembre 2009 relative à l'examen approfondi à mi-parcours de la mise en œuvre de la Décennie internationale d'action sur le thème « L'eau, source de vie » ; Action 21 de juin 1992 ; le Programme pour l'habitat de 1996 ; le Plan d'action de Mar del Plata de 1997, adopté par la Conférence des Nations Unies sur l'eau ; et la Déclaration de Rio sur l'environnement et le développement de juin 1992,

Rappelant également la Déclaration universelle des droits de l'homme, le Pacte international relatif aux droits économiques, sociaux et culturels, le Pacte international relatif aux droits civils et politiques, la Convention internationale sur l'élimination de toutes les formes de discrimination raciale, la Convention sur l'élimination de toutes les formes de discrimination à l'égard des femmes, la Convention relative aux droits de l'enfant, la Convention relative aux droits des personnes handicapées et la Convention de Genève relative à la protection des personnes civiles en temps de guerre du 12 août 1949,

Rappelant en outre toutes les résolutions du Conseil des droits de l'homme sur les droits de l'homme et l'accès à l'eau potable et à l'assainissement, notamment ses résolutions 7/22 du 28 mars 2008 et 12/8 du 1er octobre 2009, relatives au droit de l'homme à l'eau potable et à l'assainissement, l'observation générale n°. 15 (2002) du Comité des droits économiques, sociaux et culturels sur le droit à l'eau (articles 11 et 12 du Pacte international relatif aux droits économiques, sociaux et culturels) et le rapport du Haut-Commissaire des Nations Unies aux droits de l'homme sur la portée et la teneur des obligations pertinentes en rapport avec les droits de l'homme qui concernent l'accès équitable à l'eau potable et à l'assainissement contractées au titre des instruments internationaux relatifs aux droits de l'homme, ainsi que le rapport de l'experte indépendante chargée d'examiner la question des obligations en rapport avec les droits de l'homme qui concernent l'accès à l'eau potable et à l'assainissement,

Notant avec une vive préoccupation qu'environ 884 millions de personnes n'ont pas accès à l'eau potable et que plus de 2,6 milliards n'ont pas accès à des services d'assainissement de base, et relevant avec inquiétude que près de 1,5 million d'enfants âgés de moins de cinq ans meurent et 443 millions de jours d'école sont perdus chaque année du fait de maladies d'origine hydrique ou liées à l'absence de services d'assainissement,

Constatant l'importance que revêt l'accès équitable à l'eau potable et l'assainissement, qui fait partie intégrante de la réalisation de tous les droits de l'homme,

Réaffirmant qu'il incombe aux États de promouvoir et de protéger tous les droits de l'homme, qui sont universels, indivisibles, interdépendants et intimement liés et doivent être traités globalement, de manière juste et équitable, sur un pied d'égalité et avec la même priorité,

Ayant à l'esprit l'engagement pris par la communauté internationale de réaliser tous les objectifs du Millénaire pour le développement et soulignant, à cet égard, la ferme volonté des chefs d'État et de gouvernement, telle qu'exprimée dans la Déclaration du Millénaire, de réduire de moitié, d'ici à 2015, la proportion de personnes qui n'ont pas accès à l'eau potable ou qui n'ont pas les moyens de s'en procurer, et, comme convenu dans le Plan de mise en œuvre du Sommet mondial sur le développement durable (« Plan de mise en œuvre de Johannesburg »), de celles qui n'ont pas accès à des services d'assainissement de base,

1. Reconnaît que le droit à l'eau potable et à l'assainissement est un droit de l'homme, essentiel à la pleine jouissance de la vie et à l'exercice de tous les droits de l'homme ;

2. Demande aux États et aux organisations internationales d'apporter des ressources financières, de renforcer les capacités et de procéder à des transferts de technologie, grâce à l'aide et à la coopération internationales, en particulier en faveur des en développement, afin d'intensifier les efforts faits pour fournir une eau potable et des services d'assainissement qui soient accessibles et abordables pour tous ;

3. Salue la décision qu'a prise le Conseil des droits de l'homme de prier l'experte indépendante chargée d'examiner la question des obligations en rapport avec les droits de l'homme qui concernent l'accès à l'eau potable et à l'assainissement de présenter un rapport annuel à l'Assemblée et encourage celle-ci à continuer de s'acquitter de tous les aspects de son mandat et, agissant en consultation avec tous les organismes, fonds et programmes compétents des Nations Unies, à aborder dans le rapport qu'elle soumettra à sa soixante-sixième session, les principaux problèmes liés à la réalisation du droit à l'eau potable et à l'assainissement et leurs incidences sur la réalisation des objectifs du Millénaire pour le développement.

Adoptée à la 108e séance plénière des Nations Unies, le 28 juillet 2010, avec 122 voix pour, 0 voix contre et 41 abstentions.

Qui coordonne les ODD 6 aux Nations Unies ?

Walter n'a pas l'intention de s'attaquer à tous les aspects de la résolution. Mais il aimerait savoir quelles sont les organisations des Nations Unies qui s'occupent aujourd'hui de la question de l'eau. D'une part, les cent quatre-vingt-treize chefs d'État et de gouvernement se sont penchés sur les objectifs des différents projets de durabilité lors des conférences des Nations Unies. D'autre part, l'ONU-Eau, en tant que sous-organisation des Nations Unies, coordonne l'assistance aux États dans la réalisation des Objectifs de développement durable.[229]

Qui sont les membres d'UN Water ? La liste est longue et Walter note tous les participants individuellement : convention sur la biologie et la diversité, Département des affaires économiques et sociales des Nations Unies, Organisation des Nations Unies pour l'alimentation et l'agriculture, Agence internationale de l'énergie atomique, Fonds international de développement agricole, Organisation internationale du travail, Organisation internationale pour les migrations, Union internationale des télécommunications, Haut-Commissariat des Nations Unies aux droits de l'homme, Conférence des Nations Unies sur le commerce et le développement, Convention des Nations Unies sur la lutte contre la désertification, Programme des Nations Unies pour le développement, Commission économique et sociale des Nations Unies pour l'Asie et le Pacifique, Commission économique et sociale des Nations Unies pour l'Asie de l'Ouest, Commission économique des Nations Unies pour l'Afrique, Commission économique des Nations Unies pour l'Europe, Commission économique pour l'Amérique latine et les Caraïbes, Organisation des Nations

Unies pour l'éducation, la science et la culture, Programme des Nations Unies pour l'environnement, Convention-cadre des Nations Unies sur les changements climatiques, Haut-Commissariat des Nations Unies pour les réfugiés, Organisation des Nations Unies pour le développement industriel, Institut des Nations Unies pour la formation et la recherche, Fonds international des Nations Unies pour l'enfance, Bureau des Nations Unies pour la réduction des risques de catastrophe, Entité des Nations Unies pour l'égalité des sexes et l'autonomisation des femmes, Organisation mondiale du tourisme, Habitat des Nations Unies, Université des Nations Unies, Banque mondiale, Programme alimentaire mondial, Organisation mondiale de la santé, Organisation météorologique mondiale.[230] On peut se demander, au vu de toutes ces organisations, comment les membres pourront travailler ensemble pour résoudre les importants problèmes liés à l'eau auxquels sont confrontés les cent quatre-vingt-treize pays.

Sous l'égide de l'ONU-Eau, un certain nombre d'organisations individuelles se sont également constituées en programme complémentaire : le Programme commun de surveillance de l'approvisionnement en eau, de l'assainissement et de l'hygiène (JMP), l'Initiative interagences GEMI et l'Analyse et évaluation globales de l'assainissement et de l'eau potable (GLAAS).[231] L'objectif de l'analyse et de l'évaluation globale de l'assainissement et de l'eau potable (GLAAS) de l'ONU-Eau est de fournir aux décideurs politiques une analyse fiable, facilement accessible, complète et holistique des investissements et un environnement leur permettant de prendre les bonnes décisions en matière d'assainissement, d'eau potable et d'hygiène. Le GLAAS de l'ONU-Eau est produit par l'Organisation mondiale de la santé (OMS) pour le compte de l'ONU-Eau et est publié tous les deux ans. Le GLAAS fait partie de l'initiative de surveillance intégrée de l'ONU-Eau pour les objectifs de développement durable ODD 6. L'un de ses produits phares est le portail de données ODD 6, qui rassemble des données et des paramètres, et suit les progrès globaux vers les objectifs de développement durable ODD 6 sur le plan mondial, régional et national.[232]

L'Organisation mondiale de la santé (OMS) et l'agence pour l'enfance UNICEF ont lancé un programme commun appelé Programme commun de surveillance de l'approvisionnement en eau, de l'assainissement et de l'hygiène (JMP). Depuis 1990, ce programme publie des estimations nationales, régionales et mondiales des progrès réalisés en matière d'eau potable, d'assainissement et d'hygiène (WASH pour Water, Sanitation, and Hygiene). Le JMP gère une vaste base de données mondiale et publie un rapport annuel depuis 2015.[233]

Le JMP et le GLAAS ont tous deux suivi les progrès réalisés en matière d'eau potable, d'assainissement et d'hygiène, mais il manquait un mécanisme global cohérent pour les aspects de la gestion des ressources en eau, de l'assainissement et des écosystèmes. C'est pourquoi une initiative interinstitutionnelle, le GEMI, a été mise en place en 2014.[234] Elle émane du Programme des Nations Unies pour les établissements humains (ONU-Habitat), du Programme des Nations Unies pour l'environnement (PNUE), du Fonds des Nations Unies pour l'enfance (UNICEF), de l'Organisation des Nations Unies pour l'alimentation et l'agriculture (FAO), de l'Organisation des Nations Unies pour l'éducation, la science et la culture (UNESCO), de l'Organisation mondiale de la santé (OMS) et de l'Organisation météorologique mondiale (OMM). [235]

Le rapport du GLAAS donne un aperçu de la situation.[236] Selon le rapport, pour UN Water, le monde n'est pas sur la bonne voie pour atteindre l'objectif numéro 6 et une accélération spectaculaire est nécessaire de toute urgence. Entre 2015 et 2020, la proportion de la population globale capable d'utiliser des ressources en eau potable gérées en toute sécurité est passée de 70,2 pour cent à 74,3 pour cent. Malgré ces progrès, deux milliards de personnes supplémentaires ne disposeront toujours pas d'eau potable gérée en toute sécurité en 2020, dont sept cent soixante et onze millions n'auront même pas accès à l'eau potable de base. La moitié de ces personnes, soit trois cent quatre-vingt-sept millions, vivent en Afrique subsaharienne. Au début de la pandémie de Covid 19, 2,3 milliards de personnes dans le monde (une sur trois) ne disposaient pas d'un dispositif de lavage des mains avec du savon et de l'eau à leur domicile, et six cent soixante-dix millions n'avaient aucun dispositif. Huit cent dix-huit millions d'enfants ne disposaient pas d'installations de base pour le lavage des mains dans leurs écoles au début de la pandémie de Covid 19. En 2018, 2,3 milliards de personnes vivaient dans des pays où l'eau est rare, dont 721 millions dans des pays où l'eau est abondante ou critique.[237] Entre 2015 et 2018, le stress hydrique a augmenté de plus de deux pour cent dans certaines sous-régions où les niveaux étaient déjà élevés ou très élevés, comme l'Afrique du Nord, l'Asie centrale et l'Asie de l'Ouest.[238]

Walter ajoute un point positif : l'efficacité de l'utilisation de l'eau a augmenté à l'échelle mondiale. Tous les secteurs économiques ont amélioré leur efficacité d'utilisation de l'eau depuis 2015, avec une augmentation de quinze pour cent dans l'industrie, de huit pour cent dans l'agriculture et de huit pour cent dans les services. Les régions soumises à un stress hydrique élevé et très élevé sont les suivantes entre 2015 et 2018 (en pourcentage) : en 2015, un stress hydrique élevé était perceptible en Afrique du Nord, avec environ cent cinq pour cent de prélèvements d'eau douce par rapport aux ressources d'eau douce disponibles, contre cent huit pour cent en 2018.[239] L'Asie centrale est moins stressée avec soixante-dix-sept pour cent de prélèvements d'eau douce par rapport aux ressources en eau douce disponibles, mais elle connaît une augmentation du stress de près de quatre-vingts pour cent. L'Asie du Sud s'est quelque peu améliorée, passant de 78 à 77,7 pour cent de prélèvements d'eau douce par rapport aux ressources en eau douce disponibles en 2018, tandis que l'Asie de l'Ouest a connu une augmentation de cinquante-sept à soixante pour cent. L'Asie de l'Est a connu une baisse minime, passant de 45,65 à 45,62 pour cent. À titre de comparaison, le monde dans son ensemble se situe à dix-huit pour cent de prélèvements d'eau douce par rapport aux ressources d'eau douce disponibles en 2018.[240]

Les écosystèmes d'eau douce sont en train de changer radicalement.[241] Sur les 2 300 grands lacs évalués en 2019, près d'un quart présentait une turbidité de l'eau d'élevée à extrême. Au moins vingt et un millions de personnes, dont cinq millions d'enfants, vivent à moins de cinq kilomètres de lacs présentant une turbidité élevée. On estime que plus de quatre-vingts pour cent des zones humides naturelles ont disparu depuis l'ère préindustrielle. Entre 1970 et 2015, les zones humides intérieures et marines/côtières ont diminué d'environ trente-cinq pour cent, soit trois fois le taux de disparition des forêts. La superficie couverte par les mangroves côtières a diminué d'environ cinq pour cent au niveau mondial entre 1996 et 2016. [242]

Cent cinquante-trois pays se partagent des rivières, des lacs et des eaux souterraines dans le monde entier. En moyenne, cinquante-huit pour cent des bassins transfrontaliers font l'objet d'un accord opérationnel de coopération dans le domaine de l'eau. Des efforts supplémentaires s'avèrent nécessaires. Les pays restent à la traîne dans la mise en œuvre de la gestion intégrée des ressources en eau, qui est essentielle pour un avenir durable. Cent vingt-neuf pays doivent redoubler d'efforts pour parvenir à une gestion durable des ressources en eau d'ici à 2030. Pour ce faire, ils doivent mettre en place un processus de suivi multipartite. Cependant, dans de nombreux pays, le COVID-19 a permis d'élargir la participation des parties prenantes à la gestion des ressources en eau grâce à des consultations en ligne. Parmi les priorités figurent la mise en place de mécanismes de financement durables, l'amélioration de la gestion des bassins et des aquifères et le suivi basé sur les limites hydrologiques plutôt qu'administratives. Les Nations Unies soutiennent certains programmes tels que la gestion intégrée des ressources en eau (GIRE). Celle-ci est organisée par le Programme des Nations Unies pour l'environnement. Il s'agit d'un processus qui promeut le développement et la gestion coordonnés de l'eau, de la terre et des ressources connexes afin de maximiser la prospérité de manière équitable sans compromettre la durabilité des écosystèmes vitaux.[243]

Toutefois, la Guyane et le Kazakhstan ont indiqué que les directives, les lois ou les plans ne sont pas adoptés près de dix ans après leur rédaction. En Islande et au Kazakhstan, les législations ne sont pas mises en œuvre par la majorité des autorités dix ans après leur adoption. De plus, il n'y a pratiquement pas de suivi possible. Le Soudan, la Tanzanie, le Zimbabwe et l'Arménie ont fait état de l'incapacité à rendre les lois opérationnelles, à les faire appliquer et à en contrôler le respect.

Aux Pays-Bas, au Soudan, en Serbie et au Suriname, le manque de clarté ou le chevauchement de compétences a entraîné une diminution de la coopération interinstitutionnelle en raison d'intérêts ou de directives contradictoires. Le Burundi et la Côte d'Ivoire ont fait état d'un manque de financement, parfois dû au retrait des donateurs en raison de l'instabilité politique, mais généralement dû à des contraintes budgétaires nationales, comme dans le cas de l'Islande, du Malawi et du Togo. Ces contraintes budgétaires sont beaucoup plus évidentes sur le plan infranational au

Botswana, en Malaisie, en Tanzanie et au Yémen. À cela s'ajoute un manque de ressources humaines au Kazakhstan, au Salvador, au Ghana, en Tanzanie, en Macédoine, au Swaziland, en Papouasie-Nouvelle-Guinée et en Malaisie. [244]

En juin 2021, des discussions ont eu lieu avec des experts de plus de 60 pays lors d'une réunion du Comité des normes de radioprotection (RASSC) de l'AIEA (Agence internationale de l'énergie atomique). Il en est ressorti un document contenant des propositions d'harmonisation des lignes directrices sur la radioactivité dans les aliments et l'eau potable dans les situations non urgentes. Il s'agit d'une étape importante. [245]

De nombreux instituts nationaux de l'eau et universités, ainsi que des instituts internationaux de recherche et d'enseignement, s'emploient à trouver des solutions pour le monde. Outre les nombreuses organisations des Nations Unies, il existe des organisations d'aide plus ou moins connues telles que WASH UNICEF, Blood Water Mission, CARE charity water, Global Water Foundation, Global Water Security & Sanitation Partnership Initiative, Eau International Medical Corps, Lifewater International, Living Water International, One Drop Planet Water Foundation, Pump Aid-Water for Life Water, Water For People, Water is Basic, Water Is Life, Water to Thrive, Water Wells For Africa, Water.org, WaterAid, WaterCan / EauVive, Wells of Life World Vision. Les rapports de l'UNESCO et de la Commission économique des Nations Unies pour l'Europe (CEE-ONU) sont fortement recommandés, comme le rapport très perspicace de cent quatorze pages de 2021 intitulé « Progress on Transboundary Water Cooperation - Global Status of SDG Indicator 6.5.2 and Acceleration Needs ». En outre, Walter a trouvé le rapport de l'UNESCO sur la sécurité de l'eau très intéressant. Il s'intitule « Addressing Water Security - Climate Impacts and Adaptation

Responses in Africa, Asia, Latin America, and the Caribbean - Accomplishment Report. [246] »

Des lacunes en matière de recherche et de données

Maintenant, c'est suffisant. Walter a constaté que de nombreuses organisations et sous-organisations ont publié des milliers de documents et de chiffres. Chacun de ces documents très intéressants n'est valable que pour une durée très limitée, compte tenu de l'évolution rapide de la situation. De nombreuses conférences importantes ont eu lieu avec des centaines d'experts et de participants internationaux de haut niveau. Tous se sont prononcés en faveur du climat. Cependant, il est encore difficile de déterminer l'état réel des ressources en eau dans le monde. Dans ces conditions, comment établir et atteindre un état cible ? Des études de modélisation ont montré que l'adaptation de la végétation au changement climatique peut avoir un impact important sur la répartition des précipitations entre évaporation et ruissellement. On sait relativement peu de choses sur les aspects économiques du changement climatique. Par exemple, il est nécessaire d'élaborer des courbes de dommages régionales qui établissent un lien entre les dommages économiques et les principales catastrophes hydriques; ces courbes comprennent des éléments tels que les coûts attendus de précipitations intenses et d'une sécheresse du sol de surface.[247]

De surcroît, il y a un décalage persistant entre les grandes dimensions résolues par les modèles climatiques et les bassins versants sur lesquels l'eau est gérée. Des ajustements doivent être mis en œuvre. Il est nécessaire d'améliorer la résolution spatiale des modèles climatiques régionaux et mondiaux et la précision des méthodes de réduction d'échelle de leurs résultats. Cela permettra de générer davantage d'informations importantes pour la gestion de l'eau. Une plus grande capacité de calcul est nécessaire pour résoudre ces problèmes. Les problèmes devraient être traités par des simulations plus globales à haute résolution spatiale. Des recherches supplémentaires sont nécessaires pour trouver de nouvelles façons de comprendre les interrelations entre les différentes approches de projection des changements climatiques plausibles. Cela permettrait de fournir des informations plus fiables aux gestionnaires de l'eau.[248]

Inclure les systèmes socio-écologiques

Les interactions entre les systèmes socio-écologiques n'ont pas été bien prises en compte dans la plupart des études d'impact. En particulier, il trouve peu d'études sur les impacts de l'atténuation et de l'adaptation dans d'autres secteurs sur le secteur de l'eau, et vice versa. Une avancée précieuse consisterait à coupler les modèles hydrologiques, ou même les composantes de surface terrestre des modèles climatiques, à des données sur les activités de gestion de l'eau, notamment les réservoirs, l'irrigation et les prélèvements urbains sur les eaux de surface ou les eaux souterraines. Cela pourrait permettre de surveiller la dynamique des eaux souterraines et les volumes d'eau souterraine stockés. Il convient de mieux comprendre la recharge des eaux souterraines et les interactions connexes, notamment par l'évaluation des expériences conjointes, de l'utilisation des eaux souterraines et des eaux de surface. Des études supplémentaires font défaut, en particulier dans les pays du Sud : par exemple, sur les incidences du changement climatique sur la qualité de l'eau et les vulnérabilités à l'augmentation du stress, ainsi que sur les moyens de s'adapter à ces incidences.

L'IHE de l'UNESCO a formé 23 000 spécialistes de l'eau de 190 pays

Un autre projet important intéressera son ambassadeur. Car il a besoin de quelque chose de pratique qui peut être mis en œuvre. Pour cela, Walter peut nommer un institut important qui a rejoint la famille de l'eau de l'UNESCO. Il s'agit de l'Institut pour l'éducation à l'eau IHE Delft, aux Pays-Bas.[249] Fondé en 1957, l'institut a d'abord proposé un cours de troisième cycle en ingénierie hydraulique avec des professionnels en exercice issus de pays du Sud. Depuis, l'IHE Delft est devenu l'un des plus grands établissements d'enseignement supérieur dans le domaine de l'eau au monde. Les Pays-Bas sont devenus célèbres dans le domaine de l'ingénierie hydraulique après l'inondation dévastatrice de la mer du Nord en 1953. Cette inondation a brisé les digues et les murs de protection des Pays-Bas, tuant près de deux mille personnes et détruisant quatre mille cinq cents bâtiments. Pour éviter qu'une telle tragédie ne se reproduise, un ambitieux système de protection contre les inondations a été conçu et mis en place, le Delta Works.[250]

En 1955, plusieurs pays du Sud cherchaient un moyen de former leurs ingénieurs aux Pays-Bas dans le domaine de l'ingénierie hydraulique. La demande de l'ambassadeur du Pakistan oriental - aujourd'hui le Bangladesh - a marqué le début de la formation d'ingénieurs des pays du Sud. En 1957, le premier « Cours international de génie hydraulique » a été lancé, avec quarante-cinq participants de vingt et un pays. Ce cours s'articulait autour de trois axes principaux : « Le génie des marées et des côtes », « L'assainissement » et « Rivières et ouvrages de navigation ». En 1960, à la demande de l'Organisation mondiale de la santé (OMS) et de l'Organisation de coopération et de développement économiques (OCDE), un effort conjoint de l'Université de technologie de Delft et de la Fondation des universités néerlandaises pour la coopération internationale (Nuffic) a permis d'ajouter le « Cours européen de génie sanitaire » au programme de l'IHE.[251]

Au début de l'année 1966, en raison du nombre croissant de demandes un cours parallèle a été organisé pour traiter de l'approvisionnement en eau potable, de l'assainissement et de l'administration de la santé publique dans les zones agricoles et rurales. En 1977, quelque deux mille cinq cents ingénieurs de quatre-vingt-dix-sept pays avaient participé à ces cours. De 1985 à 1998, sous la direction du recteur Wil Segeren, le nombre annuel d'étudiants de l'IHE est passé de deux cents à quatre cent cinquante et le nombre de membres du personnel de trente-cinq à cent trente. L'IHE est devenu un acteur majeur du renforcement des capacités dans le secteur de l'eau, que ce soit par l'éducation et la formation des individus, les activités de recherche ou le renforcement des institutions dans les pays en développement. Le processus de création de l'Institut UNESCO-IHE pour l'éducation relative à l'eau a été achevé par une décision de la Conférence générale de l'UNESCO (31e) en novembre 2001. En 2003, l'Institut IHE de Delft pour l'éducation relative à l'eau a rejoint la famille de l'eau de l'UNESCO. Depuis lors, l'Institut est la seule institution du système des Nations Unies autorisée à délivrer des diplômes de maîtrise accrédités.[252]

Aujourd'hui, l'IHE Delft opère sous les auspices de l'UNESCO et a formé plus de vingt-trois mille professionnels de l'eau de cent quatre-vingt-dix pays, presque tous issus de pays en développement et en transition. Il a également aidé plus de cent trente doctorants à obtenir leur diplôme en collaboration avec des universités de premier plan et a mené de nombreux projets de recherche et de renforcement des capacités dans le monde entier.[253]

Les solutions des « grands » et des « petits » pays

Walter est désormais conscient de la situation désolante qui règne à l'échelle de la planète. Il souhaite ensuite avoir une vue d'ensemble de la situation dans les différents pays. Peut-être certains pays ont-ils développé leurs propres solutions pour les aider à faire face à leurs éventuels problèmes d'eau ? Les cinq pays disposant des plus grandes ressources renouvelables en eau douce ou en eau potable en 2022, le Brésil, la Russie, les États-Unis, le Canada et la Chine, sont considérés comme les « puissances de l'eau ». D'autres critères entrent en ligne de compte. Par exemple, le Brésil produit plus de soixante pour cent de son énergie à partir de centrales hydroélectriques. Bien que la Russie soit riche en eau douce, celles-ci sont mal gérées et inégalement réparties. Si les États-Unis font bonne figure en matière de ressources en eau, la situation pourrait changer avec le temps. Le Canada est riche en eau et ne devrait jamais avoir de problèmes, mais la plupart de ses ressources en eau douce se trouvent dans le nord et la majorité de sa population vit dans le sud. En outre, le Canada utilise la majorité de ses prélèvements d'eau pour refroidir les générateurs. En Chine, la croissance démographique a entraîné des pénuries d'eau et d'autres facteurs ont conduit à une augmentation de la pollution de l'eau.[254]

Plus grande est la région plus difficile la solution

La Colombie occupe la sixième place des pays les plus riches en eau douce avec 2 132 km^3. Le gouvernement colombien a reconnu l'importance de la gestion des ressources en eau et a créé plusieurs lois et institutions pour réglementer l'utilisation de l'eau. Malgré ces efforts, d'importants défis subsistent, notamment la baisse de la qualité de l'eau. L'indice d'eau douce par habitant en Colombie était de 122 570 m³ en 1962, et il est tombé à 44 883 en 2014. L'Indonésie dispose de 2 019 km³ d'eau douce. En l'an 2000, l'Indonésie a prélevé 113 km³ d'eau, dont quatre-vingt-deux pour cent ont été utilisés pour l'agriculture et douze pour cent pour les municipalités. En 2022, le pays disposera de 7 935 km³ d'eau douce par habitant, contre 21 813 km³ en 1962. Bien que le Pérou dispose de 1 913 km³ d'eau douce, soit quatre pour cent des ressources en eau renouvelables du monde, plus de quatre-vingt-dix-huit pour cent se trouvent en Amazonie. Pourtant, moins de 1,8 pour cent des 15 millions d'habitants du Pérou vivent dans cette région. Le chiffre de 52 981 m³ d'eau douce par habitant est peut-être impressionnant, mais en 1962, il était encore de 154 075 m³. Avec 1 911 km³ d'eau douce, l'Inde a utilisé quatre-vingt-onze pour cent de ses 761 m³ d'eau prélevés pour l'agriculture en 2010. Le pays disposait de 3 089 m³ d'eau douce par habitant en 1963, contre 1 116 m³ en 2014.[255]

Kitts et Nevis, les Bahamas et le Koweït disposent chacun de seulement 0,02 km³ d'eau douce renouvelable ; les Maldives, 0,03 ; Malte et Antigua-et-Barbuda, 0,05 ; le Qatar, 0,06 ; le Bahreïn, 0,12 ; et la Barbade, 0,08. Les Nations Unies définissent les pays disposant de moins de mille mètres cubes de ressources en eau renouvelables par habitant et par an comme des pays souffrant d'une pénurie d'eau. Antigua-et-Barbuda, Saint-Vincent-et-les-Grenadines et Saint-Kitts-et-Nevis en font partie. La région des Caraïbes jouit d'un niveau de vie relativement élevé, la plupart des pays étant définis par les Nations Unies comme des pays à « revenu moyen supérieur ». Cela les exclut d'une grande partie du financement international du développement. Dans le même temps, les taux élevés de la dette publique, combinés à leur vulnérabilité au changement climatique, font qu'il est difficile d'obtenir des investissements dans les infrastructures. La Grenade, quant à elle, accueille l'un des premiers grands projets hydrauliques de la région à être financé par le Fonds vert pour le climat. La moitié des quarante-cinq millions d'euros alloués au projet sera consacrée à l'amélioration des infrastructures telles que les citernes, les réservoirs et les canalisations. Des incitations financières seront également prévues pour réduire le gaspillage de l'eau dans des secteurs tels que l'agriculture et le tourisme, qui comptent parmi les plus gros consommateurs d'eau. Encourager le public à utiliser l'eau avec plus de précaution est également un élément clé du projet à la Grenade.[256]

La Barbade a quant à elle adopté des lois interdisant l'utilisation de l'eau potable pour le lavage des voitures, le jardinage, le remplissage des piscines et d'autres activités similaires. Comme en Jamaïque, les habitants sont encouragés à utiliser les eaux usées pour ces activités. Malgré les coupures d'eau quotidiennes, un rapport de l'ONU sur l'eau de 2017 a montré que la plupart des habitants des Caraïbes ont accès à un approvisionnement en eau sûr, bien qu'irrégulier. Mais à Trinidad, de nombreuses personnes sont en colère parce qu'elles vivent sur une île avec une vue à 360 degrés sur l'eau turquoise, mais ne reçoivent rien au robinet. En 2019, la région a tiré entre douze et vingt pour cent de son approvisionnement en eau du dessalement. Le développement de cette technologie est problématique en raison du coût élevé de l'énergie. La pénurie d'eau n'est pas compatible avec la situation de développement du pays. Trinité-et-Tobago a bénéficié de ses réserves de pétrole. Cependant, malgré des revenus élevés, le pays peine à gérer correctement cette tâche élémentaire qu'est l'approvisionnement en eau potable. [257]

Dix-sept des pays du Moyen-Orient et d'Afrique du Nord les plus pauvres en eau

Le Koweït, le Bahreïn et le Qatar ne s'avèrent pas être les seuls concernés : douze des dix-sept pays les plus touchés par le stress hydrique se trouvent au Moyen-Orient et en Afrique du Nord. Ces deux régions sont chaudes et sèches, les réserves d'eau sont donc faibles et la demande croissante conduit les pays à un stress hydrique extrême. Le changement climatique va encore compliquer les choses. Entre-temps, il existe des possibilités inexploitées d'accroître la sécurité de l'eau dans la région. Environ quatre-vingt-deux pour cent des eaux usées de la région ne sont pas réutilisées. L'exploitation de cette ressource permettrait de créer une nouvelle source d'eau potable. Des leaders en matière de traitement et de réutilisation sont déjà en train d'émerger. Oman, classé 16e parmi les pays souffrant de pénurie d'eau, traite cent pour cent de ses eaux usées et en réutilise soixante-dix-huit pour cent. Environ quatre-vingt-quatre pour cent des eaux usées collectées dans les pays du Conseil de coopération du Golfe (Bahreïn, Koweït, Oman, Qatar, Arabie saoudite et Émirats arabes unis) sont traitées, mais seulement quarante-quatre pour cent sont ensuite réutilisées. [258]

L'importance de la gestion de l'eau potable s'accroît dans le monde entier. De nombreux pays garantissent la qualité de l'eau en fournissant de l'eau du robinet qui peut être consommée directement comme la Suisse, la Norvège, la Nouvelle-Zélande, l'Allemagne, la France et le Canada. Ces pays ont pris des mesures précoces pour préserver les ressources en eau. Ils sont conscients que la disponibilité d'une eau potable influe sur la qualité de vie. En gérant l'eau le mieux possible, ils ont préparé l'avenir. La Suisse est traversée par les Alpes et l'eau provenant de ces montagnes est de bonne qualité. La disponibilité de l'eau en Suisse résulte des nombreuses précipitations et de la fonte des glaces sur les pentes des montagnes. Le gouvernement s'efforce d'assurer la disponibilité d'une eau potable. Il se trouve des voies navigables le long du Rhin et du Rhône, et la station d'épuration de Berne utilise l'une des technologies de traitement des eaux usées les plus avancées d'Europe.[259]

La Norvège est réputée pour la pureté de son eau. Le gouvernement norvégien gère l'eau par le biais d'un programme de protection des eaux souterraines appelé « Le serpent de Midgard ». Ce programme est géré par le département de l'eau et de l'assainissement d'Oslo. Un tunnel d'une capacité de 50 000 m^3 est utilisé pour le stockage et le transport. Le tunnel a également pour fonction d'améliorer la qualité de l'eau, d'atténuer les effets du changement climatique et de réduire la consommation d'énergie en diminuant la gestion de l'eau dans le pays. Les chaînes d'icebergs de Nouvelle-Zélande contribuent à la disponibilité de l'eau dans le pays. Le flux de glace fondue se déverse dans un lac limpide. L'eau du lac est si propre qu'elle peut être bue directement. Il en va de même pour l'eau du robinet. La Nouvelle-Zélande peut donc être qualifiée de pays ayant la « meilleure eau du monde. [260] »

En Allemagne, le gouvernement fédéral prend des mesures sérieuses concernant la gestion de l'eau ; cela inclut, par exemple, la loi fédérale sur la protection de la nature. La majeure partie de l'eau propre du pays provient des lacs et de la neige. Tout comme en France, les Allemands peuvent boire de l'eau potable directement au robinet. Le gouvernement est tenu de fournir de bonnes installations sanitaires à la population. C'est pourquoi la qualité de l'eau disponible est très bonne. Mais les efforts sérieux du gouvernement allemand ne s'arrêtent pas là. Par exemple, le pays fournit des données précises sur la teneur en substances de chaque eau du robinet afin de garantir la sécurité de l'eau potable. En France, la qualité de l'eau est également prise très au sérieux. À cette fin, le gouvernement français travaille en étroite collaboration avec le secteur privé. Un programme spécial a été mis en place pour maintenir la concentration de bactéries dans l'eau du robinet à un faible taux. Ainsi, l'eau est probablement la denrée alimentaire la plus contrôlée et la plus réglementée du pays. La qualité de l'eau du robinet est garantie. Au Canada, l'obligation de maintenir l'eau propre a été assumée par l'État. Le pays a promulgué des réglementations sur l'eau potable qui doivent être strictement appliquées. Ces réglementations vont de la préservation de l'eau au processus de filtration et à la distribution à la population. [261]

Une gestion durable de l'eau est nécessaire

La gestion durable de l'eau est impérative pour garantir sa sécurité, comme l'ont illustré les exemples précédents. La gestion des ressources en eau, comme on l'appelle, englobe le processus de planification, de développement et de gestion des ressources en eau, tant en termes de quantité que de qualité, pour toutes les utilisations de l'eau. Elle englobe également toutes les institutions, infrastructures, incitations et systèmes d'information qui soutiennent et orientent la gestion de l'eau. Elle aide à déterminer les attentes futures en matière d'irrigation et s'effectue par le biais d'une variété de méthodes. Celles-ci comprennent le stockage à l'aide de barrages, le détournement de l'eau des zones excédentaires vers les zones en pénurie par le biais de voies navigables, la recharge artificielle des nappes phréatiques, le dessalement de l'eau de mer, le transport des icebergs de l'Antarctique vers les régions pauvres en eau, le contrôle de la pollution et la récupération de l'eau polluée par le biais du recyclage, et ce que l'on appelle l'ensemencement des nuages. L'ensemencement des nuages consiste à modifier la structure d'un nuage afin d'augmenter la probabilité de précipitations. [262]

La gestion intégrée des ressources en eau comporte quatre volets principaux : la gestion des eaux pluviales, le traitement des eaux usées, l'approvisionnement en eau et la protection des sources d'eau existantes. Outre les cadres juridiques aux sur le plan mondial, national et local, de nombreux facteurs jouent un rôle important. Il s'agit notamment de la collecte de données, de la coopération transfrontalière, de la participation du secteur privé et public, de la gestion des aquifères, des outils de gestion des bassins versants, de la gestion des écosystèmes, de la réduction des risques de catastrophe, de la prévention de la pollution par une gestion durable et efficace de l'utilisation, de la surveillance de la disponibilité sur le plan national, du partage des données nationales et transfrontalières, du financement de toutes ces activités à l'échelle nationale et infranationale, et du financement transfrontalier.[263]

Dans l'agriculture irriguée, une partie, voire la totalité, de l'eau utilisée par les cultures est fournie par l'homme. Pour l'irrigation, l'eau est prélevée dans une source d'eau (rivière, lac ou aquifère) et acheminée jusqu'au champ par une infrastructure de transport appropriée. Pour satisfaire leurs besoins en eau, les cultures irriguées bénéficient à la fois de l'eau de pluie naturelle, plus ou moins fiable, et de l'irrigation. L'irrigation est un outil de gestion efficace contre les aléas de la pluviométrie. En 1998, les terres irriguées représentaient environ un cinquième de toutes les terres arables des pays en développement, mais produisaient deux cinquièmes de toutes les cultures et près de trois cinquièmes de la récolte céréalière. Des méthodes techniques nouvelles et variées ont été introduites pour réduire de manière significative les prélèvements d'eau tout en améliorant les rendements selon le principe « plus de récolte par goutte ». Ces méthodes comprennent, par exemple, l'irrigation souterraine à l'aide de tuyaux poreux ou de conteneurs placés dans le sol ; l'irrigation au goutte-à-goutte, qui permet d'irriguer les racines des plantes ; l'irrigation par aspersion, qui reproduit artificiellement la pluie ; et l'irrigation par pulvérisation, qui consiste à détourner l'eau de pluie des bassins hydrographiques environnants vers les terres agricoles. Le recyclage des eaux usées et des eaux traitées est une ressource alternative. Il permet de préserver les ressources en eau en amont et de réduire la pollution en aval. De plus, les eaux usées peuvent constituer une source de nutriments pour les plantations.[264]

On estime que l'agriculture globale devra nourrir neuf milliards de personnes d'ici à 2050. L'irrigation jouera un rôle de plus en plus stratégique à cet égard. Inévitablement, l'utilisation intensive de l'eau pour l'agriculture réduira la disponibilité de l'eau. Il est donc particulièrement important d'accroître l'efficacité de l'agriculture, qui requiert soixante-dix pour cent de nos ressources en eau. Il existe une multitude d'approches à cet égard ; voici trois des plus simples pour accroître l'efficacité de l'agriculture. Le monde doit préserver chaque goutte d'eau qui circule dans ses systèmes alimentaires. Les agriculteurs peuvent utiliser des semences moins gourmandes en eau et améliorer leurs techniques d'irrigation en recourant à l'irrigation de précision au lieu d'inonder leurs champs. Les financiers peuvent fournir des capitaux pour investir dans la productivité de l'eau, tandis que les ingénieurs développent des technologies qui améliorent l'efficacité de l'agriculture. Enfin, les consommateurs peuvent réduire les pertes et les gaspillages alimentaires, qui représentent un quart de l'utilisation de l'eau dans l'agriculture.[265]

Le stress hydrique peut varier considérablement au cours d'une année. Les infrastructures construites, comme les canalisations et les stations d'épuration, et les infrastructures vertes, comme les zones humides et les bassins versants sains, doivent travailler ensemble pour résoudre les problèmes d'approvisionnement en eau et de qualité de l'eau. Nous devons cesser de considérer les eaux usées comme des déchets. Le traitement et la réutilisation créent une « nouvelle » source d'eau. Les eaux usées contiennent des ressources utiles qui peuvent être exploitées pour réduire les coûts de traitement de l'eau. Par exemple, des usines à Xiangyang, en Chine, et à Washington, la capitale des États-Unis, utilisent ou vendent les produits riches en énergie et en nutriments extraits lors du traitement des eaux usées. Les données restent claires : les tendances dans le domaine de l'eau sont indéniablement inquiétantes. Mais en agissant maintenant et en investissant dans une meilleure gestion, nous pouvons résoudre les problèmes liés à l'eau au bénéfice des populations, des économies et de la planète.[266]

L'amélioration de l'agriculture

Dans de nombreux pays du Sud, les investissements dans les infrastructures d'irrigation ont représenté une part importante du budget agricole total au cours de la seconde moitié du XXe siècle. Selon l'Organisation des Nations Unies pour l'alimentation et l'agriculture, le coût du développement de l'irrigation varie selon le pays et le type d'infrastructure d'irrigation, allant généralement de 950 euros à 9 500 euros par hectare. Dans des cas exceptionnels, il peut atteindre 23 000 euros par hectare. Ce chiffre n'inclut pas le coût du stockage de l'eau, car les dépenses liées à la construction d'un barrage varient d'un cas à l'autre. En Asie, les coûts d'investissement dans l'irrigation demeurent les plus faibles. Car les aménagements y sont les plus nombreux et des effets d'échelle s'avèrent donc possibles. Les projets d'irrigation les plus coûteux se trouvent en Afrique subsaharienne, où les systèmes d'irrigation sont généralement plus petits et où les terres et les ressources en eau sont plus chères à développer.

L'expansion des terres irriguées devrait nécessiter des investissements annuels d'environ 4,7 milliards d'euros. La majeure partie de l'investissement dans l'irrigation se situerait entre 9,5 et 11,4 milliards d'euros par an. Le capital sera utilisé principalement pour la réhabilitation et la modernisation nécessaires des clôtures irriguées vieillissantes construites entre 1960 et 1980. Dans les années 1990, les investissements dans le stockage de l'eau d'irrigation ont été estimés à environ 11,4 milliards d'euros. À partir de 2022, l'investissement annuel dans l'agriculture irriguée devrait se situer entre 23,7 et 28,5 milliards d'euros, soit environ cinquante pour cent de l'investissement annuel prévu dans le secteur de l'eau. [267]

L'évaluation de l'impact de l'irrigation sur les ressources en eau disponibles nécessite une estimation des prélèvements totaux pour l'irrigation dans les rivières, les lacs et les aquifères. Le volume prélevé est nettement supérieur à l'irrigation utilisée en raison des pertes dues au transport entre le point d'échantillonnage et les plantes. L'efficience de l'utilisation de l'eau est le rapport entre la demande estimée des cultures et l'eau effectivement prélevée. L'efficacité globale de l'utilisation de l'eau pour l'irrigation est estimée à trente-huit pour cent en moyenne dans les pays du Sud. Des décisions d'investissement et de gestion sont actuellement prises pour améliorer l'efficacité de l'irrigation. Elles concernent à la fois la gestion des systèmes d'irrigation et les agriculteurs qui en dépendent. Les politiques nationales de l'eau peuvent promouvoir la préservation de l'eau dans les zones de pénurie en offrant des incitations et en imposant des sanctions.

Si la gestion de l'eau en amont ne peut garantir l'efficacité du transport, il est compréhensible que l'utilisateur de l'eau ne soit pas particulièrement motivé pour améliorer l'efficacité dans son domaine. Dans la plupart des pays, les prélèvements d'eau pour l'agriculture ne représentent qu'une petite fraction de l'ensemble des ressources en eau renouvelables. Cependant, dans certaines régions, comme l'Afrique du Nord-Est et l'Asie de l'Ouest, cette part est supérieure à quarante pour cent de l'ensemble des ressources en eau. Dans certaines parties du Moyen-Orient, les prélèvements d'eau pour l'agriculture dépassent leurs ressources totales. Des augmentations sont attendues en Asie du Sud et en Afrique subsaharienne. Il est également nécessaire de réduire le gaspillage et de libérer de grandes quantités d'eau pour d'autres utilisations plus productives. Les lacs et les rivières doivent pouvoir continuer à jouer leur rôle essentiel dans l'environnement.

Des progrès restent possibles dans l'utilisation de l'eau pour l'agriculture, mais ils sont lents et limités par plusieurs facteurs. Tout d'abord, de vastes zones d'agriculture irriguée se trouvent dans la zone tropicale humide, où il n'y a pas de pénurie d'eau et où l'amélioration de l'efficacité n'entraînera pas d'augmentation de la productivité de l'eau. Deuxièmement, l'efficacité de l'utilisation de l'eau est généralement calculée par rapport à une exploitation ou au périmètre irrigué, mais la majeure partie de l'eau qui n'est pas utilisée par les cultures retourne dans le système hydrologique et peut être utilisée en aval. En fin de compte, chaque système de culture présente un potentiel différent d'amélioration de l'efficacité de l'utilisation de l'eau. En général, les cultures arbustives et les légumes s'adaptent bien aux technologies d'irrigation localisée qui sont très efficaces. En revanche, ce type d'équipement ne convient pas aux céréales et à de nombreuses autres cultures.

Dans les pays du Sud, les prélèvements d'eau pour l'irrigation devraient augmenter d'environ quatorze pour cent, passant de 2 130 km^3 par an à 2 420 km^3 en 2030. Un petit pourcentage de cette baisse reflète les changements dans les systèmes de culture en Chine, la part relative de la production de riz diminuant au profit du blé. L'irrigation représente encore une part relativement faible de toutes les ressources en eau dans les pays du Sud. Sur les quatre-vingt-treize pays étudiés par la FAO, dix utilisent déjà plus de quarante pour cent de leurs ressources en eau renouvelables pour l'irrigation. Huit autres pays utilisent plus de vingt pour cent de leurs ressources à cette fin. D'ici 2030, l'Asie du Sud aura atteint un taux de quarante pour cent et la région Moyen-Orient/Afrique du Nord les cinquante-huit pour cent. La part des ressources en eau renouvelables allouée à l'irrigation devrait rester bien en deçà des seuils critiques en Afrique subsaharienne, en Amérique latine et en Asie de l'Est en 2030.

L'eau contenue dans les nappes phréatiques peu profondes joue un rôle important dans le développement et la diversification de la production agricole. Cela est parfaitement logique du point de vue de la gestion des ressources : lorsque les eaux souterraines sont accessibles, elles constituent une protection de tout premier ordre contre les aléas climatiques et le manque de fiabilité de nombreux systèmes de distribution d'eau dans les zones irriguées. Il y a aussi des avantages plus subtils. L'accès aux eaux souterraines favorise une distribution uniforme et, pour de nombreux agriculteurs, l'utilisation de ces eaux constitue un système d'approvisionnement idéal. Parce qu'ils disposent de l'eau à la demande et juste quand ils en ont besoin, ils choisissent parfois d'investir dans des technologies privées d'exploitation des eaux souterraines pour remédier au manque de fiabilité et d'équité des services d'irrigation qui distribuent de l'eau de surface. À bien des égards, l'utilisation des eaux souterraines a permis aux agriculteurs d'échapper à la gestion traditionnelle des périmètres irrigués. Ce type d'exploitation permet d'éviter certains des problèmes de gestion liés aux systèmes d'irrigation à grande échelle, mais l'impact global d'un grand nombre d'utilisateurs individuels peut être préjudiciable. En outre, il s'est avéré difficile de modérer la « course au pompage ».

Le pompage des eaux souterraines ayant un coût direct, les agriculteurs ont tout intérêt à l'utiliser efficacement. Lorsque les coûts de l'énergie sont subventionnés, ce frein n'est plus aussi efficace. Ces lacunes peuvent avoir accéléré l'épuisement des eaux souterraines dans certaines régions de l'Inde et du Pakistan. Les principes techniques de la gestion durable des eaux souterraines et des aquifères sont bien connus. Mais la mise en œuvre de la gestion des eaux souterraines a soulevé de sérieuses difficultés : d'une part, en raison du statut juridique des eaux souterraines, traditionnellement assimilé à la propriété foncière, et d'autre part, en raison des intérêts concurrentiels des agriculteurs qui prélèvent de l'eau dans des aquifères partagés. Les prélèvements peuvent faire baisser le niveau de l'eau à des profondeurs qui sont économiquement hors de portée des technologies de pompage. Cela pourrait désavantager les agriculteurs les plus pauvres et rendre les zones impropres à la production agricole. À proximité de la mer ou d'une nappe phréatique salée, les aquifères équipés de pompes restent exposés à l'intrusion d'eau salée. La qualité des eaux souterraines est également menacée par l'application d'engrais, d'herbicides et de pesticides qui s'infiltrent dans les aquifères. Il faut souvent beaucoup de temps pour identifier ces sources de pollution diffuses provenant des activités agricoles. Mais leurs effets peuvent être de longue durée, surtout lorsqu'il s'agit de polluants organiques persistants.

L'eau souterraine contenue dans les aquifères qui ne sont pas activement alimentés est une ressource précieuse mais épuisable. Par exemple, les vastes aquifères sédimentaires d'Afrique du Nord et du Moyen-Orient qui ne sont plus alimentés ont déjà été utilisés dans le cadre d'un processus d'assèchement planifié pour un développement agricole à grande échelle. Dans certains cas, les contraintes économiques du pompage limitent la poursuite des prélèvements et les favorisent lorsque l'agriculture et l'offre urbaine génèrent une forte demande économique. Deux pays, la Jamahiriya arabe libyenne et l'Arabie saoudite, utilisent déjà beaucoup plus d'eau pour l'irrigation que ne le permettent leurs ressources en eau renouvelables, puisant ainsi dans leurs réserves d'eau souterraine fossile. Si ces réserves d'eau souterraine ont une valeur stratégique élevée en termes de sécurité de l'approvisionnement en eau, leur assèchement pour répondre aux besoins d'irrigation peut être discutable.

Projet sans fin : la « Grande Muraille Verte » en Afrique

Le projet de la Grande Muraille verte d'Afrique présente un intérêt particulier pour Walter car il transcende les pays et cherche à résoudre la crise de l'eau qui y sévit. Actuellement, plus des deux tiers du continent africain sont recouverts de déserts ou de zones fortement dégradées. La désertification a entraîné une dégradation importante des ressources naturelles.[268]

En juillet 2005, les chefs d'État et de gouvernement des pays sahélo-sahariens ont décidé d'apporter une réponse africaine à la désertification et au changement climatique. Des consultations conjointes ont alors été menées avec la Banque mondiale et la Banque africaine de développement. C'est ainsi qu'est né le concept de la Grande Muraille Verte Dakar-Djibouti, d'une largeur de 15 kilomètres et d'une longueur de 7 775 kilomètres, à laquelle ont adhéré les onze pays suivants : Djibouti, Burkina Faso, Érythrée, Éthiopie, Mali, Mauritanie, Niger, Nigeria, Soudan, Sénégal et Tchad. Les effets escomptés sont nombreux. Il s'agissait notamment de réduire l'érosion des sols grâce à la présence d'un couvert végétal, à la vitesse du vent et à l'infiltration des eaux de pluie. La restructuration des sols dégradés est tout aussi importante : l'augmentation de la matière organique d'origine végétale et animale conduisent à la restructuration des sols, et une plus grande disponibilité des besoins domestiques tels que l'eau, l'énergie et l'infrastructure sociale. Par surcroît, la réduction des migrations environnementales et économiques, ainsi que du sous-emploi et de la pauvreté.[269]

L'un des paramètres écologiques déterminants est la pluviométrie. Ainsi, les régions cibles restent limitées aux zones où les précipitations annuelles sont en moyenne de quatre cents millilitres. Il est prévu de construire une bande de bassins de rétention et un réseau de forages hydrauliques le long du tracé dans les zones concernées afin de réduire le déficit pluviométrique et de fournir de l'eau pour les activités domestiques et d'autres activités génératrices de revenus. La Grande Muraille Verte devrait faire partie du patrimoine de l'humanité et son financement devrait être garanti par la communauté internationale. Malgré les efforts déployés, quatorze ans après le début de la plantation d'une bande d'arbres, seuls quatre pour cent des cent millions d'hectares ont été effectivement restaurés. Fin 2009, des arbres avaient été plantés sur une longueur ne totalisant que 525 kilomètres au Sénégal. Les responsables préfèrent désormais parler de « mosaïque » plutôt que de « mur ». Des milliards de dollars de financement plus tard, le danger devient clair que ces fonds ont coulé dans les ministères nationaux, par exemple, au lieu d'avoir un impact durable sur le terrain. Le financement des mesures de restauration devait coûter quarante-quatre milliards de dollars, et chaque dollar investi devait rapporter 1,20 dollar, selon les calculs d'une étude publiée dans *Nature Sustainability*.[270]

Cependant, les fonds sont loin d'être le seul obstacle, car l'initiative s'étend maintenant au-delà du Sahel pour réunir vingt et un pays africains. Il s'agit de l'Algérie, du Bénin, du Cameroun, du Cap-Vert, de l'Égypte, du Ghana, de la Gambie, de la Libye, de la Somalie et de la Tunisie. Les experts ont réitéré leurs inquiétudes quant à l'existence d'un autre obstacle à la construction de la grande muraille, à savoir le grand nombre de conflits au Sahel. Les conflits et le changement climatique compliquent les efforts sur le terrain. Sur les 27,9 millions d'hectares sur lesquels certaines organisations sont engagées, quatorze millions d'hectares se trouvent à proximité immédiate de zones de conflits meurtriers. Dans le nord-est du Niger, la rébellion islamique de Boko Haram, alimentée en partie par des conditions de vie difficiles, a rendu l'accès à ces zones encore plus compliqué. « Boko Haram est un très gros problème pour la mise en œuvre de cette grande muraille verte », indique Chikaodili Orakwue, chercheur sur l'environnement et les conflits à l'Institut pour la paix et la résolution des conflits de l'université d'Abuja. Il a décrit les difficultés rencontrées par l'Agence nationale pour la Grande Muraille verte (NAGGW) pour mobiliser du personnel dans la région. « C'est une zone instable. Ils ont perdu leur personnel à cause de Boko Haram », craint-il.[271]

Il est également possible de constater un manque de formation aux techniques agricoles pour s'adapter aux conditions climatiques incertaines, telles que les sécheresses à répétition qui ont poussé les agriculteurs à quitter leurs terres. La plupart des pays du Sahel sont toujours confrontés à l'insécurité alimentaire. Le changement climatique devrait frapper durement la région. La désertification et les troubles dans le nord du Niger ont attisé les conflits entre agriculteurs et éleveurs, où les terres arables se raréfient.[272]

La crise de l'eau aux États-Unis

La structure politique des États-Unis d'Amérique avec des États individuels et des États riverains ne facilite pas l'organisation de la ressource en eau. Il existe des traités avec les États riverains tels que le Mexique. Au sein d'un État, la ressource est organisée par le gouvernement local.[273] Mais Walter souhaite analyser ce point de plus près.

À l'échelle fédérale, il y a deux lois majeures : la loi sur l'eau potable « Clean Water Act » et « Safe Drinking Water Act » de l'Agence américaine pour la protection de l'environnement. Un programme complet est proposé par l'agence sur le plan national. La liste des activités et des domaines de travail est longue. Elle va de l'hydroélectricité aux enquêtes nationales sur les ressources aquatiques. Les cadres réglementaires américains et les informations d'orientation sont fournis par les lois fédérales sur la propreté de l'eau et la salubrité de l'eau potable. Ils soutiennent les stations d'épuration municipales et participent aux efforts de prévention de la pollution pour protéger les bassins versants et les sources d'eau potable. Ces lois portent notamment sur l'eau potable, les eaux souterraines, la fracturation, les eaux polluées, le mercure, l'exploitation minière des montagnes, les océans et les eaux côtières, l'exploitation minière à ciel ouvert dans les Appalaches, les eaux de surface, y compris les lacs, les rivières et les ruisseaux, les eaux pluviales, les eaux usées, les bassins hydrographiques et les zones humides. [274]

Aujourd'hui, plus de trente millions d'Américains vivent dans des zones où les systèmes d'approvisionnement en eau ne respectent pas les règles de sécurité, selon les données de l'Agence pour la protection de l'environnement. Nombreux sont ceux qui n'ont tout simplement pas les moyens de faire couler l'eau. Avec pas moins de 10,5 millions de canalisations en plomb, les États-Unis ont mis en place le plus grand système d'infrastructures d'eau au monde. Mais ce système s'est aujourd'hui largement effondré et est rempli de contaminants. Des accidents tels que la crise de l'eau de Flint continuent de se produire. En réponse à la crise de l'eau de Flint, le président Barack Obama a signé en 2016 la loi sur l'amélioration des infrastructures de l'eau pour la nation (Water Infrastructure Improvements for the Nation Act). Cette loi visait à faciliter l'amélioration des voies d'eau. Pourtant, les États-Unis n'ont pas gagné la bataille pour l'eau. Plus de la moitié du pays a connu des sécheresses régulières depuis l'an 2000. Pour les États-Unis, l'approvisionnement en eau douce est un défi majeur, car plus de la moitié de la partie continentale du pays a connu des conditions de sécheresse régulières au cours des deux dernières décennies. Selon les projections, les précipitations devraient diminuer de vingt à vingt-cinq pour cent dans une grande partie de l'Ouest d'ici à 2100. Depuis l'an 2000, le bassin du fleuve Colorado connaît des sécheresses historiques. Cependant, les pénuries d'eau ne se limitent pas aux États de l'Ouest. En 2014, quarante des cinquante gestionnaires de l'eau des États prévoyaient des pénuries d'eau douce dans certaines parties de leur État au cours de la prochaine décennie.[275] Au cours de l'été 2022, le gouvernement américain a réduit pour la deuxième année consécutive les rejets d'eau des réservoirs Mead et Powell, alimentés par le fleuve Colorado, en raison de la baisse de leur niveau.[276]

Walter envisage une stratégie de préservation de l'eau douce en utilisant différents paramètres comprenant : des fonds financiers pour l'eau, l'aide aux projets durables, une action commune avec les utilisateurs de l'eau et la promotion d'une politique de l'eau et de financement sains. En d'autres termes, il faut investir dans les marchés de l'eau et les transactions d'eau avec les villes, les districts d'irrigation et les autres utilisateurs afin de parvenir à une utilisation et à un transfert flexible de l'eau qui incluent l'eau pour les besoins de l'environnement. Pour ce faire, il faut encourager les approches innovantes qui réduisent la demande et améliorer les infrastructures afin de transporter et de stocker l'eau de manière plus efficace. Travailler avec les agriculteurs, les éleveurs et les entreprises pour réduire l'utilisation de l'eau sur tous les plans de la chaîne d'approvisionnement agricole. Enfin, promouvoir des politiques locales, étatiques et fédérales qui permettent aux gestionnaires de l'eau de répondre efficacement aux besoins des personnes et de la nature, et garantir des financements étatiques et fédéraux qui soutiennent des pratiques et des accords durables en matière d'eau.[277]

Mais l'exemple du fleuve Colorado montre à quel point la crise de l'eau peut être complexe. Le fleuve Colorado est long de quelque 2 330 kilomètres : de sa source fraîche dans les montagnes Rocheuses à son embouchure sèche dans le golfe de Californie, en passant par des zones humides, des canyons et des déserts. Pour les tribus amérindiennes, c'est un lieu sacré ; pour un cow-boy, c'est une question de survie. Depuis l'arrivée des premiers colons, voilà de cent cinquante ans, la richesse de cette région ne se mesure pas seulement en dollars, mais aussi en droits d'eau. Une fois de plus, les dirigeants se sont réunis à l'occasion d'une conférence sur l'eau. Cette fois, c'est dans le désert, au Caesars Palace de Las Vegas, que s'est réunie l'Association des usagers de l'eau du fleuve Colorado. Lors de cette réunion, un nouvel accord a été signé entre le Nevada, l'Arizona et la Californie sur la gestion du lac Mead à la fin de l'année 2021. Un « plan de plus de cinq cents » a été signé. Le protocole d'accord prévoit un important effort de préservation de l'eau dans le lac Mead d'ici 2023, qui sera financé par un partenariat de 200 millions de dollars.[278]

Lors de la conférence, la Southern Nevada Water Authority a fait part de ses travaux visant à mettre fin aux « technologies de refroidissement par évaporation », qui sont les plus gros consommateurs d'eau en dehors de l'irrigation, et à limiter la taille des piscines à un maximum de 914,4 mètres carrés. Des responsables de l'eau, des défenseurs de l'environnement, des chefs de tribus, des représentants de l'État et des collectivités locales, ainsi que d'autres personnalités ont mis en évidence l'ampleur de la crise.

Tout le monde cherchait des solutions à ce paysage qui aspire l'eau, des plus petites aux plus grandes, comme la suppression complète des barrages et la mise hors service des lacs. « Il faudra de l'ingéniosité, de l'argent et de la collaboration pour trouver ces projets dans tout le bassin, quelle que soit leur taille », précise Colby Pellegrino, directeur général adjoint des ressources en eau à la Southern Nevada Water Authority (Autorité de l'eau du sud du Nevada). La neige qui tombe sur les montagnes Rocheuses en hiver fond au printemps et ruisselle sur les pentes avant de s'accumuler dans un fleuve qui serpente sur des centaines de kilomètres et se collecte au lac Powell dans l'Utah et l'Arizona avant de continuer en aval jusqu'au lac Mead, où il est stocké dans le bassin du fleuve Colorado. [279]

L'eau est distribuée à sept États dans le cadre du Colorado River Compact. Cet accord, conclu en 1922, précisait la quantité d'eau du fleuve que chaque État recevrait. Mais le changement climatique a provoqué des pénuries d'eau. En l'an 2000, les lacs utilisés pour stocker l'eau avaient atteint quatre-vingt-quinze pour cent de leur capacité. Depuis lors, le lac Mead, qui alimente vingt-cinq millions de personnes, a atteint son niveau le plus bas, avec seulement trente-cinq pour cent de sa capacité. Les experts prévoient que le niveau du lac Powell continuera à baisser également. Certains responsables de l'eau ont poussé à la fermeture du barrage de Glen Canyon. L'objectif était de garantir un approvisionnement durable et une répartition équitable de l'eau entre les États du bassin inférieur et les États du bassin supérieur. Il n'y aurait tout simplement pas assez d'eau pour assurer le fonctionnement des lacs Powell *et* Mead. Selon le Bureau of Reclamation des États-Unis, les niveaux du lac Powell devraient être si bas dès le mois de juillet que les turbines hydroélectriques du barrage ne pourraient pas fonctionner correctement. [280]

Le fleuve Colorado alimente sept États du sud-ouest des États-Unis, vingt-neuf nations tribales et l'État du Mexique. Le problème entre le Mexique et les États-Unis remonte à la fin des années 1950, lorsque les États-Unis ont commencé à détourner d'importantes quantités d'eau du fleuve Colorado vers des zones nouvellement développées. Après avoir alimenté quarante millions de personnes, dix millions de vaches, des champs en Arizona et en Californie, des opérations de forage pétrolier et de fracturation aux États-Unis, le fleuve Colorado au Mexique est en train de couler vers sa dissolution. Le Mexique et les États-Unis ont établi un plan d'urgence binational décrivant la manière dont ils travailleront ensemble pour préserver l'eau et trouver des solutions.

Le Mexique et les États-Unis dans le même bateau

Certains responsables de l'eau font pression pour mettre hors service le barrage de Glen Canyon, qui a été construit au milieu du siècle dernier pour former le lac Powell. Selon Daniel McCool, professeur de sciences politiques à l'université de l'Utah, qui étudie la politique de l'eau et les problèmes liés au fleuve Colorado, une mesure radicale consisterait à abolir complètement le pacte du fleuve Colorado, connu sous le nom de « loi du fleuve ». Selon lui, ce qui se passe réellement dans le bassin, c'est une toute nouvelle ère de redistribution. Mais l'élaboration d'un nouveau pacte entre sept États - chacun ayant son propre Sénat, sa propre Assemblée et son propre gouverneur, qui devraient l'approuver - semble irréaliste. De nombreux dirigeants estiment qu'il n'est pas nécessaire de supprimer l'ensemble du pacte, car ils ont appris à s'adapter et à faire avec ce qu'ils ont acquis.

Les quatre-vingt mille barrages de la Chine

La Chine est-elle prête à abandonner ses projets de construction de barrages sur son dernier fleuve sauvage ? Au cours des soixante dernières années, la Chine a construit plus de cinquante mille ou peut-être quatre-vingt-dix-huit mille barrages - les chiffres varient selon les sources.

L'ensemble des barrages produit 300 gigawatts (GW) d'électricité, soit environ trois fois la production des États-Unis. Des dizaines de millions de personnes ont été déplacées à cause du barrage des Trois Gorges, le plus grand projet hydroélectrique de Chine, dont 1,3 million d'habitants. Dix ans après l'achèvement du barrage des Trois Gorges, des milliers de personnes déplacées continuent de se battre contre le gouvernement pour faire valoir leurs droits. On leur aurait promis un logement et une indemnisation. Les gouvernements de la Chine, du Myanmar et de la Thaïlande prévoient de construire plus de quatorze barrages sur la rivière Salween pour produire de l'électricité. Si ces projets sont mis en œuvre, quelque cinquante mille personnes devront quitter leur foyer pour être réinstallées.

Outre les impacts négatifs sur l'équilibre naturel, le risque de tremblement de terre dans la région constitue un risque supplémentaire. Dans la zone des sources de la Salween, se trouve déjà le réservoir de Datang (4 300 mètres au-dessus du niveau de la mer).

Le Grand Canyon de l'Est et la civilisation écologique

En 2003, le gouvernement a prévu de construire des centrales hydroélectriques sur la rivière Salween. L'une d'entre elles devait être installée en amont de Liuku, une ville de quarante-cinq mille habitants, située dans la province du Yunnan, près de la frontière avec la Birmanie. Le gouvernement n'avait pas encore débloqué les projets en 2017. La construction de barrages sur la rivière Salween entraînerait une pollution de l'eau. La rivière Salween ou Nujiang est une rivière qui coule à travers de magnifiques gorges. Une grande partie du fleuve dans le Yunnan fait partie des trois rivières parallèles des zones protégées du Yunnan, un site du patrimoine mondial. Il prend sa source dans les glaciers du plateau tibétain, où il porte le nom de Nagchu. Il s'écoule sur une longueur de 2 820 kilomètres à travers la Chine, puis à travers la Birmanie et la Thaïlande jusqu'à la mer d'Andaman. Il est souvent appelé le « Grand Canyon de l'Est ». La rivière serpente en zigzags, tout comme la route étroite qui longe le canyon escarpé. À chaque tournant, on trouve des formations rocheuses en dents de scie et des vestiges des forêts qui couvraient autrefois les sommets montagneux. Près de cinq millions de personnes vivent dans la zone chinoise du bassin, dont beaucoup appartiennent à des minorités ethniques telles que les Lisu et les Dai. C'est l'une des régions les plus pauvres de Chine. C'est pourquoi de nombreuses voix se sont élevées en faveur de la construction des barrages afin de créer de nouveaux emplois et d'améliorer les routes. Il y aurait de l'électricité et des emplois dans l'entreprise hydroélectrique, la Green Hydropower. La China Society for Hydropower Engineering veut utiliser tout le potentiel hydroélectrique de la Chine. Le pays devrait développer son offre d'énergie renouvelable pour réduire la pollution atmosphérique et respecter ses engagements internationaux en matière de lutte contre le changement climatique.[281]

Selon Yu Xiaogang, directeur de Green Watershed, un groupe environnemental basé à Kunming, la capitale du Yunnan, la situation a beaucoup changé depuis les propositions de projets de barrages. Les géologues ont mis en garde contre le risque de tremblement de terre dans la région. Walter se souvient d'avoir visité la province de Hebei, sur le fleuve Yangtze, au barrage des Trois Gorges, au début des années 2000. À l'époque, le barrage était encore en construction. C'était le plus grand chantier du monde. La population craignait déjà d'éventuels tremblements de terre. Des millions d'entre eux ont été relogés à plusieurs centaines de kilomètres de la rive, dans des paysages d'une centaine de mètres de haut. Les gens avaient perdu leurs maisons et leurs terres. Ils ont construit des jardins sur les toits des nouveaux immeubles. Walter est pris de nausées et de vertiges. Tout avait été construit en hauteur. Pour stabiliser la montagne, les autorités avaient construit des piliers de béton directement dans les rochers afin d'éviter que des blocs ne tombent sur les maisons. Un homme a dit en riant à l'époque qu'il devrait en fait porter un casque toute la journée au cas où la montagne lui tombe sur la tête. La terre glissait déjà des pentes sur les rives du fleuve Yangtze, mettant en danger les nouvelles villes construites au vertical. Selon un habitant, le barrage présentait déjà des fissures avant sa construction. Il était censé contenir beaucoup d'eau. Le poids de l'eau retenue pourrait modifier les conditions géologiques dans les gorges. Cette pression pourrait provoquer des tremblements de terre. En 2008, un tremblement de terre dévastateur d'une magnitude de 7,9 dans la province voisine du Sichuan a tué quatre-vingt mille personnes et mis en évidence le risque tectonique qui menace les infrastructures dans le sud-ouest de la Chine. Il a également suscité un vif débat. En effet, la construction d'un réservoir construit quatre ans plus tôt sur la ligne de faille du Sichuan serait en partie responsable du séisme. En 2013, un tremblement de terre avait fait cent quatre-vingt-huit morts dans le district de Lushan, dans le centre de la Chine. Le barrage était l'un des quatre cents de la région. En 2017, la terre a de nouveau tremblé dans la province de Sihuan, dans le sud-ouest de la Chine. Des personnes ont à nouveau été tuées.

Si les projets relatifs à la Salween se concrétisent, l'agence qui gère le réseau devra installer des lignes de transmission dans des zones qui ont été déclarées site du patrimoine mondial de l'UNESCO en 2003, plusieurs mois avant que les projets ne soient présentés. Connue sous le nom des trois fleuves parallèles (Salween, Lancang et Yangtze), cette région abrite sept mille espèces végétales et quatre-vingts animaux menacés, comme le léopard des neiges, dont certains restent endémiques à la Chine, selon l'UNESCO. En théorie, la Chine prévoit toujours de construire cinq barrages sur le fleuve Salween : un au Tibet, en amont de Bingzhongluo, et quatre dans la province du Yunnan. Malgré des années d'études, le gouvernement du Yunnan n'a pas encore soumis les rapports environnementaux nécessaires à la construction des barrages. Les tentatives d'interroger les responsables des gouvernements provinciaux et de Huadan ont jusqu'à présent échoué. Entre-temps, il semble y avoir de bonnes nouvelles pour eux et pour les habitants.[282]

La Chine crée une « civilisation écologique »

En effet, la Chine découvre progressivement des moyens de produire davantage d'électricité à partir des barrages existants au lieu d'en construire de nouveaux. De nombreuses études ont montré que les centrales hydroélectriques du pays sont sous-utilisées. Le réseau électrique et les paysages accidentés de la Chine posent des problèmes pour la construction de barrages sur le fleuve Salween. Depuis son arrivée au pouvoir, le président Xi Jinping a appelé à la création d'une « civilisation écologique » pour contrer les multiples attaques de la Chine contre l'environnement dans le passé. Il a lancé des mesures répressives contre la corruption au sein du gouvernement et a renvoyé des milliers d'élus, y compris certains partisans clés des barrages sur la rivière Salween. Parmi eux, Bai Enpei, promoteur de l'énergie hydroélectrique et de l'exploitation minière dans le Yunnan. Il a été secrétaire provincial de l'an 2000 à 2011. En 2014, il a été arrêté et accusé d'avoir accepté des pots-de-vin pour obtenir des contrats miniers. En mars, le secrétaire de la province du Yunnan, Li Jiheng, a annoncé l'annulation de nouveaux projets hydroélectriques et miniers sur la rivière Salween. Lui-même et d'autres élus ont manifesté leur soutien à la création d'un parc national pour stimuler l'industrie touristique en plein essor de la région. La région « deviendra une destination touristique internationale majeure d'ici cinq à dix ans », avait annoncé M. Li à la radio nationale chinoise, selon les médias d'État. « Nous y parviendrons ». La région dépassera le Grand Canyon aux États-Unis. Des milliers de villageois n'auraient plus à être déplacés et le paysage naturel des canyons resterait permanent. Mais avec ou sans barrages, le Grand Canyon de l'Est ne restera pas longtemps isolé. Des équipes de construction travaillent à l'amélioration de la route étroite qui traverse le canyon. Dans quelques années, les automobilistes chinois pourront s'y rendre ainsi qu'au Tibet et à Lhassa, sa capitale. Les habitants sont heureux de pouvoir retourner dans leurs villages.

La Norvège, batterie verte de l'Europe

D'autres pays sont déjà plus avancés grâce aux technologies modernes de l'eau : comme la Norvège avec son avenir électrique durable. Depuis la fin des années 1800, le pays produit de l'énergie à partir des nombreuses rivières qui se jettent dans les fjords. Aujourd'hui, le pays tire la majeure partie de son énergie électrique de l'eau, et les centrales hydroélectriques marquent le paysage. La production d'électricité à partir de l'eau fait partie de la vie humaine depuis des siècles. Les premiers exemples nous viennent des Grecs, qui utilisaient des roues hydrauliques pour moudre le blé en farine. Depuis les grandes avancées dans l'utilisation de l'électricité au XIXe siècle, l'eau a évolué vers l'énergie hydroélectrique, qui génère de l'électricité à partir de l'écoulement de l'eau. La Norvège est taillée sur mesure pour l'utilisation de l'énergie hydroélectrique.

Avec ses vallées encaissées, ses nombreux cours d'eau et ses fortes précipitations concentrées dans l'ouest du pays, qui se traduisent par des taux élevés d'écoulement dans les rivières et les cascades, il serait difficile de concevoir un pays de cette taille avec une capacité hydroélectrique aussi importante. Il n'est donc pas étonnant que l'énergie hydroélectrique fasse partie de l'histoire de la Norvège. En 1895, l'État norvégien a acheté sa première chute d'eau, Paulenfossen, pour produire de l'électricité pour la ligne de chemin de fer Setesdalsbanen. Au début du XXe siècle, lorsque l'industrialisation de la Norvège a entraîné une forte demande d'énergie, l'État a acquis des droits sur de nombreuses autres chutes d'eau afin de produire de l'électricité à des fins industrielles. En 1921, la Direction norvégienne des ressources en eau et de l'énergie (NVE) a été créée pour construire et exploiter des centrales électriques appartenant à l'État. Au cours des 70 années qui ont suivi, un grand nombre de petites, moyennes et grandes centrales hydroélectriques ont été construites. Le projet de grande envergure le plus récent, la centrale de Svartisen dans le Nordland, est entré en service en 1993. En 2022, la Norvège comptait 1 166 centrales hydroélectriques. [283]

L'introduction de certificats d'énergie renouvelable pour les petites centrales hydroélectriques d'environ 10 MW ou moins a déclenché un véritable boom. Depuis 2003, plus de trois cent cinquante projets ont été mis en service, et ce développement s'est poursuivi jusqu'à la fin du système de certificats en 2020. Hammerfest Strøm, installée en 2003, a été la première turbine d'essai pour l'énergie marémotrice des fonds marins à Kvalsund. La turbine a fonctionné pendant quatre ans, alors qu'elle n'était prévue que pour trois ans. Elle a été récupérée en bon état et remplacée en 2009 pour de nouveaux essais. L'usine fournissait sept cents mégawattheures (MWh) par an. Rien qu'en 2016, la Norvège a mis en service trente-cinq nouvelles centrales hydroélectriques. D'une capacité totale de 154 MW, il s'agit dans tous les cas de petits projets. La Norvège a également construit des interconnexions avec le Royaume-Uni et l'Allemagne. Cela permet au pays d'exporter encore plus de surplus de production d'électricité : en 2016, il s'agissait de 16,5 térawattheures, soit environ dix pour cent de la production nationale totale.[284]

Nordlink entre la Norvège et l'Allemagne

L'idée de Nordlink est que la Norvège prenne le surplus de production d'énergie solaire et éolienne de l'Allemagne. L'Allemagne produit cette énergie, qui est nécessaire aux systèmes hydroélectriques. La Norvège envoie ensuite l'énergie hydroélectrique en Allemagne lorsque le vent cesse de souffler. La clé réside dans une technologie appelée « chambre d'équilibre sur coussin d'air », un nouveau développement qui permet aux générateurs hydroélectriques de s'allumer et de s'éteindre plus rapidement. Cette technologie utilise une chambre d'air à haute pression pour stocker de plus grands volumes d'eau près des turbines, réduisant ainsi le délai de démarrage.

C'est ainsi qu'est né le projet NordLink : un câble d'une longueur de 623 kilomètres, dont 516 kilomètres de câbles sous-marins traversant la seule mer du Nord, reliant les réseaux électriques de la Norvège et de l'Allemagne et permettant ainsi l'échange d'énergie électrique.

En outre, le Laboratoire de l'énergie hydraulique de Trondheim a présenté ses derniers développements. Ce laboratoire a ouvert ses portes en 1917 et a supervisé toutes les avancées majeures dans le domaine de l'hydroélectricité en Norvège. En expérimentant la conception, l'angle et le nombre des pales, le laboratoire est parvenu à porter à quatre-vingt-quatorze pour cent le rendement de la centrale hydroélectrique de Mørkfoss-Solbergfoss, qui alimente une grande partie de la ville d'Oslo depuis son ouverture en 1924. Aujourd'hui, grâce à la technologie moderne et à la modélisation informatique, le rendement avoisine les quatre-vingt-seize pour cent.[285]

La solution israélienne de l'eau dans le désert

Les pays de plus petite superficie ont souvent trouvé des réponses particulièrement astucieuses aux questions pressantes de l'approvisionnement en eau. Israël en est un bon exemple.

Depuis sa création, le pays se bat pour l'eau. En effet, il est situé dans un désert et les ressources en eau y sont rares. Aujourd'hui, le pays produit vingt pour cent d'eau en plus de ses besoins. Comment cela a-t-il été possible ? Les besoins en eau d'une population de plus de neuf millions d'habitants, en croissance rapide, ont dépassé l'offre et le renouvellement naturel de l'eau potable, à tel point qu'en 2015, l'écart entre la demande et les réserves d'eau naturelle disponibles atteignait un milliard de mètres cubes. Il semblait peu probable que le pays se relève d'un tel scénario. Mais Israël a réussi à éviter l'assèchement grâce aux innovations technologiques et aux infrastructures. La priorité était de trouver un remède à la répartition inégale de l'eau douce dans le pays. Ce problème est apparu peu après l'indépendance d'Israël en 1948, lorsque les vagues de nouveaux immigrants n'ont pas eu assez d'eau pour boire et cultiver. Pour répondre à la demande croissante, la compagnie nationale des eaux d'Israël, Mekorot, a entamé la construction du National Water Carrier (réseau national d'adduction d'eau). Ce réseau de transport d'eau a été conçu pour pomper l'eau du lac Kinneret, au nord, et de la mer de Galilée, et pour transférer l'eau des projets régionaux existants vers le centre et le sud du pays.

À son achèvement en 1964, quatre-vingts pour cent de l'eau transportée par ce système a été allouée à l'agriculture. Il est alors devenu évident que le National Water Carrier ne suffirait pas à lui seul. En 1959, Simcha Blass et son fils Yeshayahu ont mis au point une technologie d'irrigation au goutte-à-goutte : celle-ci permet d'acheminer lentement l'eau directement vers les racines des plantes grâce à un réseau de tuyaux, de vannes et de goutteurs. Avec cette méthode, les plantes absorbent quatre-vingt-quinze pour cent de l'eau, soit beaucoup plus qu'avec d'autres méthodes. Les exploitations agricoles utilisaient moins d'eau sans sacrifier leur production. Aujourd'hui, cette technologie permet d'irriguer soixante-quinze pour cent des cultures. Pourtant, elles continuaient à puiser dans des sources d'eau douce très limitées. Celles-ci s'épuisaient plus rapidement qu'elles ne pouvaient se reconstituer naturellement.

C'est pourquoi, en 1985, le pays a commencé à acheminer des eaux usées traitées et recyclées vers les exploitations agricoles par l'intermédiaire de son transporteur d'eau national. Cela a permis de réduire considérablement l'écart entre la demande des consommateurs et l'eau disponible. En effet, les eaux usées provenant de l'utilisation humaine ne dépendent pas de la variabilité du climat ou des fluctuations météorologiques saisonnières, mais de la croissance démographique et du niveau de vie. En 2015, quatre-vingt-six pour cent des eaux usées agricoles pouvaient être traitées et recyclées. Israël est ainsi devenu le leader mondial de la récupération des eaux usées, suivi par l'Espagne. L'objectif est de recycler environ quatre-vingt-quinze pour cent des eaux usées pour l'agriculture d'ici à 2025, ce qui laissera beaucoup plus d'eau potable pour les communautés que ce qui est nécessaire, à savoir de l'eau traitée et dessalée.[286]

Avec un afflux quotidien d'environ 470 000 m³ d'eaux usées brutes, la station d'épuration de Shafdan, la plus grande du pays, fournit chaque année environ 140 millions de mètres cubes d'eau propre et traitée aux fermes du désert du Néguev pour l'irrigation. Des réservoirs ont également été construits et fournissent 260 millions de mètres cubes d'eau par an. Plusieurs projets de bio-filtres ont été mis en place, les plantes éliminant près de cent pour cent des polluants contenus dans les eaux de ruissellement urbaines. En 1997, la part de l'agriculture dans l'utilisation de l'eau avait été réduite à soixante-trois pour cent. Mais les sécheresses persistantes du milieu des années 1990 ont incité le gouvernement à lancer un programme de dessalement de l'eau de mer par osmose inverse en 1999. Cinq usines de dessalement opérationnelles ont été créées : l'usine d'Ashkelon en 2005, capable de produire 118 à 120 millions de mètres cubes d'eau potable par an ; l'usine de Palmachim en 2007, produisant quatre-vingt-dix à cent millions de mètres cubes d'eau par an ; l'usine de Hadera en 2009, produisant 127 millions de mètres cubes d'eau par an ; l'usine de Sorek en 2013, produisant cent cinquante millions de mètres cubes d'eau par an ; et l'usine d'Ashdod en 2015, produisant cent millions de mètres cubes d'eau par an. Deux usines de dessalement supplémentaires produisent 300 millions de mètres cubes d'eau par an. Lorsque la septième usine sera achevée, l'eau dessalée fournira jusqu'à quatre-vingt-dix pour cent de la consommation annuelle d'eau municipale et industrielle du pays. D'ici 2030, 1,1 trillion de mètres cubes d'eau dessalée seront produits.

La consommation d'eau douce naturelle renouvelable par habitant en Israël est passée de 504 millions de mètres cubes en 1967 à 98 millions de mètres cubes en 2015, année où l'eau dessalée et recyclée représentait près de la moitié de la consommation d'eau. À cette fin, un travail a également été réalisé sur les habitudes de consommation de la population. La campagne publicitaire la plus importante a eu lieu en 2009 et mettait en scène des célébrités israéliennes qui incitaient à la préservation de l'eau. Cette campagne aurait permis de réduire de dix-huit pour cent la consommation d'eau dans les zones urbaines. Aujourd'hui, le pays partage l'eau avec les États riverains tels que la Jordanie et les zones administrées par les Palestiniens en Cisjordanie et dans la bande de Gaza. Il exporte des technologies de l'eau d'une valeur de 2,2 milliards de dollars et se développe. Il propose des formations à la gestion de l'eau et à l'irrigation à plus de cent pays du Sud, dont vingt-neuf en Afrique. En outre, la société israélienne IDE Technologies construit en Californie une usine de dessalement qui sera la plus grande de l'hémisphère occidental et fournira 189 millions de litres d'eau par jour. [287]

La « Zeitenwende » allemande et les Pays-Bas

En Allemagne, de nombreuses tentatives ont été faites pour maîtriser la gestion de l'eau. Dans ce pays, plus de quatre-vingt-seize pour cent des eaux usées provenant des ménages et des institutions publiques sont acheminées vers des stations d'épuration et purifiées sur le plan municipal et communautaire. Pour Gerd Landsberg, directeur de l'Association allemande des villes et municipalités, c'est précisément à ce stade qu'il est nécessaire de « repenser » la gestion active de l'eau, compte tenu de la raréfaction de cette ressource. Les conséquences du changement climatique se font déjà sentir en Allemagne. Par exemple, les municipalités sont de plus en plus préoccupées par la sécheresse dans le Land, comme dans le Brandebourg. Aucun autre pays de l'UE ne recycle autant d'eaux usées que l'Allemagne. [288]

La gestion de l'eau fait l'objet de nombreuses réglementations légales. À l'échelle européenne, par exemple, nous disposons de la directive-cadre sur l'eau, qui ne devient toutefois contraignante pour la gestion de l'eau en Allemagne que lorsqu'elle est transposée dans le droit national. Sur le plan fédéral, la loi fédérale sur la gestion des ressources en eau (Wasserhaushaltsgesetz : WHG) est la plus importante. Elle inclut également les exigences des directives européennes correspondantes. Les Länder peuvent s'écarter des lois fédérales, mais pas dans le cas des réglementations relatives aux substances et aux usines. Il existe en outre la loi sur les eaux usées et la loi sur les eaux de surface. Les principes les plus importants concernant la propriété de l'eau et les limites de la propriété foncière en relation avec les impacts sur les masses d'eau sont ancrés dans la loi fédérale sur l'eau (WHG) à l'article 4 WHG. De plus, les seize lois sur l'eau des différents États fédéraux portent sur la protection, l'utilisation, l'approvisionnement, l'évacuation et la répartition de l'eau. La transformation de la loi sur l'eau en un règlement à part entière a entraîné une révision et une nouvelle version des lois sur l'eau des États fédérés à partir de 2010. Dans certains États fédéraux, comme la Thuringe, cette révision n'a pas encore eu lieu en 2022. En outre, il existe de nombreuses législations et réglementations administratives qui s'ajoutent à ces lois. Les exigences en matière de gestion de l'eau en général et de gestion des eaux pluviales en particulier peuvent également découler d'autres lois spécialisées telles que la loi sur la protection des sols, la loi sur la protection de la nature ou la loi sur l'évaluation de l'impact sur l'environnement. [289]

La nécessité d'une nouvelle « stratégie nationale de l'eau »

Aujourd'hui, le réchauffement climatique apporte des approches complètement nouvelles. Il ne s'agit plus seulement d'essayer de suivre l'évolution de la situation juridique. Le gouvernement allemand travaille avec des chercheurs, des représentants de l'industrie de l'eau et des autorités locales sur une « stratégie nationale de l'eau » visant à faire face aux sécheresses et aux vagues de chaleur récurrentes liées au réchauffement climatique. Cette décision intervient alors que l'avenir de l'approvisionnement en eau de l'Allemagne suscite de plus en plus d'inquiétudes. « Heureusement, notre pays est encore loin d'une situation d'urgence en matière d'eau. Je veux qu'il en soit ainsi à l'heure du changement climatique. C'est pourquoi nous avons besoin d'une stratégie nationale de l'eau », a indiqué Svenja Schulze, ancienne ministre de l'environnement de Rhénanie-du-Nord-Westphalie, lors de la dernière journée d'un dialogue national sur l'eau. Ce dialogue a débuté en 2018 et doit servir de base à la stratégie à long terme du Land. Celle-ci était prévue pour la mi-2021. Mme Schulze a parlé d'une « hiérarchie de l'eau » qui classe les zones prioritaires pour l'utilisation de l'eau. Il s'agirait d'éléments essentiels de la stratégie, qui pourraient aider les utilisateurs à « se préparer à l'avance à une éventuelle situation d'urgence ». Selon elle, une hiérarchie et des règles claires sont nécessaires pour éviter la confusion et la concurrence en cas de grave pénurie d'eau. Svenja Schulze a été nommée ministre fédérale de la coopération économique et du développement en 2021.[290]

La bataille pour l'eau en Allemagne

Les chercheurs de l'Université d'Augsbourg, spécialisés dans l'étude de l'eau et du climat, s'inquiètent en particulier des réserves d'eau souterraine. Ces réserves s'avèrent importantes pour notre eau potable, car près de soixante pour cent de l'approvisionnement en eau de l'Allemagne provient des eaux souterraines. Mais l'eau contenue dans le sol est limitée. Il a moins plu ces dernières années. Malgré les nombreuses précipitations en hiver, explique Andreas Hartmann, professeur de systèmes d'eaux souterraines à l'université technique de Dresde, elles n'ont pas été suffisantes pour répondre aux besoins en eau de la population. « Toutefois, elles n'ont pas été suffisantes pour permettre à de nombreux réservoirs d'eau souterraine de retrouver leur niveau d'avant la sécheresse. Dans de nombreux endroits en Allemagne, le problème n'est pas la pluie, mais sa répartition. Lors de fortes pluies, l'eau arrive brusquement et en forte concentration sur le sol.

Cela n'a que peu d'effet sur les eaux souterraines. Elles s'écoulent par les ruisseaux et les rivières. Dans les cas extrêmes, comme en 2021 dans la vallée de l'Ahr, sur l'Erft ou à Bad Ahrweiler, la pluie provoque des inondations et coûte des vies. Il faudrait qu'il pleuve plusieurs années de suite, à un rythme régulier et au bon moment, pour que les réservoirs d'eau souterraine se reconstituent. Selon Christian Ammer, professeur de sylviculture et d'écologie forestière à l'université de Göttingen, la combinaison des sécheresses et des fortes pluies met les forêts à rude épreuve : « En principe, les températures plus élevées ne sont pas mauvaises pour les arbres, mais seulement s'ils reçoivent suffisamment d'eau. Au moins, nous avons eu suffisamment de pluie pour répondre aux besoins en eau de la vie végétale, a indiqué M. Ammer. Mais même une année humide comme 2021 n'a offert qu'un bref répit qui n'a pas changé grand-chose au problème sous-jacent, a-t-il ajouté. Mais pas plus que cela. Il s'attend encore à des années « normalement chaudes » et « normalement humides » à l'avenir. De surcroît, selon l'Agence fédérale de l'environnement, les eaux souterraines ont dépassé les limites de pollution par les nitrates en de nombreux endroits. Il ne s'agit que des zones connues à ce jour. « Dans certains cas, on ne découvre que des décennies plus tard qu'une trop grande quantité de nitrates a été utilisée comme engrais », a souligné M. Hartmann, qui est basé à Dresde. Il est donc difficile de prendre des contre-mesures à temps.[291]

« La priorité absolue », a-t-il dit, « est de fournir à la population de l'eau pour boire, cuisiner et se laver ». Les nouvelles réglementations pourraient entraîner des réductions dans des activités moins prioritaires telles que l'arrosage des pelouses et l'exploitation de piscines extérieures. Selon lui, « les municipalités ne peuvent à elles seules résoudre les problèmes liés à la sécheresse et à la chaleur persistantes ». En Rhénanie-du-Nord-Westphalie, davantage d'arbres mourront que dans les années 1980 ; à l'époque, les forêts étaient menacées par les pluies acides. « Je n'ai jamais rien connu de tel dans toute ma vie professionnelle », a signalé Michael Herbrecht, forestier local. Il ajoute que les arbres meurent pratiquement plus vite qu'ils ne peuvent être abattus. Les difficultés sont exacerbées par le fait que les deux tiers des forêts locales appartiennent à des propriétaires privés et que de nombreux exploitants forestiers ont perdu des revenus parce que le bois ne pouvait pas être vendu en raison de maladies ou d'infestations par des scolytes. Selon le ministère de l'agriculture, des printemps exceptionnellement secs soumettraient les forêts allemandes à un « test de stress énorme ». Les agriculteurs allemands ont également exprimé leur inquiétude face à la sécheresse.

Une évaluation approfondie du cycle de l'eau

La Deutsche Bundesstiftung Umwelt, la fondation fédérale allemande pour l'environnement, a averti qu'en raison du risque croissant de sécheresses prolongées en Europe centrale, l'industrie allemande de l'eau doit changer de paradigme (Zeitenwende) pour éviter les pénuries d'approvisionnement. Pour Dirk Messner, directeur de l'Agence allemande de l'environnement, les défis à venir nécessiteront des « changements profonds » dans la manière dont l'eau est utilisée en Allemagne, ce qui nécessitera une évaluation approfondie des cycles de l'eau. Il est important que l'Association allemande de l'énergie et de l'industrie reconnaisse que la garantie d'un approvisionnement stable en eau et l'élimination adéquate des eaux usées resteront des tâches essentielles. Une sécurité et une qualité élevées doivent rester abordables, même dans les zones peu peuplées, a-t-il ajouté. Les phénomènes météorologiques extrêmes, quant à eux, ont eu un impact majeur sur la perception par le public des menaces que le changement climatique fait peser sur le pays et auraient contribué de manière significative à la popularité des manifestations contre le changement climatique.

Des mesures contre la sécheresse aux Pays-Bas

Par rapport à l'Allemagne, les Pays-Bas sont plus petits en termes de superficie. En raison de leurs caractéristiques pédologiques particulières, les Pays-Bas se sont imposés comme un expert internationalement recherché dans le domaine de la gestion de l'eau. Environ vingt-six pour cent de la superficie du pays se trouve sous le niveau de la mer et est gravement menacée par les inondations et les catastrophes liées aux inondations, comme le passé l'a douloureusement démontré. Une nouvelle loi sur l'eau fournirait un cadre pour la modernisation de la gestion de l'eau aux Pays-Bas, qui est nécessaire pour les décennies à venir. L'intégration d'un certain nombre de permis devrait réduire la charge administrative pour les citoyens et les entreprises. La loi sur l'eau est liée à la nouvelle loi sur l'aménagement du territoire (la Wro), qui vise à améliorer la relation avec la politique environnementale dans l'espace. Une loi intégrée simplifie la mise en œuvre des directives européennes sur l'eau. Il s'agit notamment de la directive-cadre sur l'eau, qui repose sur la gestion des bassins hydrographiques transfrontaliers, de la directive relative à l'évaluation et à la gestion des risques d'inondation et de la directive-cadre sur la stratégie pour le milieu marin. Le renouvellement sera ajouté à la loi sur la protection contre les inondations. [292]

Le Rijkswaterstaat et les autorités régionales chargées de l'eau sont responsables de la gestion de l'eau aux Pays-Bas. Ils sont notamment chargés de garantir un approvisionnement adéquat et de protéger le pays contre les inondations. Les provinces et les municipalités sont impliquées dans la gestion de l'eau. Les niveaux des principaux cours d'eau étaient bas pour la saison en mars 2022 et devraient continuer à baisser, selon le moniteur de sécheresse du Comité national de coordination de la distribution d'eau. Le déficit de précipitations atteint un niveau qui se produit tous les vingt ans et s'aggrave de manière significative. Il est possible que le déficit du mois de mai dépasse celui de l'année record de 1976. À la fin du mois de mai 2022, il y avait un déficit régional de précipitations d'environ cent millimètres. Il s'agit d'une valeur qui n'est normalement pas atteinte avant le début du mois de juillet. Il reste à voir quelles seront les conséquences pour la nature aux Pays-Bas.

Début mai 2022, le Rijkswaterstaat et les autorités responsables de l'eau ont décidé de prendre des mesures supplémentaires pour lutter contre la sécheresse : le niveau de l'Ijsselmeer sera relevé de quelques centimètres et les autorités responsables pourront prélever de l'eau dans le lac si cela s'avère nécessaire. L'agence de l'eau De Dommel a interdit l'abreuvement près du Keersop et a effectué des contrôles à cette fin. L'abreuvement du bétail et l'utilisation de l'eau pour lutter contre les incendies restent autorisés. Dans une petite partie de la zone de travail de De Dommel, l'arrosage avec de l'eau provenant de tourbières, de piscines, d'étangs, de ruisseaux et de fossés a été interdit pendant les mois d'été. De Dommel souhaite étendre cette interdiction.[293]

Madère et la forêt productrice d'eau

Sur une superficie encore plus réduite, Walter s'oriente vers le Portugal et l'île de Madère. Située au milieu de l'océan Atlantique, l'île se trouve à sept cents kilomètres du continent de la côte occidentale du Maroc. Là, au milieu de la mer, il n'y a pratiquement pas d'eau douce renouvelable, à l'exception de la pluie. L'importation d'eau depuis le Portugal continental est très coûteuse. Pourtant, depuis 2022, Madère vivrait avec quarante pour cent de sa propre énergie renouvelable. Comment cela fonctionne-t-il ?

Le climat de l'île de Madère est influencé non seulement par l'anticyclone subtropical des Açores, qui transporte de l'air marin tropical, surtout dans la partie orientale de l'île, mais aussi par l'altitude et l'orientation du relief. L'île est orientée perpendiculairement à la direction des vents dominants du nord-est. Par conséquent, les températures et les précipitations sont différentes sur des pentes de même altitude. Non seulement les précipitations augmentent avec l'altitude, mais elles ont également tendance à être plus élevées sur le versant nord. Cette orientation fait que la couverture nuageuse moyenne est importante. L'air marin humide, qui provient principalement du nord-est, est contraint de s'élever en altitude dès qu'il touche le relief de l'île. En s'élevant, l'air se refroidit et se condense en particules. Ces particules flottent et forment des nuages ou du brouillard. La présence de végétation, surtout en altitude, permet de retenir ces brumes et de les transformer en précipitations utiles qui alimentent les conduites d'eau et les réserves souterraines. Ces conditions entraînent une plus grande disponibilité de l'eau dans la partie supérieure du nord, c'est pourquoi les fonctions des levadas de Madère étaient historiquement essentielles pour le transport de l'eau de ces zones plus élevées vers les autres points de l'île.[294]

L'eau est constamment présente dans la forêt Laurissilva de Madère, connue sous le nom de « forêt productrice d'eau ». Cette forêt domine en altitude sur le haut plateau de l'île, où les brouillards sont nombreux. Ce brouillard est intercepté par la couverture végétale et « convertie » en précipitations cachées. La disponibilité de l'eau provenant des pluies et l'interception du brouillard ont permis la construction de canaux et d'aqueducs étroits et très étendus, les levadas, pour acheminer l'eau sur des kilomètres à partir de ces zones forestières denses. Telles étaient les principales fonctions des levadas de Madère, qui ont aujourd'hui une importance principalement historique. Il est possible de se promener sur des sentiers pédestres le long de ces canaux.[295]

Madère atteint quarante pour cent de production d'énergie renouvelable

Fort de cette expérience, le pays a progressivement excellé dans la gestion de l'eau. Le gouvernement régional de Madère s'est fixé pour objectif de produire environ cinquante pour cent d'énergie renouvelable d'ici 2026. Ce plan s'appuie sur plusieurs projets financés par le Plan de relance économique et de résilience : comme la modernisation des centrales hydroélectriques Serra de Água avec 15 millions d'euros et Calheta avec six millions d'euros. Le renforcement des batteries et le remplacement de cent cinquante mille compteurs traditionnels par des compteurs intelligents. La production d'électricité à partir de sources renouvelables à Madère a augmenté pour atteindre 39,7 pour cent au cours du premier semestre 2021. Cela comprend la production de 395,8 GWhs d'électricité, avec une diminution de 15,6 pour cent des sources de chaleur et de 12,3 pour cent des déchets municipaux dans la production d'énergie. En revanche, les sources d'eau ont augmenté de 108,4 pour cent et les sources éoliennes et photovoltaïques respectivement de 42,3 pour cent et 3,9 pour cent. En conséquence, la production d'électricité à partir de sources renouvelables a augmenté de 27,8 à 39,7 pour cent, et la production d'électricité à partir de sources thermiques a diminué de 72,2 à 60,3 pour cent.

En ce qui concerne le barrage de Pico da Ruse à Calheta, un partenariat entre la compagnie d'électricité de Madère et Madeira Water and Waste devrait être mis en œuvre, ce qui nécessite la construction d'un autre barrage. D'ici 2024, sous la responsabilité de la compagnie d'électricité de Madère, la capacité de production d'énergie hydroélectrique devrait être augmentée. Elle se transformera en un système réversible avec production d'eau, stockage et pompage, intégrant les principales interventions suivantes : les constructions du barrage de Pico da furze avec une capacité de 1 021 000 m^3 d'eau, du réservoir de restitution de Calheta avec 70 540 m^3, de la centrale hydroélectrique de Calheta III avec deux fois 15 MW, de la station de relevage de Calheta avec trois fois 5,9 MW, du canal de levage/force de 3,5 kilomètres de long et un diamètre de tuyau entre 1.500 et 1.000 millimètres, de la station de levage Paul avec deux fois 90 kilowatts ; la réhabilitation / expansion de la sous-station Sirloin des Doctor avec 60/30 kilowatts, et l'expansion de la capacité de transport de la Levada do Paul II à environ 10,6 kilomètres de long.[296]

Réserve stratégique d'eau grâce à l'énergie éolienne

Le projet s'inscrit dans une nouvelle philosophie d'utilisation des systèmes d'eau renouvelable. Ceci est possible grâce à la mise en place d'une réserve stratégique d'eau pour l'île de Madère avec 1 091 540 m^3 d'eau, l'installation de 17,7 MW de puissance de pompage, la construction d'une nouvelle centrale hydroélectrique de 30 MW et l'installation de 25 MW d'énergie éolienne. Ainsi, la production d'énergie hydroélectrique de la centrale hydroélectrique de Calheta augmente de 26 gigawattheures (GWh), dont 15 GWhs d'apports directs et 11 GWhs d'eau pompée. La production annuelle d'énergie éolienne est ainsi estimée à 61 GWhs. Le projet contribue aux politiques régionales en matière d'énergie, d'eau et d'environnement.

Il fait également partie du plan de développement économique et social 2014-2020 de la RA et du plan d'action pour l'énergie durable de l'île de Madère. Tout cela contribue aux engagements régionaux en termes de consommation finale brute d'électricité provenant de sources renouvelables, conformément à la directive 2009/28/CE, et à la réduction des émissions de dioxyde de carbone d'environ dix pour cent, résultant de l'approbation de l'île de Madère au Pacte insulaire.[297]

La centrale hydroélectrique de Calheta assure une utilisation constante tout au long de l'année, indépendamment des précipitations. Cela contribue à garantir la sécurité et la qualité de l'approvisionnement en énergie dans le système électrique isolé, non connecté et à petite échelle de Madère. Pour la compétitivité de l'économie régionale, il est important de contribuer à la réduction des importations et de la dépendance aux combustibles fossiles, de promouvoir les investissements dans l'énergie éolienne, d'incorporer des solutions innovantes et des technologies efficaces, et de créer des emplois. Le maintien d'une réserve stratégique d'eau sur l'île de Madère est essentiel pour garantir la sécurité de l'approvisionnement pour l'usage humain, l'irrigation et la lutte contre les incendies. Madère n'est pas seulement une île magnifique, elle est aussi un exemple courageux des possibilités offertes par une utilisation judicieuse de l'eau.

La cité de l'eau de Singapour

En Asie du Sud-Est, l'État de Singapour se trouve sur une superficie tout aussi réduite. Pour sa population d'environ 6,5 millions d'habitants, Singapour ne dispose que de très faibles quantités d'eau potable. C'est pourquoi un contrat d'approvisionnement en eau de quatre-vingt-dix-neuf ans a été signé avec la Malaisie en 1962. Ce contrat prévoyait l'approvisionnement de l'État en eau à un prix spécial avantageux jusqu'en 2061, et devait se poursuivre pratiquement indéfiniment. Pour ce faire, une chaussée de 1 056 mètres de long et de 18 mètres de large relie Singapour au continent, la « Causeway ». À droite et à gauche de la chaussée se trouvent deux gigantesques tuyaux par lesquels l'eau potable est pompée vers Singapour depuis le réservoir de Linggiu, dans l'État de Johor, au sud de la Malaisie. En 1962, le fondateur de l'État, Lee Kuan Yew, n'a pas seulement insisté pour que les contrats de fourniture d'eau soient fixés pour quatre-vingt-dix-neuf ans. Avec une sage prévoyance, il les a également déposés auprès des Nations Unies à New York, pour qu'ils soient contraignants en vertu du droit international.

Dès le 9 août 1965, jour où Singapour, en tant que cité-État, s'est déclarée indépendante de la Malaisie après un long conflit, le Premier ministre malaisien de l'époque, Tunku Abdul Rahman, a annoncé que le robinet pouvait être coupé à la petite île à tout moment, dès lors que la Malaisie n'appréciait pas la politique menée dans ce pays.

En 1971, le Public Utilities Board a créé le premier plan général de production d'eau potable urbaine, et aussi le premier dans toute l'Asie du Sud-Est. Trois ans plus tard, les ingénieurs se sont essayés à la construction d'une usine de dessalement de l'eau de mer. Le projet a échoué à l'époque parce qu'il n'existait aucune technologie abordable dans le monde.[298]

Le littoral redressé à l'aide de barrages

Avec 2 500 millimètres de précipitations, la ville reçoit quatre fois plus d'averses que, par exemple, la ville européenne de Londres. Des égouts ont été construits dans toutes les zones résidentielles, le long des principaux axes de circulation et même à la lisière des quelques forêts vierges et réserves naturelles restantes. L'eau ainsi collectée s'écoule dans d'immenses bassins de rétention et réservoirs, au nombre de dix-sept aujourd'hui. En tant que lacs artificiels, ils constituent les espaces des zones de loisirs locales. Ailleurs, le littoral a été redressé à l'aide de barrages pour permettre à l'eau douce de s'accumuler dans des lacs artificiels. Ces projets et d'autres projets de récupération des terres ont eu pour effet positif d'augmenter la taille de la ville d'environ cent vingt kilomètres carrés au fil des ans, pour atteindre 719 kilomètres carrés aujourd'hui. Toutefois, selon les experts en eau, il serait nécessaire d'inonder toute la ville pour répondre à la demande d'eau.

Après un automne 1998 très sec, le pays s'est à nouveau retrouvé dans une situation difficile. Peu après l'Asie et la Malaisie, Singapour était au bord de l'effondrement financier. Mahathir Mohamad, le premier ministre malaisien de l'époque, a utilisé l'eau comme moyen de pression sur Singapour. Cette menace a rappelé à Singapour qu'il ne fallait « jamais se reposer sur ses lauriers », selon une scientifique. Avec cinquante autres experts de l'eau, elle réside dans les bâtiments coloniaux de l'« Institute of Policy Studies » (IPS), un centre de recherche autonome de la Lee Kuan Yew School of Public Policy de l'université nationale de Singapour, situé au milieu des jardins botaniques verdoyants de Singapour, classés au patrimoine mondial de l'humanité. En réponse aux menaces de son voisin, Singapour a élaboré un autre plan directeur, désormais connu sous le nom des « quatre robinets nationaux » : premièrement, de l'eau importée ; deuxièmement, de l'eau provenant du bassin hydrographique local ; troisièmement, de l'eau dessalée provenant de la mer ; et quatrièmement, des eaux usées recyclées de haute qualité, connues sous le nom de « NeWater ». Deux éléments dépendaient de l'approvisionnement en eau du voisin du nord. Depuis le début du millénaire, le programme NeWater a permis à la nation insulaire de disposer d'un réseau encore plus étendu d'installations de production d'eau potable.

Huit mille kilomètres de réseau d'eau

À l'aide d'énormes machines de forage, normalement utilisées pour la construction de métros ou de tunnels dans les Alpes, la roche située sous l'île tropicale a été percée de gigantesques tubes-tunnels à une profondeur de plus de cinquante mètres. Ces monstrueux capillaires, longs de plusieurs centaines de kilomètres, ont pour mission de collecter toutes les eaux usées de la ville. En fait, la « NeWater », que l'on peut même acheter en bouteilles, est de l'eau usée transformée en eau potable conformément aux normes de l'UE. Cinq nouvelles stations d'épuration ont été construites à l'extrémité du réseau de huit mille kilomètres d'égouts souterrains et aériens et de collecteurs d'eaux pluviales qui sillonnent la ville-État - la plupart d'entre eux étant situés sur des terres gagnées sur la mer. De plus, il existe trois, et bientôt quatre, usines de dessalement de l'eau de mer. Elles fonctionnent selon le principe de l'osmose inverse, une technologie de pointe au sur le plan mondial. Comme tout ce qui se passe sur la petite île fonctionne toujours avec une exigence de perfection, les ingénieurs tentent d'atteindre plusieurs objectifs à la fois avec l'usine. Actuellement, chaque Singapourien consomme en moyenne 149 litres d'eau par jour. C'est nettement moins que les Saoudiens, par exemple, qui consomment 1 000 litres par habitant et par jour. Mais les habitants de Hambourg, auxquels les Singapouriens préfèrent se comparer en matière d'eau, n'ont déjà atteint que cent vingt litres.

L'objectif de Singapour est de devenir la « ville d'eau du premier monde ». La devise : chaque goutte doit être utilisée. Les habitants sont encouragés à économiser leur eau : lorsqu'ils se brossent les dents, par exemple, ils ne doivent pas laisser couler le robinet mais utiliser un gobelet à brosse à dents ; cela permet d'économiser onze litres d'eau par jour. Singapour vise l'autosuffisance en eau d'ici 2061. Chaque citoyen, riche ou pauvre, peut boire de l'eau au robinet sans aucun risque. En Asie, cela n'est aussi possible qu'au Japon, sans risque pour la santé. En 1998, Singapour tirait encore soixante-dix pour cent de son eau potable de la Malaisie. En 2022, cette proportion ne sera plus que de cinq pour cent.

Des solutions techniques anciennes et nouvelles

La compréhension des méthodes traditionnelles de gestion de l'eau dans les zones arides devient de plus en plus importante à la lumière des développements actuels. Outre les Aborigènes, de nombreuses cultures ont utilisé des techniques sophistiquées. L'avenir de l'eau peut également être construit à l'aide de techniques anciennes provenant, par exemple, du Pérou, du Kenya, de l'Inde et d'Israël.

Les canaux en pierre au Pérou

Au Pérou, des solutions durables sont en vue. Toutefois, ces solutions ne se trouvent pas dans la capitale Lima, la deuxième grande ville la plus désertique du monde. Les solutions se trouvent à cent vingt kilomètres de Lima, à 3 657,6 mètres d'altitude. Il s'agit de canaux en pierre, autrefois oubliés, qui datent d'avant les Incas. Ces canaux serpentent à travers le district de Huamantanga sur des pentes abruptes, recueillant les précipitations et l'eau des ruisseaux des hauts plateaux pendant la saison des pluies et les laissant s'infiltrer dans la montagne, qu'elles pénètrent naturellement pendant des mois au lieu de s'écouler dans les ruisseaux. « Quand on voit ça, c'est incroyable et magnifique », constate Leah Bremer, chercheure au Natural Capital Project, qui travaille depuis des années avec The Nature Conservancy et des organisations locales sur un fonds destiné à améliorer la quantité et la qualité de l'eau de la région.

Ils forment une combinaison d'éléments naturels et modernes. Ces canaux s'appellent « Mamanteo ». Les historiens pensent que la culture Wari a construit les canaux dans le cadre d'un système complexe de préservation de l'eau qui a commencé environ mille cinq cents ans avant les Incas. Ils ont été endommagés au cours des siècles derniers. Au Pérou, les Mamanteo ont des retombées positives en amont et en aval. Les habitants de Humantanga, qui signifie « l'endroit où dorment les faucons », disposent de plus d'eau et de meilleurs pâturages pour leur bétail pendant la saison sèche. Mais l'eau a également un effet important en aval. En effet, il augmente la quantité d'eau qui arrive à Lima pendant les mois secs, de mai à décembre. C'est essentiel car, malgré la construction de réservoirs supplémentaires et le transport de l'eau à travers les Andes jusqu'à la côte, Lima est toujours confrontée à un déficit annuel en eau.[299]

La réhabilitation des structures anciennes, une mesure rentable

Timm Kroeger, un économiste de Nature Conservancy's Global Science qui a réalisé une analyse coûts-avantages, a annoncé que le projet serait rentabilisé. « C'est vraiment une évidence », a-t-il ajouté. « Réhabiliter les anciennes structures, et non en construire de nouvelles avec la même technologie, est une mesure extrêmement rentable », indique Bert De Bièvre, chercheur au Consortium pour le développement durable de l'écorégion andine, basé à Lima. Il note cependant que les « constructions vertes et grises » seront toutes deux nécessaires pour résoudre les problèmes d'eau de Lima. Jusqu'à présent, au moins dix mamanteos, parfois appelés amunas, ont été restaurés. L'État et les fonds nationaux contribueront à hauteur de vingt-trois millions de dollars à la mise en œuvre de solutions vertes. Il s'agit notamment de restaurer le système des mamanteos, d'améliorer l'irrigation locale, de réduire le surpâturage dans les hauts plateaux et d'adopter des vaches génétiquement supérieures qui produisent plus de lait. Plus de lait par vache signifie moins de vaches qui stressent les hauts plateaux. Ces interventions vertes ont permis de compenser près de quatre-vingt-dix pour cent du déficit d'écoulement de l'eau de Lima pendant la saison sèche, à un coût inférieur à celui des projets d'infrastructures grises modernes tels que les pipelines ou les usines de traitement des eaux usées. D'anciennes techniques d'infiltration étaient autrefois utilisées pour augmenter le stockage de l'eau et libérer lentement les débits qui réapparaissaient dans les sources en aval après un décalage de plusieurs mois. L'infiltration peut également faire partie d'une stratégie paysagère. La mise en œuvre de ce type d'interventions écologiques peut entraîner des avantages sociaux, culturels et environnementaux supplémentaires, car les communautés en amont s'engagent à soutenir une meilleure gestion des bassins hydrographiques et des ressources en eau de la région, et les systèmes naturels peuvent également filtrer les contaminants de l'eau, stabiliser les sols et fournir un habitat pour la biodiversité. Au départ, les habitants étaient sceptiques quant à l'efficacité des anciennes méthodes. Mais ils ont été convaincus lorsque les prairies sont restées vertes pendant la saison sèche.

Les barrages de sable au Kenya

Au Kenya, les barrages de sable améliorent la sécurité de l'eau. Ils remontent à l'époque romaine. Au Kenya, les gens utilisaient des pierres pour former des barricades afin de contrôler l'érosion des sols, explique Joe Kiolo, responsable de la communication pour la Fondation africaine des barrages de sable, notant que la zone restait verte longtemps après la saison des pluies. La technologie est simple. Les habitants construisent une barrière en béton en travers d'une rivière saisonnière qui coule sur une roche mère. Lorsque la rivière coule, du sable se dépose dans l'eau derrière le mur, mais seule une petite partie du débit est arrêtée. Au fil du temps, des couches de sable se forment. Elles forment un réservoir qui stocke l'eau lorsque le niveau de la rivière baisse. Le sable empêche l'évaporation. Comme le changement climatique augmente les températures dans la région et l'évaporation de l'eau de surface, celui-ci agit comme un filtre, rendant l'eau potable. Les barrages changent la vie des communautés. Par exemple, dans le comté de Makueni, au sud-est de Nairobi, pendant la saison sèche, il fallait se lever à 5 h 30 et marcher deux heures jusqu'à la rivière la plus proche pour remplir une cruche de 20 litres et revenir. Dans de nombreux villages, les enfants vont chercher de l'eau au lieu d'aller à l'école. Dans un village, la construction d'un barrage de sable a permis de réduire la distance à parcourir pour aller chercher de l'eau de six kilomètres à un peu plus d'un kilomètre. Cela a permis de gagner du temps et d'améliorer l'assainissement et l'hygiène.

La zone située à proximité du barrage a développé un microclimat semblable à une oasis qui a permis la régénération des arbres, des arbustes et des herbes vivaces et a encouragé la création de jardins potagers. L'idée s'est répandue. La Sand Dam Foundation s'est associée à d'autres organisations à but non lucratif pour adopter cette pratique au Zimbabwe, au Soudan, en Ouganda, en Tanzanie, au Tchad, au Mali, au Swaziland et au Mozambique.

Les Johads en l'Inde

En Inde, la technique de collecte des pluies, la Johad, est la plus répandue. Surtout dans les régions où le niveau de la nappe phréatique baisse rapidement. Ces dernières années, l'État du Rajasthan, la région la plus sèche de l'Inde, s'est tourné vers différentes techniques. Dans l'une d'elles, la paire, l'eau de pluie est recueillie dans un bassin versant. Elle s'écoule dans un sol sablonneux. Pour accéder à l'eau, les habitants creusent des puits d'environ quatre mètres et demi de profondeur. Dans le district d'Alwar, au Rajasthan, après l'assèchement des puits, les habitants se sont tournés vers les barrages de Johads, qui recueillent l'eau de pluie et reconstituent les nappes phréatiques. Après la construction de plus de trois mille Johads, le niveau de la nappe phréatique a augmenté de près de cinq mètres et demi. Selon un rapport, la couverture forestière adjacente a augmenté d'un tiers. Cinq rivières qui s'étaient asséchées après la mousson coulent désormais toute l'année. Les johads sont de petits barrages en terre qui capturent et stockent l'eau de pluie. Construit dans une zone avec une élévation naturelle sur trois côtés, un puits de stockage est créé en creusant la zone. La terre excavée est utilisée pour créer un mur sur le quatrième côté. La citerne traditionnelle communale de stockage de l'eau de pluie est principalement utilisée pour un emploi efficace des ressources en eau dans les États de l'Haryana, du Rajasthan, du Punjab et de l'ouest de l'Uttar Pradesh, dans le nord de l'Inde. Elle recueille et stocke l'eau tout au long de l'année et sert à extraire l'eau souterraine des puits voisins. [300]

Certaines Johads ont également une maçonnerie de briques ou de pierres et des rangées de marches et de rampes cimentées. L'eau de pluie remplit les fosses. Celles-ci sont reliées à d'autres petites fosses. L'eau de pluie supplémentaire est versée dans les petites fosses. Elles sont utilisées pour nettoyer, boire et se laver. Autrefois, dans certaines régions de l'ouest du Rajasthan, les maisons étaient construites pour que chaque bâtiment soit équipé d'un système de récupération de l'eau sur le toit. L'eau de pluie provenant de ces toits était acheminée vers des réservoirs souterrains. Ce système est encore présent aujourd'hui dans tous les forts, palais et maisons de la région. La Confédération de l'industrie indienne a fait de la récupération de l'eau une priorité dans un document sur la Vision 2022 pour le Rajasthan. Un plan directeur gouvernemental visant à reconstituer les nappes phréatiques cite les johads, les paars et d'autres structures traditionnelles. Jethu Singh Bhati, qui travaille sur les méthodes indigènes de préservation de l'eau depuis le milieu des années 1990 avec la Thar Integrated Social Development Society, est l'un des principaux instigateurs de ce travail au Rajasthan. « Les gouvernements s'enorgueillissent de projets coûteux », a-t-il souligné, « mais notre travail montre que les systèmes qui sont inextricablement liés à l'hydrographie, à la topographie et à l'économie de la région sont les plus efficaces ».

Massada dans le désert du Sinaï

À Massada, un seul jour de pluie suffisait pour fournir de l'eau à des milliers de personnes pendant trois ans. Walter se souvient maintenant de sa visite dans le désert du Sinaï, non loin de la mer Morte. Le roi Hérode le Grand a probablement été l'un des plus grands bâtisseurs de l'Orient romain entre 37 et 4 avant J.-C. Au cours de son règne, dans la seconde moitié du XVIIe siècle avant J.-C., il a construit Massada, une technologie de l'eau au milieu de la côte ouest de la mer Morte, aujourd'hui aride. L'approvisionnement en eau était assuré par un réseau de grandes citernes creusées dans la roche sur le versant nord-ouest de la colline. Elles se remplissaient en hiver avec l'eau de pluie qui coulait en ruisseaux depuis la montagne. Le système d'approvisionnement en eau sophistiqué de Massada a transformé une colline stérile et isolée, au climat aride, en une retraite royale somptueuse.

Aujourd'hui, la gestion de l'eau dans les environs et dans la forteresse est étudiée à l'aide d'une technologie photométrique moderne, avec un drone pour effectuer une modélisation scientifique en 3D. Cela permet d'obtenir un enregistrement précis du système de collecte de l'eau ainsi que de son système de cheminement. La disponibilité de l'eau a permis au roi Hérode d'équiper son palais d'un élément important du nouveau concept de loisir : le locus amoenus. La floraison des jardins royaux sur ce terrain aride peut être attribuée à une gestion de l'eau hautement développée et avancée. Les habitants de Massada disposaient de l'incroyable quantité de 40 000 m d'eau.[301]

Récupération des eaux de pluie et bâtiments écologiques

Il n'y a pas qu'au Pérou ou en Inde que les gens comptent sur la pluie. Avant le développement de grands systèmes centralisés d'approvisionnement en eau, les gens recueillaient la pluie sur les toits. Ils la stockaient dans des réservoirs ou des citernes. Ces systèmes de récupération de l'eau de pluie ont presque été oubliés, alors qu'ils fournissent une eau pure et douce comme source d'approvisionnement. La collecte des eaux de pluie est définie comme une méthode consistant à provoquer, collecter, stocker et préserver les eaux de ruissellement locales en vue d'une utilisation ultérieure.[302]

La collecte des eaux de pluie se présente sous trois formes. Il s'agit, tout d'abord, de l'eau collectée sur les toits, les cours et les surfaces compactées ou traitées similaires et utilisée à des fins domestiques, pour les cultures maraîchères ou pour la recharge des nappes phréatiques. Deuxièmement, il s'agit des eaux de ruissellement collectées à partir d'une petite zone de captage et stockées dans la zone racinaire d'un bassin d'infiltration adjacent. Le bassin est planté d'arbres, d'arbustes ou de cultures annuelles. Troisièmement, il s'agit de bassins externes, lorsque les eaux de ruissellement provenant de bassins versants localisés en altitude sont dirigées vers la zone de culture située au pied de la colline, sur un terrain plat. L'eau de pluie est généralement exempte de tous les solides dissous, mais contient des gaz dissous. Une étude menée au Bangladesh a montré que l'eau de pluie récoltée avait une couleur et une turbidité très faibles, mais que la qualité microbiologique n'était pas conforme aux directives locales et à celles de l'OMS. Lorsqu'elle est stockée dans des réservoirs revêtus de briques, de béton ou de ciment, l'acidité de l'eau se traduit par un pH supérieur à 8,5, et la faible teneur en minéraux de l'eau est considérée comme préjudiciable à la santé. Des progrès dans le traitement de l'eau ont été réalisés grâce à la microfiltration, l'ultrafiltration et la nanofiltration. Les membranes pour la collecte des eaux de pluie sont préférées pour l'irrigation. Quoi qu'il en soit, la récupération de l'eau de pluie pour la boisson et d'autres usages intérieurs suscite un intérêt croissant. L'eau de pluie peut être filtrée en fonction de la qualité souhaitée.

Mais ces eaux peuvent être utilisées à diverses fins non potables. Une analyse réalisée à l'aide de l'outil SARET (Storage and Reliability Estimation Tool) et les résultats obtenus dans quatre villes américaines montrent que celles-ci peuvent être utilisées pour les toilettes des habitants avec une fiabilité de cinquante à quatre-vingt-quatorze pour cent. L'un des résultats tangibles de l'amélioration de l'efficacité énergétique des bâtiments est la création de bâtiments écologiques. Les bâtiments écologiques peuvent permettre d'économiser une quantité importante d'eau en utilisant un système de collecte des eaux de pluie. Par exemple, en 2011, Muthukumaran et al. ont montré qu'il était possible d'économiser environ quarante pour cent d'eau potable en utilisant l'eau de pluie dans un immeuble résidentiel de la région de Victoria, en Australie. En 2012, Ward et al. ont constaté qu'un système de récupération de l'eau de pluie installé dans un bureau permettait d'économiser environ quatre-vingt-sept pour cent d'eau dans un bâtiment non résidentiel.

Faisabilité financière des systèmes de collecte des eaux de pluie

Parmi les composants d'un système de récupération de l'eau de pluie, le réservoir de stockage représente généralement la plus grande partie du coût total de l'installation. Par conséquent, avant de mettre en œuvre les systèmes de récupération de l'eau de pluie dans le bâtiment, une analyse économique appropriée et une conception adéquate sont nécessaires. Cela permettra d'améliorer les performances et les avantages afin d'obtenir une période de retour sur investissement courte. Afin d'évaluer la faisabilité financière d'un système de récupération des eaux de pluie, l'évaluation du cycle de vie et l'analyse des coûts du cycle de vie (LCCA) doivent être incluses dans la conception de la construction d'un bâtiment. La faisabilité financière des systèmes de récupération des eaux de pluie dans les immeubles de grande hauteur de quatre capitales australiennes, Sydney, Perth, Darwin et Melbourne, a été étudiée et a montré que toutes les villes avaient le potentiel d'obtenir un bon retour sur investissement avec un système de récupération des eaux de pluie. Selon l'étude, c'est à Sydney que la période de retour sur investissement du système de récupération de l'eau de pluie est la plus courte (environ dix ans). En 2010, Domenech et Sauri ont calculé que la période de retour sur investissement dans la région métropolitaine espagnole de Barcelone pour un ménage unifamilial se situait entre trente-trois et quarante-trois ans, en fonction de la taille du réservoir d'eau de pluie. Imteaz et al. ont rapporté en 2011 que le coût de construction d'un réservoir d'eau de pluie commercial connecté à de grandes toitures à Melbourne pouvait être récupéré en quinze à vingt et un ans, en fonction de la taille du réservoir, des conditions climatiques et du futur prix de l'eau.

Un système portable de purification de l'eau par UV

Les maladies d'origine hydrique telles que la dysenterie, les infections à E-coli et à rotavirus constituent la plus grande menace environnementale pour les enfants et les nourrissons dans les pays du Sud. Elles coûtent la vie à des millions d'enfants chaque année. Cette situation se complique encore lorsque des catastrophes naturelles se produisent ou que des conflits éclatent. La purification de l'eau par la lumière ultraviolette (UV) est l'une des méthodes d'assainissement les plus efficaces pour éliminer les virus et les bactéries de l'eau potable et pourrait contribuer à réduire considérablement le nombre de décès. Mais jusqu'à peu, les méthodes de purification par UV étaient trop coûteuses ou trop compliquées pour être utilisées dans les régions les plus pauvres. La purification de l'eau par UV remonte au début des années 1900 et constitue la plus récente et la plus efficace des trois principales méthodes d'élimination des agents pathogènes de l'eau potable. Les deux autres méthodes consistent à faire bouillir l'eau et à ajouter de l'eau de Javel. L'ébullition de l'eau est de loin la méthode la plus ancienne, décrite pour la première fois dans des écrits sanskrits datant de 2 000 ans avant Jésus-Christ. Elle reste la principale méthode de purification de l'eau dans le monde aujourd'hui, utilisée par environ cinq cents millions de personnes rien qu'en Chine. Cependant, elle est une cause alarmante de déforestation et d'émissions de gaz à effet de serre.[303]

Avec son système de purification de l'eau par UV, le dispositif de désinfection conçu par Ashok Gadgil et Vikas Garud, nominés pour le prix de l'inventeur européen, offre une solution plus récente. Ashok Gadgil, scientifique principal au Lawrence Berkeley National Laboratory, et son assistant Vikas Garud ont inventé un appareil qui ne pèse que sept kilogrammes. De la taille d'un four à micro-ondes, il désinfecte l'eau à l'aide d'une ampoule UV économe en énergie de 40 watts, à raison de mille litres d'eau par heure. Il peut être utilisé hors réseau en utilisant une batterie de voiture ou un petit module photovoltaïque pour l'alimentation. Utilisant environ vingt mille fois moins d'énergie que l'eau bouillante, l'appareil peut nettoyer environ seize litres d'eau par minute pour moins de 0,01 euros. Le système a connu un bon départ lors des opérations de secours aux victimes d'ouragans dans les Caraïbes en 1998, et a permis de fournir de l'eau aux survivants des zones touchées par le tsunami au Sri Lanka après le terrible tremblement de terre et le tsunami qui l'a suivi en Asie en décembre 2004. En 2010, la technologie avait été installée dans plus de dix pays à travers le monde.

L'utilisation de la lumière UV comme méthode de stérilisation a été introduite en 1919 par le scientifique américain John Keys, qui a breveté un stérilisateur UV pour tuer les germes dans l'eau ou le lait. L'invention d'Ashok Gadgil tire parti d'un principe biochimique de base : la lumière ultraviolette (UV) consiste en un rayonnement électromagnétique compris entre dix nanomètres (nm) et 400 nm, soit une longueur d'onde inférieure à celle de la lumière visible. La lumière UV cible les menaces pour la santé telles que les virus ou les bactéries pendant environ douze secondes, endommageant leur ADN (acide désoxyribonucléique) de sorte qu'ils ne peuvent plus se reproduire et infecter leurs hôtes humains. D'autres inventeurs ont amélioré la méthode, notamment Charles Pole avec un système compliqué de tubes d'eau radiaux et de réflecteurs de lumière pour exposer l'eau à une lumière UV uniforme, breveté en 1921. Mais tous les systèmes UV présentent un défaut majeur : les lampes UV étant immergées dans le liquide, leurs boîtiers accumulent des résidus organiques et chimiques au fil du temps. Cela nécessite un entretien coûteux régulier et peut même s'avérer dangereux pour la santé. En plaçant la lampe UV au-dessus d'un réservoir de traitement rempli d'eau, les deux inventeurs ont résolu le problème de l'accumulation de résidus et de l'entretien régulier. En outre, leur conception fait appel à la gravité et à une conception hydraulique soigneusement étudiée pour assurer un flux d'eau régulier, éliminant ainsi le besoin d'un système de pompe.

Une unité de dessalement portable

Des scientifiques du Massachusetts Institute of Technology, MIT, ont mis au point, en mai 2022, une unité de dessalement portable pesant moins de dix kilogrammes et capable d'éliminer les particules et les sels pour produire de l'eau potable. L'appareil, de la taille d'une valise, nécessite moins d'énergie qu'un chargeur de smartphone et peut être alimenté par un petit panneau solaire portable. Il produit automatiquement de l'eau potable qui dépasse les normes de qualité de l'Organisation mondiale de la santé et fonctionne sur simple pression d'un bouton. Il utilise l'énergie électrique pour éliminer les particules de l'eau potable. L'appareil peut être utilisé dans des zones reculées et aux ressources très limitées, comme les communautés vivant sur de petites îles ou à bord de cargos pour aider les réfugiés. Les concepteurs sont Jongyoon Han, professeur de génie électrique et de génie biologique et membre du Laboratoire de recherche en électronique (RLE), Hyukjin J. Kwon, ancien postdoctorant, SungKu Kang, postdoctorant à l'université de Northeastern, et Eric Brack du Commandement du développement des capacités de combat de l'armée américaine (Devcom). L'étude a été publiée en ligne dans Environmental Science and Technology.[304]

Leur unité est basée sur une technique appelée polarisation par concentration d'ions (PCI), qui, au lieu de filtrer l'eau, applique un champ électrique à des membranes placées au-dessus et au-dessous d'un canal d'eau. Les membranes repoussent les particules chargées positivement ou négativement - y compris les molécules de sel, les bactéries et les virus - lorsqu'elles passent. Les particules chargées sont dirigées vers un second flux d'eau, qui est finalement évacué. Le processus élimine les solides dissous et en suspension, ce qui permet à l'eau propre de circuler dans le canal. Parce qu'il ne nécessite qu'une pompe à basse pression, le procédé PCI consomme moins d'énergie que les autres techniques. Cependant, l'unité n'élimine pas toujours tous les sels flottant au milieu du canal. Les chercheurs ont donc incorporé un second processus, appelé électrodialyse, pour éliminer les ions salins restants. Ji Yoon Kang a utilisé l'apprentissage automatique pour trouver la combinaison idéale de modules de PCI et d'électrodialyse. La configuration optimale comprend un processus PCI en deux étapes, l'eau passant par six modules lors de la première étape, trois lors de la seconde, suivis d'un seul processus d'électrodialyse. Cela a permis de minimiser la consommation d'énergie tout en garantissant que le processus reste autonettoyant.

Ils ont rétréci et empilé les modules PCI et d'électrodialyse pour améliorer leur efficacité énergétique et construire un appareil portable à partir de ces modules. Cet appareil est conçu pour être utilisé par des non-professionnels. Il suffit d'appuyer sur un bouton pour lancer le processus automatique de dessalement et de purification. Une fois que la salinité et le nombre de particules ont atteint certains seuils, l'appareil informe l'utilisateur que l'eau est potable. Les scientifiques ont également mis au point une application pour smartphone qui peut contrôler l'appareil sans fil et fournir des données en temps réel sur la consommation d'énergie et la salinité de l'eau.

Récupérer de l'eau dans l'air

Même si les régions arides manquent d'eaux de surface ou souterraines, des quantités considérables d'eau sont souvent présentes dans l'air. De plus, en raison du réchauffement climatique, la teneur en eau de l'atmosphère devrait continuer à augmenter du fait de la hausse des températures. Récupérer l'eau de l'air est une opportunité que divers chercheurs, ingénieurs et entrepreneurs ont développée. Qu'il s'agisse des panneaux hydroélectriques de Source Global, du système à membrane de l'Australienne Dianne Wiley ou de la récupération de l'eau potable de WaLu à partir de l'humidité atmosphérique, tous les projets visent à aider les populations à s'approvisionner en eau dans les régions arides.

Si l'eau a toujours été une denrée précieuse dans le climat très sec du sud-ouest des États-Unis, les conditions ont été exacerbées par des décennies de sécheresse ainsi que par une contamination omniprésente par l'uranium. Au cours du XXe siècle, les terres navajos ont été louées pour l'exploitation de mines d'uranium, ce qui a aidé le gouvernement américain à développer son arsenal nucléaire. Les mines ont ensuite été abandonnées et ont contaminé les terres et l'eau potable, entraînant des complications pour la santé des Navajos. L'eau n'est donc pas un bien que les habitants de la nation Navajo peuvent s'offrir aujourd'hui. Les terres de la nation Navajo abritent cent soixante-quinze mille personnes, et on estime que quarante pour cent d'entre elles n'ont pas accès à l'eau du robinet chez elles. Source Global, une entreprise basée à Scottsdale, en Arizona, contribue à résoudre le problème de l'eau potable grâce à une nouvelle technologie appelée

Hydropanel. L'Hydropanel ressemble à un panneau solaire, mais il est un peu plus large et possède un réservoir à sa base. Il est complètement autonome et peut être installé partout dans le monde où il y a du soleil et de l'air. Il utilise l'énergie solaire pour alimenter l'appareil et s'appuie sur le processus de condensation passive pour extraire les molécules d'eau de l'air et produire de l'eau potable pure. « L'humidité se trouve dans l'air partout dans le monde », explique Thomas Borns, directeur des ventes directes aux États-Unis chez Source Global. « À l'intérieur du panneau, nous prenons cette énergie thermique et l'air qui contient de l'humidité et nous provoquons une forme de condensation passive dans la machine. Cette condensation se produit sur deux roues déshydratantes de l'unité qui sont hygroscopiques et recouvertes d'une membrane spéciale. Ainsi, lorsque l'humidité se condense sur ces roues, seules les molécules de H2O peuvent les traverser. Notre appareil fonctionne donc immédiatement avec de l'H2O pur. [305] »

Des panneaux installés dans cinquante pays à travers le monde

Source Global a été chargée d'installer ses panneaux hydroélectriques dans cinq cent vingt et un foyers de la nation Navajo, apportant ainsi l'eau potable nécessaire à des personnes qui devraient normalement parcourir de nombreux kilomètres pour l'obtenir. « Nous devons aller jusqu'à Flagstaff, qui se trouve à 69 miles d'ici, ou jusqu'à Tuba, qui se trouve à 54 ou 56 miles d'ici », explique Marie Singer Goldtooth, d'origine navajo : « et l'eau n'est toujours pas vraiment bonne parce que toutes les mines d'uranium se trouvaient dans notre région ». Mme Goldtooth a depuis fait installer quatre panneaux sur sa propriété hors réseau qui surplombe le Grand Canyon. Chaque panneau produit l'équivalent de dix bouteilles de 500 ml d'eau potable par jour. « Source

Global s'attache à résoudre le plus grand problème de l'humanité, l'eau potable », a précisé Cody Friesen, fondateur et PDG de Source Global, « et en perfectionnant l'eau potable où que nous soyons, nous libérons le potentiel des gens ». Source Global ne se contente pas d'apporter de l'eau à la nation navajo. L'entreprise a installé ses panneaux dans cinquante pays à travers le monde, apportant de l'eau potable aux écoles, aux chantiers de construction et aux foyers du monde entier. C'est le début d'un effort de grande envergure pour réhydrater grâce à une technologie révolutionnaire un monde qui se réchauffe.

L'idée était d'obtenir de nouvelles sources d'eau directement à partir de l'air, sans avoir à attendre qu'il pleuve. Dianne Wiley est considérée comme une leader mondiale dans le développement de systèmes membranaires pour le traitement des eaux usées et d'autres applications, ainsi que dans l'évaluation des technologies de capture et de stockage du carbone. En tant que directrice de l'école d'ingénierie chimique et biomoléculaire, elle se concentre sur la direction du programme de recherche globale de l'école et sur la communication des résultats à la communauté des chercheurs, à l'industrie et au grand public. Ses résultats visent principalement à aider l'industrie et les gouvernements à comprendre comment, en tant que communauté mondiale, nous pouvons donner aux technologies de capture et de stockage du carbone abordables et fiables la place qui leur revient dans l'atténuation des effets négatifs considérables du changement climatique. Elle cherche également à comprendre comment développer et exploiter la prochaine génération de systèmes membranaires pour diverses applications, notamment le traitement des eaux usées, la transformation des produits laitiers et l'extraction des minéraux.[306]

WaLu : la production d'eau potable à partir de l'humidité de l'air

Pour que les rares ressources en eau puissent être exploitées comme sources d'eau potable, l'Institut Fraunhofer d'ingénierie interfaciale et de biotechnologie, IGB, travaille sur un nouveau concept de processus en coopération avec l'Institut d'ingénierie interfaciale et de biotechnologie, IGVT, de l'université de Stuttgart et trois partenaires industriels de taille moyenne. L'ensemble du processus se compose de deux parties.

Tout d'abord, l'humidité de l'air est absorbée par une solution saline très concentrée, saumure, et ainsi liée. Cette solution saline diluée est ensuite distillée et l'eau séparée de la solution saline est condensée sous forme d'eau potable (désorption). Pour que l'absorption de l'humidité dans la solution saline soit aussi efficace que possible, il faut que l'interface avec l'air soit large et que le temps de contact soit long. Pour ce faire, on laisse la solution saline s'écouler lentement à travers des fils de sorption dans des modules d'installation en forme de tour et ventilés naturellement, afin d'absorber l'eau de l'air. Une conception spéciale des fils de sorption permet un transfert de masse efficace et dilue la solution saline grâce à l'absorption importante d'eau.[307]

L'eau doit être séparée (désorbée) de la solution saline en circulation, et un processus de distillation s'ensuit. La distillation est réalisée au moyen d'une évaporation sous vide en plusieurs étapes, assistée par la gravité. Pour ce faire, la solution saline diluée avec de l'eau est soumise à un vide qui abaisse considérablement les températures d'évaporation. L'avantage est que ces températures peuvent être atteintes avec de simples collecteurs solaires thermiques ou avec de la chaleur perdue. Comme le système fonctionne avec une pression négative, il est possible d'utiliser l'énergie thermique plusieurs fois dans différentes étapes d'évaporation avec des pressions différentes. La vapeur d'eau produite pendant la distillation est condensée et peut être utilisée comme eau potable de haute qualité. Une conception de tour combinée pour la sorption et la désorption permet d'utiliser la gravité des flux de processus pour générer le vide nécessaire. Il n'est donc pas indispensable d'utiliser des pompes à vide gourmandes en énergie.

L'évaporation et l'absorption sous vide assistées par gravité sont toutes deux conçues dans un souci d'efficacité énergétique et d'utilisation prudente des ressources. L'énergie peut être entièrement fournie par des sources renouvelables. Dans ce cas, les composants électriques tels que les pompes et le contrôle du processus sont alimentés par l'énergie photovoltaïque ou éolienne. L'énergie thermique nécessaire est fournie par des capteurs solaires thermiques. Le système ne produit pas d'eaux usées ni de concentré de sel qui doivent être éliminés, comme c'est le cas pour le dessalement de l'eau de mer ou de l'eau saumâtre. Le milieu de sorption circule à cent pour cent. Associée à une source d'énergie renouvelable, la technologie est neutre en CO2 et ne produit pas d'émissions. Elle est aussi robuste, sans exigences élevées en matière d'exploitation et d'entretien, universellement applicable et totalement autonome.[308]

Des idées ingénieuses et fantaisistes de collecte de l'eau

De nombreux bricoleurs, étudiants, scientifiques et ingénieurs s'intéressent chaque jour à la technologie de l'eau et s'efforcent de trouver des solutions pour le monde entier. De la récupération de l'eau à l'essai des tuyaux, Walter a sélectionné diverses inventions et les présente brièvement.

Récupérer l'eau de l'air grâce à la technologie des murs de pierre : l'utilisation de filets d'eau pour la condensation est l'adaptation moderne des anciens murs de pierre pour la collecte de l'eau. Dans un village appelé Cabajane, en Afrique subsaharienne, une équipe de l'université agricole d'Afrique du Sud a aidé les villageois à suspendre des filets en plastique au-dessus d'un col de montagne. Les nuages et le brouillard ont provoqué la condensation de l'eau sur les filets, qui s'est écoulée dans des tuyaux en plastique pour être recueillie dans un réservoir. Ce simple dispositif a permis de fournir au village plusieurs centaines de litres d'eau potable, alors que les villageois devaient auparavant marcher plus de deux kilomètres jusqu'au ruisseau le plus proche. Cette expérience a ensuite été reproduite dans d'autres villages d'Afrique subsaharienne, ainsi qu'au Chili et dans certains endroits du Népal.[309]

Utilisation de structures en pierre naturelle pour la condensation : des exemples de refroidissement par condensation existent depuis les débuts de la civilisation humaine. Dans certaines régions d'Europe et du Moyen-Orient, se trouvent des structures de pierre en forme de ruche de dix mètres de haut datant du XIXe siècle, appelées « murs d'air ». Les pierres se refroidissent rapidement la nuit. Lorsque l'air humide entre en contact avec elles, la condensation produit de l'eau qui est recueillie dans des auges à l'intérieur de la structure et utilisée pour boire et se laver. En France, ces structures étaient également utilisées dans certains vignobles.[310]

Récupérer l'eau du brouillard dans l'air : au MIT, l'eau douce est récoltée à partir du brouillard. Le professeur Gareth McKinley codirige les études visant à optimiser la technologie de collecte du brouillard.[311]

DropNet : Imke Hoehler, étudiante en design industriel à l'Académie d'art Muthesius, dans le nord de l'Allemagne, a mis au point un système de collecte d'eau potable à partir de l'air et du brouillard. Ce système appelé DropNet, peut recueillir jusqu'à 20 litres d'eau potable par jour, et une série de structures multiples pourrait approvisionner un village entier en eau potable.[312]

Une éponge à eau avec une couche de gel et d'alginate

Le système RainCloud de Cleanworld Ltd récolte de l'eau potable à partir de l'air humide. Il peut aussi chauffer ou refroidir l'eau pour obtenir de l'eau réfrigérée ou chaude.[313]

Récupérer l'eau de l'air de traitement : Sciperio Inc, une entreprise technologique basée à Orlando, en Floride, travaille à l'utilisation du chlorure de lithium liquide comme déshydratant pour extraire l'eau de l'air. L'une des conclusions est que ce procédé est plus économe en énergie que la technologie d'extraction de l'eau à base de réfrigérant. Il a donc été proposé de l'utiliser pour extraire l'eau de l'air dans les usines de traitement à des fins industrielles plutôt que pour la consommation.[314]

Une autre variante de l'utilisation d'un déshydratant humide a été mise au point par A2WH d'Atlanta, en Géorgie. Elle utilise un déshydratant pour absorber la vapeur d'eau. Ce dessiccant est chauffé par l'énergie solaire pour expulser l'eau absorbée. L'unité, installée à l'extérieur, est équipée de panneaux photovoltaïques qui génèrent l'électricité nécessaire au fonctionnement des pompes et des vannes de l'équipement. A2WH indique qu'elle propose des modèles pour les maisons individuelles et l'irrigation des exploitations agricoles.[315]

Des surfaces de collecte d'eau du MIT : sous le slogan « Don't Desert Drylands ! » (Ne transformez pas les terres arides en un désert), des chercheurs du MIT ont mis au point des surfaces imprimables qui recueillent l'eau. Ces surfaces sont à la fois superhydrophiles et superhydrophobes, attirant et repoussant respectivement l'eau. Cette technologie innovante devrait permettre de récolter de l'eau dans l'air des déserts. Andrew Parker, zoologiste à l'université d'Oxford au Royaume-Uni, a expliqué que ces nouvelles surfaces s'avèrent plus efficaces que les méthodes actuelles de collecte de l'eau dans l'air à l'aide de filets. La nouvelle technologie améliore la nature en utilisant des nanoparticules de verre et imite la façon dont les coléoptères du désert collectent l'eau dans l'air. Le coléoptère, nommé stenocara, vit dans le désert de Namibie en Afrique, considéré comme l'un des environnements les plus chauds de la planète.[316]

Des surfaces coniques en plastique ou en aluminium : DRIPS pour cultiver avec l'eau de l'air. Deux lycéens de San Francisco, encadrés par des professeurs de l'université de Californie à Berkeley, ont proposé le système DRIPS pour récolter l'eau de l'air. DRIPS est l'acronyme de Deep Root Irrigation Precipitation System, système de précipitation pour l'irrigation des racines profondes. Il consiste en une surface conique en plastique ou en aluminium de trois centimètres de diamètre montée sur un tuyau creux enterré à quarante-cinq centimètres dans le sol. La surface en plastique ou en aluminium se refroidit pendant la nuit et les gouttelettes d'eau se condensent au contact de l'air. Cette eau s'écoule dans le sol par capillarité, aidée par de petites nervures sur le cône. Une profondeur de quarante-cinq centimètres empêche cette eau de s'évaporer dans l'atmosphère et contribue à nourrir les racines des plantes. Cette méthode de récupération de l'eau a fait ses preuves dans la culture des pommes de terre, entre autres.[317]

Une autre technique de collecte intéressante est une éponge de l'université de Princeton : des chercheurs de l'université ont mis au point une éponge à partir de laquelle il est possible de produire de l'eau. Elle fonctionne à l'aide d'un gel et a une double fonction : si vous la placez dans un lac ou une rivière, par exemple, elle absorbe l'eau. Vous pouvez ensuite la placer dans une boîte en plastique munie d'un tamis et la faire briller au soleil. Lorsque la température atteint 33 degrés Celsius, l'eau s'écoule, est recueillie dans la boîte et peut être bue ou utilisée. Les éventuels contaminants nocifs pour la santé ne sont même pas absorbés. Une couche d'alginate spéciale entourant le gel permet d'éviter ce phénomène. Le gel contient des molécules qui attirent et repoussent l'eau et qui deviennent actives en fonction de la température. Selon les scientifiques, leur invention est le moyen le plus rapide de filtrer passivement l'eau en utilisant uniquement l'énergie solaire. Elle est également peu coûteuse et peut être réutilisée au moins dix fois.[318]

Le système Nautilus examine les conduites d'eau : pour localiser d'éventuelles fuites dans les canalisations. Il s'agit d'une petite sphère qui est insérée dans le réseau où elle se déplace librement, entraînée par le flux d'eau dans la canalisation. Elle détecte les sons générés par une fuite, une poche de gaz ou une anomalie à l'intérieur de la canalisation. Une fois retiré, le logiciel traite les informations. Ce système fonctionne sans interruption de service et peut contrôler jusqu'à trente-cinq kilomètres en une seule fois. Il a été développé pour être utilisé dans des canalisations de plus de deux cent cinquante millimètres de diamètre.[319]

Des éoliennes pour produire de l'eau à partir de l'air : l'entreprise néerlandaise Dutch Rainmakers a installé une éolienne au Surinam pour produire de l'eau au lieu de l'électricité. Dans leur conception, l'air est forcé à travers une pompe à chaleur, ce qui provoque la condensation de la vapeur d'eau. Cette pompe à chaleur remplace le compresseur de réfrigérant. L'éolienne devrait produire cinq mille à sept mille litres par jour, une véritable aubaine dans une région où les eaux souterraines sont saumâtres.[320]

Développée par l'entrepreneur néerlandais Pieter Hoff, la Groasis Waterboxx peut produire de l'eau douce même dans les endroits les plus secs de la planète. Inspiré par les fientes d'oiseaux, le dispositif s'inspire de la façon dont les excréments protègent les graines que les oiseaux ont digérées, en leur apportant humidité et protection contre les éléments pour qu'elles puissent se développer. La boîte de cinquante centimètres sur vingt-cinq entoure la plantule et, la nuit, utilise un panneau isolant pour permettre à l'eau d'être recueillie par condensation.[321]

Le dispositif de la goutte de rosée : Jacky Wu a mis au point le dispositif de la goutte de rosée pour obtenir de l'eau à partir des plantes. La goutte de rosée fonctionne sur le principe de la condensation. La feuille artificielle est plantée dans le même pot que la plante et reliée à une prise. L'eau se condense sur la feuille et alimente les plantes.[322]

À côté des géants de l'industrie, un certain nombre de start-ups ont mis sur le marché des approches intéressantes. C'est le cas d'Aquassay, dont le boîtier électronique Opwee permet au fabricant de papier Smurfit de détecter les fuites d'eau et de réduire sa consommation de sept pour cent. Ou encore Bio-UV, une PME qui a mis au point une borne photovoltaïque qui filtre l'eau et les désinfectants grâce aux rayons ultraviolets. D'autres pistes visent à capter le polluant à la source, notamment grâce au charbon actif ou à des bactéries radioactives qui génèrent de l'électricité en décomposant la matière organique.[323] Walter prévoit d'écrire plus tard sur ces solutions.

L'osmose inverse, pour transformer l'eau de mer en eau potable : purifiée de ses particules, l'eau de mer est envoyée sous haute pression à travers des membranes extrêmement fines qui retiennent le sel. Si le coût a été divisé par dix en quarante ans, cette technologie reste très gourmande en énergie. C'est pourquoi Suez, qui a construit plus de deux cent cinquante usines de dessalement, travaille sur un projet d'usine solaire à Abu Dhabi. Mascara Renewable Water tente de fournir quarante mètres cubes d'eau potable par jour grâce à une solution de dessalement solaire photovoltaïque sans batterie, en réduisant de moitié les coûts énergétiques.[324]

Un procédé appelé AquaOmnes de la société Adionics : contrairement à l'osmose inverse, Adionics a mis au point un fluide chimique qui permet d'extraire directement le sel. Ce qui, selon Dominique Mabire, directeur technique de l'entreprise, divise par trois la consommation d'énergie, mais surtout évite le rejet en mer d'une eau très salée. En effet, dans les traitements classiques, pour obtenir un litre d'eau déminéralisée, il faut rejeter une autre eau très salée. Ces solutions peuvent être très utiles, même si le coût du transport de l'eau salée vers l'intérieur des terres peut s'avérer onéreux.[325]

La bataille à la technologie dans l'espace

Y a-t-il de l'eau sur la Lune, sur Mars et dans l'espace ? Ces questions préoccupent l'humanité depuis qu'il est possible de voler dans l'espace. La première fois que Walter a vécu un voyage dans l'espace à un jeune âge, c'était en direct devant un téléviseur noir et blanc, le 16 juillet 1969. Un homme dans l'espace ! Une sensation ! Depuis, des astronautes volent régulièrement à bord de la station spatiale internationale ISS et y mènent de nombreuses expériences scientifiques. De l'eau a même été localisée sur Mars. Mais commençons par le commencement. Dans le domaine de la recherche sur l'eau, Walter a trouvé des experts mondiaux de premier plan, des organisations et des universités qui ne se trouvent pas sur l'ISS, mais sur Terre : il s'agit d'une compilation dans le magazine Smart Water Connecting Waterpeople de Madrid, en Espagne.[326]

La recherche sur l'eau et la LAWA en Nouvelle-Zélande

La LAWA, « Land, Air, Water Aotearoa », en Nouvelle-Zélande jouit d'une excellente réputation. Elle échange activement des données scientifiques entre le Te Uru Kahika Regional and Unitary Councils Aotearoa, le Cawthron Institute, le ministère néo-zélandais de l'environnement, le Department of Conservation, Statistics New Zealand, la Tindall Foundation, Massey University et d'autres universités dans le monde. L'université d'Otago, en Nouvelle-Zélande, se classe dans le premier pour cent des universités du monde. L'université de Bonn occupe la troisième place en matière de recherche. Fondée en 1818, elle est l'une des plus importantes universités d'Allemagne. En tant que lieu d'apprentissage pour plus de trente-quatre mille étudiants, elle jouit d'une excellente réputation en Allemagne et à l'étranger.[327]

L'Académie chinoise des sciences est la plus grande académie chinoise et le centre des efforts de la Chine pour explorer et utiliser la haute technologie et les sciences naturelles au profit de la Chine et du monde. Elle est suivie au classement par l'université de Stanford et l'université des sciences et technologies du roi Abdallah (KAUST). La septième place est occupée par l'Université de Barcelone, suivie par l'UNU-INWEH.[328]

L'UNU-INWEH est un institut de l'Université des Nations Unies (UNU), une branche académique des Nations Unies spécialisée dans les domaines de l'eau, de l'environnement et de la santé, l'INWEH Institute for Water, Environment and Health (Institut pour l'eau, l'environnement et la santé). Les treize instituts de recherche et de formation de l'Université sont situés dans douze pays et s'occupent d'une série de défis mondiaux en matière de développement. L'UNU-INWEH est spécialisé dans le domaine de l'eau pour les pays en développement. Il travaille principalement avec des pays du Sud et s'intéresse aux questions hydriques qui revêtent une importance planétaire. L'eau est le point de départ de toutes les activités de l'UNU-INWEH, y compris l'environnement et la santé. L'Institut se concentre principalement sur les défis liés aux ressources en eau à l'échelle du continent.[329]

La neuvième place parmi les meilleures institutions de recherche est occupée par la National Aeronautics and Space Administration (NASA)[330] et la dixième par le Massachusetts Institute of Technology (MIT).[331] Walter ne vérifie pas d'autres institutions, car cela est suffisant pour ses recherches.[332]

Science et engrais respectueux de l'environnement

Voici quelques percées scientifiques et résultats de recherche, dont un engrais respectueux de l'environnement.[333] Une alternative plus écologique et plus rentable aux engrais chimiques a été mise au point en 2018 par la startup américaine Pivot Bio. Celle-ci est basée sur des micro-organismes naturels et peut fixer l'azote dans les plantes. Les micro-organismes probiotiques du genre Rhizobium vivent dans les racines des plantes, où ils produisent une enzyme appelée nitrogénase. Ils sont capables de fixer l'azote atmosphérique. Toutefois, ces bactéries ne se trouvent que dans les légumineuses telles que le trèfle, la luzerne, les lentilles ou les pois. Les grandes céréales comme le maïs, le soja ou le blé ne sont pas capables de fixer l'azote. Elles doivent donc être traitées avec des engrais chimiques. Néanmoins, la startup américaine Pivot Bio a réussi à mettre au point un engrais naturel à base de probiotiques à appliquer sur le maïs. Ce produit, disponible sous forme liquide, est appliqué dans le sillon lors de la plantation. Les microbes forment alors une liaison symbiotique avec les racines des plantes, leur permettant de fixer l'azote.

« Le problème est qu'en raison de la culture dans des sols saturés d'azote, de nombreux microbes ont perdu leur capacité à fixer l'azote », explique Karsten Temme, PDG de la startup basée à Berkeley, en Californie. Pour identifier les bonnes souches, l'entreprise a d'abord créé une carte détaillée du microbiome du sol afin de déterminer le potentiel de chaque bactérie. Les meilleures sont sélectionnées et modifiées génétiquement pour stimuler leur capacité à convertir l'azote. Le procédé est rendu possible « sans recourir à des techniques transgéniques », souligne Karsten Temme, qui ne veut pas assimiler ses produits à des organismes génétiquement modifiés (OGM).

« Les microbes adhérents aux racines, ils ne sont pas lessivés lorsqu'il pleut, comme c'est le cas pour les engrais chimiques », explique M. Temme. Cela permet à la fois de mieux calculer les doses et d'utiliser moins de matériel. En outre, une seule application suffit en début de saison. Il n'est pas nécessaire de pulvériser continuellement de l'engrais sur les champs. Les agriculteurs réalisent ainsi d'importantes économies de temps et d'argent : cela représente environ à huit dollars américains par hectare. Cette solution est commercialisée aux États-Unis depuis 2019 et la startup vise désormais le Brésil, l'Argentine et le Canada. Après le maïs, de nouveaux développements sont en cours pour le blé, le riz et le soja.

L'agriculture probiotique fait l'objet de nombreuses études. Par exemple, la startup Joyn Bio travaille sur des céréales génétiquement modifiées « auto-fruitières » en leur inoculant des bactéries fixatrices d'azote. Le groupe Lallemand Plant Care, leader mondial du secteur, commercialise des produits à base de bactéries qui dissolvent le phosphore, essentiel à la croissance et à la qualité des plantes, ou de champignons mycorhiziens qui stimulent la croissance des racines des plantes, qui peuvent ainsi mieux se nourrir. Pour PivotBio, il ne fait aucun doute que les engrais chimiques sont tout simplement voués à disparaître. Une sorte de troisième révolution agricole est peut-être à l'ordre du jour.

N-Fix, un procédé développé au Royaume-Uni, donne aux plantes la possibilité d'utiliser l'azote atmosphérique, éliminant ainsi le besoin d'engrais. Il ne serait plus nécessaire de recourir à des combinaisons chimiques ou à des manipulations génétiques. Il suffirait d'introduire les bonnes bactéries dans les semences. Cette innovation devrait être commercialisée dans trois ans. Des scientifiques de l'université de Nottingham, au Royaume-Uni, affirment avoir mis au point une méthode de fertilisation des plantes simple, efficace et entièrement naturelle.

L'azote est un nutriment essentiel à la croissance des plantes, mais celles-ci restent incapables de le fixer sous forme gazeuse. Elles l'assimilent sous forme de nitrates, présents dans le sol grâce à des bactéries et des champignons. Certaines plantes, comme les légumineuses, ont trouvé le moyen de s'attacher les services de bactéries fixatrices d'azote en les hébergeant dans les nodules de leurs racines.

Mais de nombreuses cultures, y compris celle des céréales, ont besoin de pomper le nitrate du sol. Les cultures intensives nécessitent l'utilisation d'engrais pour compenser la quantité limitée d'azote minéral dans le sol. L'équipe du Nottingham Centre for Crop Nitrogen Fixation semble avoir mis au point une méthode qui permet aux plantes d'absorber directement l'azote atmosphérique, qui constitue soixante-dix-huit pour cent de l'air ambiant. L'équipe, dirigée par le chercheur Edward Cocking, utilise une bactérie capable d'utiliser l'azote atmosphérique. Découverte dans la canne à sucre, elle est capable de pénétrer dans les cellules de la plante. D'après leurs recherches, ce micro-organisme ferait de même avec la plupart des cultures.

Dans le procédé N-Fix d'Azotic Technologies, les bactéries sont injectées directement dans les semences. En s'insérant dans les cellules de l'hôte, elles lui donnent la capacité de fixer l'azote de l'air. À l'instar de l'algue zooxanthellée installée dans la cellule d'un corail et qui nourrit son hôte par photosynthèse, le procédé N-Fix conduit à une relation symbiotique entre la bactérie et la cellule. L'une trouve refuge et nutriments, l'autre peut fixer l'azote de l'air. Si ce procédé était applicable à toutes les cultures agricoles, il permettrait de limiter la pollution des sols aux nitrates, qui sont aujourd'hui considérés comme la principale cause de pollution des grands réservoirs d'eau souterraine.

Villes intelligentes : eau potable et traitement des eaux

Nos grandes villes sont des distributeurs d'eau pour leurs habitants, mais aussi de véritables dévoreuses d'eau. Quatre projets à participation allemande ont été sélectionnés par le programme « Gestion intelligente de l'eau pour une société durable » en 2019, et évalués en 2023. Il s'agit de l'utilisation innovante de la technologie UV-LED pour le traitement de l'eau potable et des eaux usées pour une gestion durable de l'eau (InLEDapp), de l'écotechnologie du sol pour l'extraction de l'approvisionnement en eau dans les forêts perturbées (SoilWater), de l'élimination des obstacles à l'application de la technologie membranaire ou de la gestion intelligente de l'eau dans les villes du futur (RealMethod), et du cadre organisationnel et du processus décisionnel pour la réutilisation de l'eau dans les villes intelligentes (SMART-WaterDomain).

La technologie UV-LED pour une gestion durable de l'eau (InLEDapp)

La technologie UV-LED est un sous-secteur du traitement de l'eau qui connaît une croissance dynamique. Les entreprises allemandes et japonaises disposent d'un bon point de départ dans ce secteur pour façonner activement les développements futurs. Le projet de recherche permettra d'aborder les questions de normalisation des systèmes UV-LED sur le plan international. Cela garantit une qualité élevée des futurs systèmes, qui peuvent également établir une position de pointe durable sur le marché pour les entreprises allemandes et japonaises. En outre, on s'attend à une plus grande visibilité de la recherche allemande dans le paysage scientifique japonais dans le domaine du traitement de l'eau. De plus, la constitution de réseaux internationaux avec des scientifiques japonais et tchèques pose les bases d'une coopération plus poussée dans le domaine des technologies innovantes ainsi que d'autres interfaces communes sur de nombreux sujets.

L'écotechnologie du sol pour la récupération de l'eau dans les forêts perturbées (SoilWater)

L'objectif global du projet de collaboration est de développer des mesures innovantes pour améliorer durablement le bilan hydrique du paysage dans les régions d'Europe et d'Asie de l'Est afin de contribuer à la réalisation de l'objectif de développement durable numéro six des Nations Unies, qui prévoit la disponibilité et la gestion durable de l'eau et de l'assainissement pour tous. Dans ce contexte, l'amélioration de l'utilisation du potentiel de stockage de l'eau des sols forestiers est d'une importance capitale. Le sous-projet allemand du « Research Center Landscape Development and Mining Landscapes » se concentre sur des sites de la Basse Lusace dans l'est de l'Allemagne (Brandebourg) qui ont été gravement perturbés par l'exploitation minière et étudie le potentiel des sols après la perturbation minière en ce qui concerne l'équilibre hydrique du paysage régional. La plate-forme de recherche « Chicken Creek », avec ses séries de données à long terme déjà disponibles et la possibilité d'établir des observations permanentes supplémentaires, fournit une base pour identifier les effets du développement des peuplements d'arbres sur le bilan hydrique d'un écosystème. De plus, il existe de nombreux sites dans la région minière du lignite où des données ont déjà été collectées et qui peuvent être utilisées pour promouvoir les objectifs de SoilWater.[334]

La gestion intelligente de l'eau dans les villes du futur

La gestion des eaux urbaines est confrontée à de nouveaux défis, tels que la détérioration et la variabilité de la qualité de l'eau brute, en partie dues au climat. Les technologies conventionnelles de traitement de l'eau ne peuvent pas résoudre ces problèmes. La technologie des membranes est prometteuse. Cependant, elle est confrontée à des problèmes non résolus, tels que l'encrassement des membranes ou la dégradation de la perméabilité. En outre, le contrôle par membrane des micropolluants tels que les hormones stéroïdiennes est difficile et nécessite l'utilisation de membranes très denses, la nanofiltration ou l'osmose inverse, qui ont des besoins énergétiques très élevés. L'encrassement et l'élimination des micropolluants restent les principaux obstacles à une application généralisée des membranes. Le projet vise à rendre la technologie membranaire plus pratique et plus fiable pour l'élimination des polluants à l'état de traces en développant des outils d'aide à la décision efficaces pour les opérateurs de membranes, d'une part, et en développant des matériaux et des procédés innovants pour la production de procédés membranaires, d'autre part.

L'organisation de la réutilisation de l'eau pour les villes intelligentes (SMART-WaterDomain)

L'objectif global du projet est de développer un cadre systématique pour la réutilisation intelligente des ressources en eau. Ce cadre sera utilisé pour les processus de prise de décision organisationnelle par les entreprises et les services publics afin de faciliter l'intégration des eaux usées dans leurs opérations. En conséquence, le cadre fournira un mécanisme d'évaluation pour les entreprises qui mettent en œuvre ces techniques dans leurs chaînes de valeur. De plus, cet outil facilitera la mise en œuvre de stratégies visant à accroître l'adoption de pratiques de réutilisation de l'eau pour l'économie et la société locales. Les objectifs scientifiques, techniques et politiques que SMART-WaterDomain souhaite atteindre comprennent : la réduction significative de la consommation d'eau douce pour les activités agricoles et industrielles, l'amélioration de la récupération des ressources, l'adoption accrues des technologies de réutilisation de l'eau, la mobilisation des investissements et des synergies hydriques, la création de nouvelles opportunités commerciales, l'augmentation de la compétitivité des industries européennes, et le soutien de la transition vers une économie circulaire en appréciant la valeur des eaux usées traitées en tant que ressource précieuse.

En Allemagne, le projet pilote « Smart Water » a démarré en janvier 2022 dans le cadre du projet modèle Berlin Smart City. Avec la participation de l'administration, de l'économie, de la science et de la société civile et la cocréation, les exigences du projet devraient être basées sur les résultats de la description finale du projet. À l'automne 2022, Berlin a élaboré une nouvelle stratégie de ville intelligente dans le cadre d'un projet modèle financé par le BMI et la KfW. Les projets pilotes ne se contentent pas d'aborder un problème spécifique et de développer une solution innovante. Ils ont également pour mission d'expérimenter de nouvelles méthodes et de transmettre ce qu'ils ont appris. Ils peuvent ainsi servir de modèle pour de futurs projets de villes intelligentes, comme cela a déjà été développé et inscrit dans le cadre stratégique de la ville intelligente de Berlin avec la participation du public.

Les projets pilotes sont attribués à une organisation responsable du projet, coordonnés et contrôlés de manière centralisée par la Chancellerie du Sénat. CityLAB Berlin soutient la Chancellerie du Sénat et les chefs de projet dans la mise en œuvre des formats de participation. Les projets pilotes berlinois se concentrent sur différents sujets pertinents pour la ville intelligente et sont répartis sur toute la capitale : conception et exploitation de places de ville intelligentes (Hardenbergplatz), gouvernance des données et administration pilotée par les données, modélisation et gouvernance de l'eau intelligente, budget participatif et participation intelligente, données dans la vie de tous les jours et crise Kiezbox 2.0.[335]

L'agriculture intelligente au Cambodge et l'e-agriculture

Revenons à l'agriculture, où les technologies de l'information et de la communication (TIC) gagnent régulièrement en importance. En effet, les TIC peuvent aider les agriculteurs à devenir plus productifs et à avoir un meilleur accès aux informations sur le marché, au financement et à d'autres facilités et services.

Par exemple, un certain nombre de systèmes TIC contribuent à intégrer les agriculteurs cambodgiens dans les chaînes de valeur agricoles et à accroître leur compétitivité. La réduction de la pauvreté au Cambodge repose en grande partie sur le secteur agricole, qui a connu une croissance exceptionnelle entre 2004 et 2012. Mais ces dernières années, la productivité et la production agricoles ont montré des signes de ralentissement. Cette tendance est également évidente à Kampong Cham, une province connue comme le « centre agricole du Cambodge ». Kampong Cham, qui accueille un nombre croissant d'entreprises, représente l'avenir de l'économie cambodgienne en pleine croissance et du développement industriel et social général. La province dispose d'une abondance de terres fertiles, de main-d'œuvre agricole, d'animaux de trait et de ressources en eau souterraine. Elle bénéficie d'un bon réseau routier et de la proximité du Viêt Nam, ce qui ouvre des perspectives commerciales avec cet exportateur net. Cependant, les agriculteurs sont confrontés à de nombreux défis, notamment la baisse des revenus, l'augmentation des coûts de production et les problèmes liés à la qualité des produits.[336]

Plate-forme d'e-agriculture pour Kampong Cham

Une étude récente montre qu'une plateforme d'e-agriculture peut contribuer à remédier aux inefficacités à l'origine du manque de compétitivité des agriculteurs. L'approche comprend quatre éléments : Climate Smart Agriculture, Agri business Portal, Farm Credit et Risk Management (assurance récolte). Il s'agit d'un résumé de la plateforme d'agriculture électronique pour la province de Kampong Cham, une étude financée par la Banque asiatique de développement (BAD) dans le cadre d'un projet d'assistance technique. Le rapport, dirigé par l'équipe Développement durable de la BAD et réalisé par l'équipe indienne d'Ernst and Young, explore la faisabilité et l'application des outils TIC pour des chaînes de valeur agricoles inclusives et intelligentes face au climat dans la province de Kampong Cham au Cambodge.

À chaque étape de la chaîne de valeur agricole, il existe des caractéristiques et des défis inhérents qui ont un impact sur la compétitivité du secteur agricole de la province. Outre les installations de stockage inadéquates et le stockage des récoltes en plein air, la difficulté pour le gouvernement de mieux planifier le secteur, les canaux de liaison limités entre les différents acteurs de la chaîne de valeur : les agriculteurs ne sont pas conscients des exigences mondiales en matière de qualité dans le commerce du riz. Cette situation est aggravée par l'absence de contrôles de qualité, le manque d'accès au crédit pour les agriculteurs, le manque de connaissances sur l'amélioration des terres et, surtout, l'inadéquation des outils d'atténuation des risques face aux effets du changement climatique. Les agriculteurs se voient exposés à des conditions climatiques extrêmes - telles que les inondations, les crues soudaines et les sécheresses - qui entraînent des pertes de récoltes importantes et une insécurité des revenus.

Une plate-forme d'e-agriculture

Une plateforme d'e-agriculture peut relier les différentes parties prenantes et aider les agriculteurs à relever les défis actuels. Cette plateforme comprendra de multiples canaux d'accès, notamment des téléphones portables, des kiosques, des ordinateurs de bureau, des bureaux d'appel, des radios et des télévisions. Le réseau de fibres optiques au Cambodge se développe rapidement. La plupart des routes nationales sont couvertes par le réseau. L'infrastructure de télécommunications de Kampong Cham est relativement bonne par rapport à d'autres régions du Cambodge. Plus de quatre-vingts pour cent des agriculteurs utilisent des téléphones portables, dont vingt pour cent des smartphones. L'Internet à haut débit est disponible à des prix abordables et les plateformes sociales, notamment Facebook, sont largement utilisées pour diffuser des informations.

La solution proposée par les technologies de l'information et de la communication (TIC) comporte quatre volets : le conseil et l'information des agriculteurs et des autres parties prenantes ; l'agriculture de précision intelligente face au climat, dans laquelle les exploitations agricoles utiliseront des composants informatiques tels que des capteurs basés sur l'internet des objets, des drones et des images satellite pour améliorer la technologie ; les études du sol et du riz, qui permettent d'évaluer l'état du sol et la qualité des produits et de prendre des mesures d'amélioration ou de correction ; et un système de traçabilité sur l'historique du produit du stade de la production au consommateur.

Le portail disposera d'un marché électronique qui mettra en relation les producteurs et les acheteurs afin de réduire le besoin d'intermédiaires et de permettre aux producteurs et aux acheteurs d'accéder aux mêmes informations. Il comprendra un marché électronique pour les intrants agricoles. Ceci facilitera leurs échanges tels que celui des semences et des plants, des engrais, des pesticides et du matériel agricole. Un modèle d'intervention TIC fournira aux agriculteurs des informations et un accès aux sources de crédit. Cela leur permettra d'accéder à des crédits à faible coût directement auprès des institutions financières. Ces dernières auront un aperçu des transactions antérieures des agriculteurs afin de tirer des conclusions sur les taux d'intérêt différentiels. La gestion des risques (assurance récolte) sera un modèle d'intervention des TIC qui soutiendra le système de gestion des risques et le programme de décaissement du gouvernement. Cela devrait ouvrir la voie à la création de produits d'assurance agricole.

La situation actuelle vue de l'espace

Une partie du problème est enfin résolue ! Les villes intelligentes émergent pour les zones métropolitaines et l'e-agriculture pour l'agriculture. Enfin, pas tout à fait. Il devrait être possible de mesurer la disponibilité et la qualité de l'eau depuis l'espace. Ce serait un très bon moyen de déterminer l'état réel de l'eau sur terre, tant attendu. Les gouvernements pourraient ainsi prendre de meilleures décisions pour leurs populations. À cette fin, Walter a trouvé deux projets différents consacrés à ce sujet. Une solution est proposée par le gouvernement allemand avec le soutien d'un satellite et une autre par une petite entreprise de Fribourg.

La mission satellitaire EnMAP (Environmental Mapping and Analysis Program) vient d'Allemagne.[337] Le programme s'est donné pour mission de répondre aux questions suivantes : quelles sont les zones touchées par la pénurie d'eau et les problèmes de qualité de l'eau ? Comment le changement climatique et les activités humaines aggravent-ils ces problèmes ? Où se trouvent les ressources naturelles ? Comment les ressources naturelles telles que les gisements, l'énergie, le sol et les eaux souterraines peuvent-elles être explorées, surveillées et utilisées de manière durable ? Quelle influence les activités humaines, telles que l'industrie, l'exploitation minière et l'agriculture, ont-elles sur l'état des ressources naturelles ? Quels sont le degré et l'étendue des dommages causés à l'environnement et quel est le processus d'assainissement ? Quels sont les dangers et les risques ? Quelle est la vulnérabilité de certaines régions aux risques naturels et anthropiques ? Quelles sont les zones touchées et dans quelle mesure en cas de dommages ?

Une réponse à l'état actuel de l'eau douce sur notre planète ?

Telles sont les nombreuses questions auxquelles la mission du satellite EnMAP souhaite répondre avec l'aide de son satellite allemand d'observation de la terre. Le satellite utilisera la spectroscopie d'imagerie pour caractériser de manière diagnostique la surface de la terre et enregistrer les changements environnementaux. La spectroscopie d'imagerie est une nouvelle technologie de télédétection qui permet d'obtenir des images dans une gamme de longueurs d'onde plus large, bien au-delà de la lumière visible, en utilisant de nombreux canaux étroits reliés entre eux. Ces images multicanaux, connues sous le nom d'images hyperspectrales, peuvent représenter des spectres continus pour chaque élément individuel de l'image, ce qui, avec un traitement ultérieur approprié, permet l'identification immédiate des matériaux enregistrés et leur quantification. Il est ainsi possible d'identifier les minéraux présents dans les roches et les sols, d'enregistrer les constituants et les conditions de la végétation et de déterminer les constituants de l'eau. EnMAP fournira des informations sur la surface de la terre qui apporteront des réponses importantes pour l'agriculture et la sylviculture, la composition et la dynamique des écosystèmes, la géologie et les sols, les eaux côtières et intérieures et la cryosphère.[338]

Des défis mondiaux liés à l'évolution de notre environnement

Pour l'EnMAP, l'humanité est confrontée à des défis fondamentaux au XXIe siècle. Les tâches les plus importantes consistent à rendre durable l'utilisation des terres à l'échelle mondiale, à s'adapter aux conséquences multiformes du changement climatique, à lutter contre la dégradation continue de l'environnement et à garantir l'utilisation durable des ressources naturelles. Pour faire face aux pressions croissantes qui s'exercent sur la société et l'environnement, ces aspects multicouches et étroitement liés doivent être enregistrés, quantifiés et compris dans l'espace et dans le temps. Le satellite peut cartographier différentes régions de la surface terrestre de telle sorte que de nouvelles possibilités s'offrent à nous pour étudier l'état des écosystèmes, y compris l'eau, et en déduire des prévisions de développement. EnMAP devrait jouer un rôle central dans la résolution des problèmes environnementaux, ce qui devrait contribuer à améliorer les approches durables de la gestion des ressources naturelles.[339]

Une efficacité accrue grâce au travail du sol de précision

Dans le contexte d'une population mondiale en constante augmentation, la production agricole en tant que source d'alimentation et de biomasse revêt une grande importance. Selon les projections actuelles des Nations Unies, plus de onze milliards de personnes dépendront de l'approvisionnement en produits agricoles en 2100. L'amélioration de l'efficacité des terres passe avant tout par une meilleure gestion. Cela permet d'optimiser les stratégies de culture, de fertilisation, de protection des cultures et d'irrigation et d'augmenter la production tout en réduisant le nombre d'intrants nécessaires. Cette augmentation de l'efficacité peut être obtenue dans la pratique agricole par ce que l'on appelle le labourage de précision, dans lequel les terres agricoles sont gérées à petite échelle.

Des systèmes de décision assistée par satellite

En combinant les informations de télédétection avec des modèles de calcul informatisés, il est possible de créer des systèmes d'information agricole qui aident les agriculteurs à prendre des décisions de gestion en fournissant des informations continues et différenciées dans l'espace. Grâce à ces systèmes d'aide à la décision, les stratégies de gestion du stress hydrique, par exemple, peuvent être ajustées en temps voulu et de manière locale. L'obtention des informations souhaitées à partir des données de télédétection est un défi majeur. Les capteurs d'observation de la terre multispectraux existants jouent un rôle essentiel dans ce processus.[340]

Des satellites aussi petits qu'une boîte à chaussures

Des scientifiques du Bade-Wurtemberg ont mis au point un télescope permettant de collecter des données sur les besoins en eau de la Terre depuis l'espace. ConstellR veut ainsi permettre à chaque agriculteur de consulter les données météorologiques de ses champs et rendre l'agriculture plus résistante au climat. Cela devrait révolutionner l'agriculture dans une certaine mesure. Les premières images sont déjà disponibles. Celles-ci sont nettes et permettent de bien voir les routes, les rivières et les champs, par exemple, selon une porte-parole de l'entreprise fribourgeoise ConstellR. Cela indique un grand potentiel grâce à l'utilisation d'un système de mesure intégré dans de petits satellites qui détermine des données de température très précises. Ces données sont traitées par des « entreprises agricoles intelligentes » et fournissent aux agriculteurs des informations détaillées et précises sur le terrain. Par exemple, « Vous devriez irriguer vos champs aujourd'hui et récolter vos cultures demain ». En effet, en raison du changement climatique, il est de plus en plus difficile de cultiver les champs sur la base de données empiriques ; les agriculteurs doivent plutôt se préparer à des pénuries d'eau et à d'extrêmes phénomènes météorologiques.

Les satellites actuels collectent déjà ce type de données. Mais ces satellites ont généralement la taille d'un bus, et une seule mission coûte jusqu'à huit cents millions d'euros. C'est pourquoi ils sont trop peu nombreux. De plus, un satellite ne passe au-dessus du champ de l'agriculteur qu'une fois toutes les quelques semaines. Les deux scientifiques ont réussi à réduire la taille des instruments de mesure au point qu'ils peuvent être transportés par de petits satellites de la taille d'une boîte à chaussures. Cela a permis de réduire les coûts d'un facteur quatre cents. Les données peuvent être obtenues quotidiennement avec une précision spatiale de moins de cent mètres. Les jeunes entrepreneurs ont testé le prototype d'un nouvel instrument de mesure sur la Station spatiale internationale (ISS). La technologie consiste principalement en un télescope réflecteur avec une caméra infrarouge thermique et un ordinateur miniaturisé pour le traitement des données.

À l'avenir, elle sera installée à bord de satellites qui collecteront des données sur la température à la surface de la terre. L'Institut Fraunhofer pour la dynamique à grande vitesse (EMI) de Fribourg, l'Institut Fraunhofer pour l'optique appliquée et l'ingénierie de précision (IOF) d'Iéna et la société Spaceoptix, basée à Iéna, participent conjointement à la réalisation du télescope. Le ministère fédéral allemand de l'économie et de la technologie finance les expériences menées à bord de l'ISS.

Le secteur spatial pour l'eau

Du côté des Nations Unies, le secteur de l'espace pour l'eau a été créé dans le cadre du programme UNOOSA, le Bureau des Nations Unies pour les affaires spatiales. Le secteur est également soutenu par le Prix international Prince Sultan Bin Abdulaziz pour l'eau (PSIPW). Space for Water a développé un portail web sur l'espace et l'eau afin de relier la gestion de l'eau au secteur spatial. Le portail comprend des données sur l'eau et des bases de données interactives sur la recherche sur l'eau, des informations sur les organisations et les entreprises impliquées dans l'eau en tant que ressource, et des ensembles de données spatiales et géospatiales, d'images satellites et d'applications. Le bureau de l'UNOOSA est situé à Vienne.

Prendre sa douche comme sur Mars

C'est alors qu'il menait des recherches avec la NASA sur le projet Journey to Mars au Johnson Space Center en 2012, que Mehrdad Mahdjoubi, titulaire d'un Master of Fine Arts (MFA) du programme de design industriel de l'université de Lund en Suède, a conçu son idée pour le « Oas ». Conscient de la nécessité de préserver les ressources vitales lors des voyages spatiaux, M. Mahdjoubi a rapidement perçu le potentiel d'une telle technologie sur Terre, où la pénurie d'eau douce est une source de stress pour les habitants de nombreuses régions du monde. « Nous nous sommes demandé si nous pouvions vivre sur Mars dans les mêmes conditions que sur Terre », explique M. Mahdjoubi, « puis j'ai réalisé que nous devions utiliser nos ressources de la manière la plus intelligente possible ».

Une douche en circuit fermé

C'est ainsi que Mehrdad Mahdjoubi, un Suédois, est devenu l'inventeur de « Oas », un système de douche en circuit fermé qui économise l'eau en la filtrant et en la réutilisant. Par rapport aux douches traditionnelles, son invention réduit la consommation d'eau de quatre-vingt-dix pour cent et la consommation d'énergie de quatre-vingts pour cent. « L'invention de Mehrdad Mahdjoubi est une nouvelle façon de recycler l'eau compte tenu de sa raréfaction », déclare l'ancien président de l'Office européen des brevets, Benoît Battistelli, en annonçant les finalistes du Prix de l'inventeur européen 2018. « Cette invention est un bon exemple des solutions brevetées que les petites entreprises peuvent offrir pour soutenir le développement et la diffusion de technologies durables. » La douche en boucle fermée révolutionnaire de Mahdjoubi, qui ne fait circuler que cinq litres d'eau par séance de douche, a créé un nouveau moyen de réduire la consommation d'eau dans la salle de bains, un domaine qui avait peu évolué en un demi-siècle. Alors que d'autres appareils ménagers, tels que les lave-linges et les lave-vaisselles, sont devenus plus économes en eau et en énergie, les douches traditionnelles en Europe continuent de pulvériser environ dix litres d'eau par minute. Selon ces normes, une douche de dix minutes , dont quelques minutes seulement sont consacrées au rinçage du savon et du shampoing, pourrait consommer cent litres d'eau.[341]

L'eau est purifiée en temps réel

La solution de M. Mahdjoubi a consisté à mettre au point un système qui économise l'eau en la purifiant « en temps réel ». Le système analyse d'abord la qualité de l'eau en mesurant sa conductivité (une conductivité plus élevée signifie une plus grande présence d'impuretés), puis la fait passer à travers deux filtres pour la purifier. Le premier est un filtre micronique qui élimine les plus grosses particules telles que la saleté et les peaux mortes. Le second est un filtre UV qui neutralise les micro-organismes présents dans l'eau, notamment les bactéries, les virus et le sang. Toute eau trop contaminée pour être purifiée est détectée par le système et évacuée automatiquement. L'eau purifiée passe ensuite par un réchauffeur avant d'être renvoyée dans la pomme de douche. Comme la température de l'eau ne baisse que légèrement entre la pomme de douche et l'évacuation, peu d'énergie est nécessaire pour la ramener à la bonne température.

Toute l'eau retirée du système ou pulvérisée pendant la douche est automatiquement remplacée. À la fin de chaque douche, le système évacue l'eau et la remplace par de l'eau fraîche pour l'utilisateur suivant. Une application permet aux utilisateurs d'Oas de suivre leur consommation d'eau et d'énergie, et les avertit lorsque les filtres doivent être remplacés et renvoyés pour recyclage. M. Mahdjoubi a fondé Orbital Systems en 2012 et a lancé la commercialisation d'Oas en 2017. Oas est la douche la plus efficace au monde en termes d'économies d'eau et d'énergie. C'est le seul produit de ce type sur le marché. Depuis son lancement, Orbital Systems estime que le système a permis d'économiser près de treize millions de litres d'eau.[342]

En raison de son utilisation durable de l'eau et de l'énergie, ce système présente des avantages évidents dans les régions du monde qui souffrent de pénuries d'eau, de la Californie du Sud à l'Afrique du Sud. Il est également très utile dans les endroits où de nombreuses personnes se douchent, tels que les clubs de sport et les piscines publiques. Le fait qu'il purifie le peu d'eau qu'il utilise présente des avantages évidents pour les hôpitaux et les maisons de retraite. Même dans les régions où il n'y a pas de pénurie d'eau, l'Oas présente des avantages par rapport aux douches traditionnelles, au-delà de l'efficacité et de l'utilisation d'une eau exempte de maladies. Dans les foyers où le débit d'eau est limité ou réduit, l'Oas peut fournir plus du double du débit d'eau. Grâce à son système en circuit fermé, elle n'est pas soumise aux fluctuations de température ou de pression dues à la consommation d'eau dans d'autres pièces de la maison.

Un potentiel planétaire

Le marché mondial des pommes et panneaux de douche devrait représenter environ 3,3 milliards d'euros d'ici à 2024. Jouer le rôle de pionnier sur un nouveau marché nécessite à la fois un soutien financier et un solide portefeuille de propriété intellectuelle. C'est pourquoi Orbital Systems a associé une stratégie vigoureuse en matière de propriété intellectuelle à une levée de fonds d'au moins 25 millions d'euros. Parmi les bailleurs de fonds figurent Karl-Johan Persson, PDG de Hennes & Mauritz (H&M), et Niklas Zennström, cofondateur de Skype Technologies. Basée à Malmö, en Suède, avec des bureaux aux États-Unis, la société emploie plus de cinquante personnes et produit moins de 1 000 unités Oas par an, chacune coûtant environ 3 000 euros. Son PDG et fondateur, M. Mahdjoubi, estime toutefois que le prix de la douche diminuera considérablement à mesure que la production augmentera et qu'il pourrait descendre jusqu'à 500 euros au cours des prochaines années.

À mesure que l'entreprise s'éloigne du style général de la douche pour se concentrer sur le développement de la technologie de base, le Suédois s'attend à ce que le prix d'Oas baisse encore davantage, ce qui permettra de répondre aux besoins des pays du Sud. « À l'avenir, j'envisage la société davantage comme une entreprise « Intel Inside », ce qui signifie que nous fournissons la technologie de base, mais que les pommes de douche et les robinets peuvent être de marques conventionnelles », indique M. Mahdjoubi. « Je ne veux pas empêcher cette technologie d'atteindre d'autres personnes parce qu'elles n'aiment pas le design suédois. » Fils de parents architectes d'origine iranienne, M. Mahdjoubi a été inspiré par l'art de concevoir des bâtiments, mais il a senti que le domaine du design industriel offrait un plus large éventail de possibilités. En 2016, M. Mahdjoubi a été nommé dans la liste des « 30 Under 30 » du magazine Forbes, qui reconnaît les jeunes leaders industriels et commerciaux les plus prometteurs du monde. Grâce à son travail sur le développement du système Oas, il a remporté un certain nombre de prix, dont le célèbre prix suédois Uppsala SKAPA pour le développement des inventeurs en 2014, année où il a été nommé Technologue de l'année par la Chambre de commerce suédoise. L'Oas a reçu le sceau de la technologie spatiale en 2015 par la Space Foundation, une organisation à but non lucratif basée au Colorado, aux États-Unis. Le système a également remporté le German Design Award for Excellent Product Design in Bath & Wellness en 2018.

Ce que chacun de nous peut faire

Chacun d'entre nous peut faire quelque chose pour lutter contre la pénurie d'eau, non seulement dans le domaine de la récupération de l'eau de pluie, mais aussi dans de nombreux autres domaines. Le plus important est d'éviter les bouteilles d'eau en plastique. Globalement, l'eau en bouteille a mille quatre cents fois plus d'impact sur les écosystèmes que l'eau du robinet.

Nous pouvons tous économiser de l'eau

À Barcelone, en Espagne, l'eau en bouteille devient de plus en plus populaire malgré l'amélioration de la qualité de l'eau du robinet au cours des dernières années. Si la population de la ville ne buvait que de l'eau en bouteille, les coûts d'extraction des ressources seraient environ trois mille cinq cents fois plus élevés que si tous les habitants buvaient de l'eau du robinet, soit 83,9 millions de dollars par an. Des raisons sanitaires ont justifié l'utilisation généralisée de l'eau en bouteille. À proprement parler, boire de l'eau du robinet est pire pour l'extraction locale de l'eau. Mais si l'on considère les deux, le gain lié à la consommation d'eau en bouteille est minime. Il est évident que l'impact environnemental de l'eau en bouteille est plus élevé que celui de l'eau du robinet. Aux États-Unis, il faut dix-sept millions de barils de pétrole pour produire le plastique nécessaire pour répondre à la demande annuelle d'eau en bouteille. Par surcroît, au Royaume-Uni, l'eau en bouteille est au moins cinq cents fois plus chère que l'eau du robinet. Des politiques plus strictes et appliquées concernant l'eau en bouteille en plastique sont nécessaires. L'accès à l'eau et aux fontaines publiques devrait être amélioré. Dans les bâtiments publics, les bus et les trains, ainsi que dans les stations-service, il devrait être possible d'apporter et de remplir sa propre bouteille.[343]

Prendre conscience de l'importance de l'eau et modifier son comportement de consommation

La sensibilisation consiste également à accroître ses connaissances sur l'eau :par exemple, comprendre le cycle de l'eau, c'est-à-dire le lien entre l'eau de notre approvisionnement, la pluie, la terre et la formation des nuages. En savoir plus sur la préservation de l'eau, sur les zones de protection de l'eau et sur les plantes et les animaux qui s'y trouvent. Outre la consommation directe d'eau potable, c'est surtout la consommation indirecte d'eau qui est à l'origine du problème environnemental de la pénurie d'eau. Il y a de nombreux points de départ pour réduire la consommation indirecte d'eau dans la vie quotidienne. Chacun peut consciemment prêter attention aux endroits où l'on a besoin d'eau. Consommer plus consciemment signifie observer ses propres habitudes. En effet, notre consommation d'eau personnelle et quotidienne est principalement due à notre comportement. Nous savons aussi aujourd'hui que les jeans nécessitent énormément d'eau pour leur production.

En ce qui concerne nos vêtements : est-il vraiment nécessaire en effet d'acheter si souvent une nouvelle paire de jeans ? Le coton destiné à l'habillement est principalement cultivé dans des régions où il fait chaud et où il ne pleut pas beaucoup. Les champs sont donc irrigués avec l'eau des rivières et des lacs, qui s'assèchent en conséquence. La mode rapide et les produits bon marché provoquent donc des pénuries d'eau. Devrons-nous à nouveau donner nos vêtements à la collection de vêtements ? Peut-être serait-il plus judicieux, comme nos parents, d'investir dans des vêtements de bonne qualité et de les garder plus longtemps. En outre, il n'est pas nécessaire de laver les vêtements après chaque utilisation, mais on peut les aérer entre-temps.

La réduction des déchets alimentaires permet de réduire la consommation indirecte d'eau. Il suffit d'acheter exactement la quantité de nourriture nécessaire. De plus, les aliments régionaux et saisonniers sont plus économes en eau. Est-il nécessaire de consommer des oranges d'Espagne ou des kiwis d'Australie en plein été ? Faut-il manger un avocat tous les jours ? Ces produits doivent être fortement irrigués et créent une pénurie d'eau au sur le plan local. Il est également possible de réduire quelque peu la consommation de viande. Beaucoup d'entre nous ne travaillent pas dans l'industrie minière et n'ont donc pas besoin d'un steak sur la table deux fois par jour. Les bovins boivent des milliers de litres d'eau et leur nourriture doit également être arrosée. En comptant le nettoyage des étables, 15 500 litres d'eau sont utilisés pour un kilogramme de viande.[344]

L'eau peut être économisée non seulement à la maison, mais aussi dans les régions de vacances. Beaucoup de ces régions sont situées dans des zones où la pénurie d'eau est plus importante qu'en Europe. Là-bas, les gens ont souvent recours à des bouteilles en plastique, car l'eau du robinet n'est pas potable. Devons-nous donc nécessairement nous doucher deux, voire trois fois par jour parce qu'il fait très chaud ? Peut-on utiliser plusieurs fois les mêmes serviettes de bain, comme c'est le cas dans de nombreux hôtels ? L'essentiel est de se rendre compte que l'on ne se sent pas partout comme chez soi dans le monde. Mais ce n'est pas une raison pour s'y comporter comme chez soi.

Walter se souvient d'un voyage à Cuba. Après quelques jours, il avait quitté son hôtel de La Havane sans se faire remarquer et s'était installé près de Santiago de Cuba, au lieu de pèlerinage d'El Cobre. À l'époque, les chambres n'avaient pas de porte, et les matelas étaient très usés. Mais avec les religieuses si sympathiques c'était tout simplement magnifique. Walter avait l'impression de n'avoir qu'une goutte d'eau par minute. Cela prenait un temps infini pour faire sa toilette du matin. Mails il n'était pas non plus venu à Cuba pour vivre comme chez lui. Il avait bien l'intention d'apprendre à connaître les habitants et de participer à leur mode de vie.

Voici quelques conseils d'élèves et d'étudiants des six continents sur la manière de lutter contre la pénurie d'eau dans notre vie quotidienne. Comme ils sont très nombreux, Walter les a classés par catégories. En général, les jeunes disent « Utilisez l'eau à bon escient ». Voici leurs conseils pratiques pour économiser de l'eau.

Économiser l'eau potable et la boire

Si vous buvez de l'eau du robinet, fermez le robinet lorsque vous avez terminé.

Lorsque vous buvez de l'eau dans un verre, ne prenez que la quantité dont vous avez besoin.

Si vous buvez de l'eau, essayez d'utiliser une fontaine s'il y en a une.

Utilisez une bouteille d'eau lorsque vous êtes en déplacement. À la fin de la journée, l'eau restante peut être versée dans votre jardin.

Apportez un bidon d'eau si vous vous buvez à un puits.

Gardez une bouteille d'eau potable au réfrigérateur.

Évitez d'acheter de l'eau en bouteille.

Évitez de jeter une bouteille contenant de l'eau.

Des conseils d'économies dans la salle de bains

Lorsque vous vous lavez les mains, fermez l'eau pendant que vous faites mousser le savon.

Fermez le robinet pendant que vous vous brossez les dents.

Pendant ce temps-là, humidifiez la brosse à dents et fermez à nouveau le robinet. Brossez-vous les dents pendant trois minutes et rincez brièvement.

Utiliser un gobelet d'eau pour vous rincer la bouche

Rincez votre rasoir dans l'évier.

Évitez de prendre un bain avec trop d'eau.

Préférez la douche à la baignoire.

Votre douche ne doit pas durer plus de cinq minutes.

Prenez une douche courte, sinon cent litres d'eau seront vite consommés.

Lorsque vous vous savonnez sous la douche, fermez le robinet.

Utilisez un bon vieux savon plutôt qu'un gel douche. Les gels nécessitent plus d'eau pour être rincés.

Utilisez le bouton d'économie d'eau aux toilettes.

Évitez de tirer la chasse d'eau trop souvent.

N'utilisez pas les toilettes comme cendrier ou comme poubelle.

Si le clapet de vos toilettes ne se ferme pas correctement après avoir tiré la chasse d'eau, remplacez-le.

Envisagez d'acheter des toilettes à double chasse. Ces toilettes ont deux options : une demi-chasse pour les déchets liquides et une chasse complète pour les déchets solides.

Veillez à vérifier l'étanchéité de vos toilettes au moins une fois par an.

Versez du colorant alimentaire dans le réservoir de vos toilettes. S'il s'écoule dans la cuvette sans que la chasse d'eau ne soit tirée, c'est qu'il y a une fuite. Réparez-la et commencez ainsi à économiser de l'argent.

Assurez-vous que le robinet est complètement fermé lorsque vous quittez la salle de bains.

Économiser de l'eau à la maison

N'utilisez le lave-vaisselle ou le lave-linge qu'avec une charge complète.

Utilisez le lave-vaisselle plutôt que de laver à la main.

Lorsque vous lavez la vaisselle à la main, ne laissez pas couler l'eau du robinet.

Réduisez au minimum l'utilisation des broyeurs de déchets dans les éviers de cuisine.

Utilisez un arrosoir pour arroser les plantes.

Utilisez un seau pour nettoyer les sols.

Les anciens appareils tels que les lave-vaisselles ou les lave-linges doivent être remplacés par des appareils à faible consommation d'énergie.

Des économies peuvent également être réalisées en faisant la cuisine.

Ne laissez pas le robinet couler quand vous nettoyez les légumes.

Réutiliser le liquide de cuisson des pâtes.

Des conseils pour économiser de l'eau à l'extérieur

Arrosez vos plantes judicieusement.

N'arrosez votre pelouse que lorsque c'est nécessaire.

Utiliser un équipement respectueux de l'eau.

N'irriguez pas les terres sèches.

Ajoutez de la matière organique et utilisez une irrigation efficace.

Ne jetez jamais de l'eau à l'égout si vous pouvez l'utiliser à d'autres fins. Utilisez-la pour arroser vos plantes d'intérieur ou votre jardin.

Essayez de collecter et de réutiliser l'eau de pluie.

Si possible, recueillez l'eau de pluie dans un tonneau et utilisez la pour arroser les plantes sur le balcon ou dans le jardin.

Placez une couche de paillis autour des arbres et des plantes.

Plantez au printemps et à l'automne, lorsque les besoins en eau sont moindres.

Évitez d'arroser lorsqu'il y a du vent.

Plantez des pelouses, des arbustes et des plantes résistants à la sécheresse.

Évitez de faire fonctionner les arroseurs lorsqu'il pleut, qu'il y a du vent ou en pleine journée (l'eau s'évapore).

Réglez la tondeuse plus haut. L'herbe haute protège les racines et retient mieux l'humidité du sol que l'herbe courte.

Aérez régulièrement votre pelouse. Les petits trous permettent à l'eau d'atteindre les racines au lieu de couler à la surface.

Essayez de ne pas utiliser le tuyau d'arrosage le lendemain d'un jour ou d'une nuit de pluie.

Au lieu d'utiliser un arroseur automatique, creusez des trous dans la cour à l'endroit où vous avez un petit étang et utilisez l'eau de cet étang pour arroser la pelouse.

Évitez de sursemer votre pelouse avec du gazon d'hiver. Si les engrais favorisent la croissance des plantes, ils augmentent également la consommation d'eau. Limitez-vous à la quantité minimale d'engrais nécessaire.

Construisez un système d'évacuation de l'eau vers les plantes de votre aménagement paysager.

Arrosez votre pelouse d'été tous les trois jours et votre pelouse d'hiver tous les cinq jours.

Utilisez des systèmes d'irrigation appropriés pour les arbustes, les parterres de fleurs et les pelouses.

Utilisez un balai plutôt qu'un tuyau d'arrosage pour nettoyer les allées, les patios, les allées piétonnes ou les trottoirs.

Utilisez un seau et une éponge pour nettoyer votre voiture au lieu de la laver au jet.

Ne jouez pas trop avec l'eau en été.

Arrosez les plantes de l'aire de jeux à l'aide d'un arrosoir.

Évitez les jeux d'eau, les pistolets à eau et les ballons d'eau.

Vérifier les coûts et réparer les fuites

N'oubliez pas de fermer le robinet avant d'aller vous coucher.

Créez votre propre cycle de l'eau à la maison.

Installez des dispositifs de détection de l'eau aux robinets et éviers.

Installez des aérateurs permettant d'économiser l'eau sur tous vos robinets.

Installez un compteur d'eau.

Installez des pommes de douche à faible consommation d'eau et des aérateurs de robinets à faible débit.

Installez des aérateurs d'eau et des dispositifs d'arrêt automatique des robinets.

Les refroidisseurs d'eau doivent faire l'objet d'un entretien saisonnier. Pour un refroidissement plus efficace, vérifiez votre refroidisseur par évaporation une fois par an.

Vérifiez l'option de recyclage de l'eau.

Utilisez des techniques de récupération des eaux de pluie.

Surveillez votre facture d'eau pour détecter toute consommation anormalement élevée.

Votre facture et votre compteur d'eau sont des outils qui peuvent vous aider à détecter les fuites.

Vérifiez l'étanchéité des robinets, des pommes de douche et des tuyaux.

Vérifiez l'étanchéité de vos toilettes.

Si vous constatez une fuite que vous ne pouvez pas réparer, appelez un réparateur.

Apprenez à utiliser votre compteur d'eau pour savoir si vous avez des fuites.

Relevez le compteur d'eau de la maison avant et après une période de deux heures pendant laquelle l'eau n'est pas utilisée. Si le compteur n'affiche pas exactement la même valeur, c'est que votre système a une fuite.

Réparez les toilettes défectueuses et les robinets, les pommes de douche ou les tuyaux qui fuient.

Évitez d'utiliser des pommes de douche qui distribuent trop d'eau.

Évitez de verser l'eau de votre verre dans l'égout.

Certains de ces conseils d'épargne peuvent sembler anodins. Mais cela ne change rien au fait que ces gestes les plus simples sont souvent négligées ou ignorées dans la vie de tous les jours.

Une fois que vous aurez commencé à réfléchir à votre consommation d'eau, vous pourrez souvent penser à d'autres moyens d'économiser l'eau. C'est pourquoi Walter laisse un espace ci-dessous pour vos propres conseils d'économie.

... ...

La Diplomatie de l'eau

Walter a maintenant presque tous les paramètres en main. Dans un instant, il remettra le discours à son ambassadeur. Pour ce faire, il a résumé quelques conclusions simples à l'intention de Son Excellence. Car la lutte pour l'eau ne fait que commencer, causée par les humains, qui ont perturbé le cycle de l'eau par leurs activités. Nous, les humains, avons endommagé le système qui produit et recycle l'eau. Il ne s'agit pas de chercher les coupables parmi les individus, mais de restaurer le cycle de l'eau pour les générations futures. Le « Cercle bleu » montre comment y parvenir en dix-neuf étapes.[345]

Dix-neuf solutions dans la bataille pour l'eau

Renforcer les connaissances sur l'eau, changer les comportements vis-à-vis de l'eau : le plus grand nombre de personnes possible doit être conscient de l'importance de cet élément. Pas seulement pour la boisson, mais pour l'ensemble de la planète. Notre consommation et notre mode de vie doivent donc changer en conséquence. Il est inévitable d'adopter un nouveau comportement en ce qui concerne notre utilisation de l'eau, de chaque individu aux chaînes d'approvisionnement des grandes entreprises. Certaines régions, au premier rang desquelles l'Inde, l'Australie et le sud-ouest des États-Unis, sont déjà confrontées à la crise de l'eau douce. Le problème doit être beaucoup mieux compris à l'échelle mondiale.

Renforcer la protection de l'eau : en raison principalement du changement climatique, de nouvelles technologies de préservation de l'eau sont plus que jamais nécessaires dans les régions où les eaux souterraines et les eaux de pluie deviennent de plus en plus imprévisibles.

La gestion des eaux usées : dans tous les pays du monde, la question du recyclage des eaux usées est d'une importance capitale. Comme à Singapour, l'objectif est de réduire les importations d'eau et de devenir plus autonome.

L'irrigation de l'agriculture : comme à Madère, l'amélioration de l'irrigation et des pratiques agricoles est une bonne solution. Bien sûr, tous les pays du monde ne peuvent pas utiliser cette technique, mais nous avons pris connaissance de pratiques similaires dans ce livre. Environ soixante-dix pour cent de l'eau douce de la planète est utilisée pour l'agriculture. L'amélioration de l'irrigation peut contribuer à combler les écarts entre l'offre et la demande. Dans de nombreux cas, les pratiques d'irrigation inutiles d'une époque antérieure ont affaibli l'agriculture d'aujourd'hui, rendant de plus en plus difficile l'approvisionnement en nourriture et en fibres d'un monde en pleine croissance. Le bassin Murray-Darling en Australie, la mer d'Aral en Asie centrale et le sud-ouest des États-Unis en sont des exemples.

Le prix de l'eau et droits sur l'eau : des prix raisonnables pour l'eau et les droits sur l'eau sont interdépendants. Selon les experts de l'Organisation de coopération et de développement économiques (OCDE), un forum économique international regroupant trente et un des pays les plus riches du monde, les augmentations de prix contribueront à réduire le gaspillage et la pollution. Cependant, les systèmes de tarification de l'eau dans les grandes villes américaines montrent que des mécanismes de tarification obsolètes envoient de mauvais signaux et doivent être réformés. Pour éviter de pousser la privatisation, et donc le prix de l'eau, à un niveau trop élevé, il ne faut pas confondre les droits à l'eau et les droits sur l'eau ; les droits sur l'eau n'ont pas donné de bons résultats en Australie, comme cela est décrit dans d'autres parties de ce livre.

Développer des usines de dessalement économes en énergie : jusqu'à présent, le dessalement a été une réponse à forte intensité énergétique à la pénurie d'eau. En règle générale, le Moyen-Orient a utilisé ses grandes réserves d'énergie pour construire des usines de dessalement. Mais l'Arabie saoudite pourrait bien promouvoir un nouveau type de dessalement en annonçant récemment l'utilisation d'usines fonctionnant à l'énergie solaire. Le Royaume-Uni a adopté une approche différente avec des installations agricoles à petite échelle. Toutes ces innovations mettent en lumière une autre ressource nécessaire : le financement. Les capitaux destinés à l'expérimentation technologique restent un élément important.

Améliorer la collecte de l'eau : la collecte de l'eau est essentielle pour les régions qui ne disposent pas d'autres sources d'eau fiables. Le Pakistan et l'Inde, deux pays confrontés à certaines des pires conséquences du changement climatique, ont besoin de systèmes révisés de collecte des eaux de pluie. Ces efforts permettront un contrôle indépendant des ressources en eau.

Agir ensemble : les organisations communautaires rassemblent les expériences.

Une meilleure mise en œuvre de la législation sur le plan national : la pénurie d'eau compliquant la sécurité alimentaire et la pollution, les gouvernements doivent définir de meilleures politiques et réglementations. Par ailleurs, il incombe aux administrations publiques de veiller à ce que les communautés aient accès à de l'eau potable.

Gérer les écosystèmes de manière globale : parmi les bons exemples de gestion holistique, on peut citer les municipalités qui exploitent des stations d'épuration tout en s'associant à des producteurs d'énergie propre pour utiliser les eaux usées afin de féconder les algues et d'autres cultures destinées à la production de biocarburants. Les plantes, à leur tour, absorbent les nutriments et nettoient les eaux usées, ce qui réduit considérablement les coûts de pompage et de traitement.

Améliorer l'infrastructure de distribution : il est également important d'améliorer l'infrastructure de distribution au profit de la santé et de l'économie. En effet, le problème ne se limite pas aux pays du Sud. Aux États-Unis, par exemple, des canalisations éclatent régulièrement, entraînant des alertes à l'ébullition. Les systèmes de traitement des eaux usées débordent et tombent en panne régulièrement, entraînant notamment la fermeture de plages.

Réduire l'empreinte hydrique des entreprises : l'utilisation industrielle de l'eau représente environ vingt-deux pour cent de la consommation globale. La fabrication durable devenant de plus en plus importante face à la pénurie croissante d'eau, l'un des secteurs industriels concernés est celui de l'embouteillage de l'eau, en particulier dans des bouteilles en plastique.

La diplomatie de l'eau : des accords internationaux contraignants sur les questions relatives aux ressources naturelles sont nécessaires mais souvent difficiles à obtenir. Les conférences des Nations Unies sur le climat en sont la preuve. Non seulement parce que la crise de l'eau douce, sans doute le risque le plus visible et le plus grave du changement climatique, a été ignorée. Les accords régionaux sur les eaux transfrontalières ou partagées, tels que le Great Lakes Compact aux États-Unis et l'accord sur le bassin du Nil en Afrique, sont tout aussi difficiles à ratifier.

Les traités à vocation humanitaire, tels que les objectifs du Millénaire pour le développement en matière d'eau potable des Nations Unies, suggèrent que des stratégies globales sont possibles.

Le contrôle de la pollution : la mesure et le contrôle de la qualité de l'eau sont essentiels pour la santé humaine et la biodiversité. Ce problème monumental a de nombreux visages et peut être abordé d'autant de façons. Qu'il s'agisse d'un navire de collecte de plastique qui débarrasse l'océan des déchets plastiques ; d'initiatives privées ou d'associations qui enlèvent régulièrement les déchets sur les rives du Rhin ; ou des documentaires qui nous informent, comme le film de Joe Berlinger sur le pétrole qui contamine l'Amazonie équatorienne. Lorsque l'objectif est de préserver la qualité de l'eau potable, il est important de construire des ponts internationaux.

L'accès à l'eau potable est un droit de l'homme : l'accès équitable aux ressources partagées d'eau potable est un droit fondamental. Alors que des pays comme le Chili tentent de réformer les droits relatifs à l'eau, les décideurs politiques américains réfléchissent à la manière de mettre en œuvre les droits d'accès dans le cadre de la protection fédérale du lac Michigan, l'une des plus grandes réserves d'eau douce au monde.

La recherche et développement : les municipalités n'ont souvent pas beaucoup de ressources financières à leur disposition. Elles aspirent souvent à des partenariats public-privé pour exploiter les capacités d'innovation des entreprises. Par exemple, les villes qui exploitent des stations d'épuration peuvent s'associer à des producteurs d'énergie propre pour fertiliser les algues et autres cultures de biocarburants avec les eaux usées.

Le transfert de technologies de préservation de l'eau : les projets liés à l'eau et le transfert de technologies sont essentiels à la survie des pays du Sud. Le changement climatique et la pénurie d'eau entraînent les conséquences les plus dramatiques dans le nord-ouest de l'Inde et en Afrique subsaharienne, par exemple. L'une des solutions proposées consiste à déployer des technologies de préservation de l'eau dans ces zones arides. Toutefois, cette solution est difficile à mettre en œuvre en raison de la faiblesse des économies et du manque de compétences, qui obligent souvent les autorités à imposer ces changements aux citoyens locaux.

Le changement climatique et la pénurie d'eau : le groupe d'experts intergouvernemental sur l'évolution du climat (GIEC) a identifié une relation réciproque entre ces deux phénomènes. Dans le cadre de la prospection d'options en matière d'énergies renouvelables, l'utilisation de l'eau pour ces tactiques d'atténuation doit être prise en compte dans la production d'alternatives allant des cultures bioénergétiques aux centrales hydroélectriques et solaires.

Le déficit de l'offre : en raison de la croissance accélérée de la population mondiale, certaines parties du monde pourraient connaître un déficit de l'offre et de la demande de ressources en eau allant jusqu'à soixante-cinq pour cent d'ici à 2030. Le rôle essentiel de l'eau dans la production alimentaire doit être pris en compte à mesure que les conditions climatiques et les ressources évoluent.[346]

Une réponse holistique, systématique et multilatérale

Sur la base de ses conclusions, Walter se demande s'il a répondu de manière satisfaisante à tous les points soulevés ou si d'autres mesures sont encore nécessaires. Car il existe encore des conflits hydriques, voire des guerres pour l'eau. Les frontières des États ne peuvent pas arrêter les fleuves.

Le processus de diplomatie de l'eau doit être poursuivi, la confiance entre les États renforcée, les besoins satisfaits. Le comportement et les priorités des différents décideurs sont complexes et souvent difficiles à comprendre. Pour une nation, la coopération transnationale se résume avant tout à la question suivante : qu'est-ce qui profite à ma région ? Comme cette question s'applique à toutes les parties prenantes, elle donne lieu à un processus long et difficile, comme en Afrique et dans certaines parties de l'Asie. Les pénuries d'eau dues au changement climatique ou aux développements économiques rapides peuvent déclencher ou intensifier les troubles politiques. L'eau n'est toutefois pas la seule cause de conflits. Grâce aux nouvelles technologies et à la volonté de discuter de l'eau dans le cadre de la sécurité humaine, nous disposons d'un point d'entrée commun pour la collaboration. [347]

D'une part, l'accent devrait être mis sur les défis régionaux tels que les sécheresses, les inondations et la détérioration de la qualité de l'eau. D'autre part, de nombreux défis mondiaux doivent être pris en compte, tels que le changement climatique, la dégradation des écosystèmes, la perte de terres, l'urbanisation, l'assainissement, la pauvreté, la faim et les migrations. La qualité de l'éducation et de la recherche est essentielle à l'élaboration d'approches claires et intégrées et de solutions globales.[348]

Au cours de la pandémie de Covid 19, la valeur de l'eau est revenue sur le devant de la scène, non seulement pour boire, mais aussi pour se laver les mains. Les désavantages des pays du Sud sont à nouveau apparus clairement. De plus, l'eau elle-même a acquis une nouvelle notoriété en tant que vecteur d'information. En effet, il était facile de démontrer grâce aux eaux usées à quel point une communauté ou une région était infectée par le COVID-19.[349]

Le discours à l'Assemblée générale des Nations Unies du 22 mars

Sept heures et demie ! Walter n'a plus que quelques minutes pour terminer le discours de son l'ambassadeur. Mais cela suffira. La conférence de l'ONU sur l'eau 2023 à New York est la première conférence des Nations Unies à se concentrer sur l'eau depuis les années 1970. Elle devrait indiquer clairement que la réalisation de l'ODD 6 fait partie intégrante des trois piliers des Nations Unies : la paix et la sécurité, les droits de l'homme et le développement. La crise de l'eau et de l'assainissement peut et doit être résolue. Plusieurs pays ont démontré que des progrès spectaculaires en matière d'eau et d'assainissement peuvent être réalisés en quelques années et que toute une série de solutions peuvent être déployées de manière peu coûteuse, efficace et rapide.[350]

Le secrétaire général des Nations Unies, António Guterres, a déclaré à plusieurs reprises : « La crise de l'eau et de l'assainissement nécessite une réponse holistique, systémique et multilatérale. L'eau est nécessaire pour atteindre presque tous les autres objectifs de développement durable, ODD, de la santé mondiale à la sécurité alimentaire, et elle est essentielle pour la résilience au changement climatique. » Il a ajouté : « Je suis fier d'assister au lancement du cadre mondial d'accélération [...] Je félicite mes collègues d'avoir rendu cela possible. Le cadre mondial d'accélération peut améliorer la gouvernance mondiale de l'eau et de l'assainissement en vue d'une gestion plus durable des ressources en eau. [351] »

En collaboration avec le président de l'Assemblée générale des Nations Unies, le président de la commission de l'eau de l'ONU et les chefs de dix agences des Nations Unies, des représentants des États membres et des parties prenantes de la société civile et du secteur privé, l'ONU a procédé au lancement virtuel du cadre mondial d'accélération de l'objectif de développement durable numéro 6 pour l'année 2020. Plus de mille quatre cents personnes étaient alors présentes.[352]

Huit heures... Walter vient de remettre son discours et son analyse à l'ambassadeur. Il éteint son ordinateur, et peut maintenant quitter le bureau de la mission permanente. Il rangera tout plus tard. Les données n'ont pas besoin d'être sauvegardées. Il ne s'agit pas d'informations sensibles ou « top secret ». Tout le monde est au courant de la situation. Walter pourrait prendre quelques heures de congé, Son Excellence le lui a dit plus tôt. Il est toujours joignable sur son portable. Trois membres d'une délégation japonaise sont déjà dans l'ascenseur. Un sourire amical plus tard, il sort de l'ascenseur et franchit le portique de sécurité du bâtiment de l'ONU. Enfin, il peut se reposer un peu, et prendre l'air.

Il n'y a que quelques pas entre lui et les berges de l'East River. Walter veut y regarder le discours de Son Excellence en direct sur sa tablette. Il ouvre la porte. Mais quel bruit ; que de monde. La foule qui s'est déjà rassemblée ici est considérable. Walter ne voit que des jeunes qui s'agitent et crient à tue-tête. Ils tiennent des pancartes qu'ils ont peintes eux-mêmes. Il a du mal à se frayer un chemin. Ils crient dans différentes langues. Il comprend une phrase : « Stop Day Zero ! ». Il doit s'agir d'étudiants sud-africains, pense-t-il. Sur une banderole, on peut lire en anglais « There is no Planet B » (il n'y a pas de planète B), et sur une autre « Tell the truth, our only home is on fire » (dites la vérité, notre seule maison est en feu).

Walter parvient à se faire un passage à travers la foule. Il met ses écouteurs et allume sa tablette. Enfin, le silence. Il s'installe confortablement sur les rives de l'East River, à l'endroit même où il se trouvait la veille. Sur son écran, Walter voit l'ambassadeur au pupitre devant l'Assemblée. Il vient de commencer à parler. « *Cher Président, cher Secrétaire général, Vos Excellences...* » Walter prend sa gourde et boit une gorgée. Son attention n'a été attirée que brièvement par le fleuve, il écoute maintenant son ambassadeur.[353]

« ... parce que le climat est global et le problème de l'eau potable est local. La situation ne s'améliorera que lorsque nous commencerons à comprendre la véritable valeur de l'eau. Toute vie a besoin d'eau. Il s'agit d'une ressource limitée qui n'a pas de substitut. La concurrence pour l'eau va probablement s'intensifier et une bonne politique de l'eau sera essentielle. Bien que l'accès à l'eau potable et à l'assainissement soit un droit de l'homme, il n'en reste pas moins qu'une personne sur quatre n'a toujours pas accès à l'eau potable chez elle. À l'heure où les menaces climatiques s'intensifient, le manque d'eau exacerbe la vulnérabilité des plus nécessiteux de la planète. Fournir de l'eau est un moyen d'accroître l'équité et la résilience. Cela s'applique également aux relations entre les pays qui partagent un fleuve, un lac ou un aquifère.

Nous avons besoin de plus de recherche et d'innovation pour améliorer la durabilité, la résistance au climat et l'efficacité de l'eau dans l'agriculture. La modification des régimes alimentaires et la réduction des déchets sont d'autres facteurs clés. Grâce à l'innovation et à la collaboration avec la nature, nous pouvons améliorer la vie des plus démunis. Il est impératif que nous comprenions où nous nous situons dans le cycle de l'eau. Alors, qu'attendons-nous ? Le changement climatique, associé à une mauvaise gestion et à une utilisation excessive de l'eau, contribue à la pénurie d'eau dans de nombreuses régions du monde.... Sécheresses et changement climatique. Mauvaise gestion de l'eau et demande croissante. Pollution de l'eau. Insécurité alimentaire. Augmentation des conflits. L'eau est commercialisée comme une marchandise... »

Walter est satisfait. La masse gris clair ondule sous la semelle de ses chaussures. Du large lit du fleuve, elle détrempe les rives de l'East River. L'ombre de la haute tour se reflète dans l'eau. Cette eau. [354]

À propos de l'auteure

Claude Piel est engagée au sein du Conseil diplomatique (DC) en tant que consule des affaires. Elle se caractérise par une ouverture d'esprit holistique empreinte de respect, de curiosité intellectuelle, de paix et de prospérité. Elle est consciente et ouverte à la diversité des cultures ainsi que des marchés, tant à l'échelle mondiale que locale.

Elle a étudié en troisième cycle les sciences politiques, le journalisme et les sciences juridiques à l'université Gutenberg de Mayence, en Allemagne, après des études en sciences juridiques et une maîtrise en sciences de l'information et du développement de l'université Paris-Panthéon-Assas. Elle est aujourd'hui une auteure, présentatrice et productrice de télévision de renommée internationale.

En tant que consule du Conseil Diplomatique pour la diplomatie et la paix, la priorité de Claude Piel est d'œuvrer en faveur d'une paix durable par le biais de la diplomatie. Elle y travaille avec tous les membres du Conseil Diplomatique, les diplomates de nombreux pays et les entreprises sur le plan international afin de servir les objectifs universels des Nations Unies.

Livres aux Éditions du Conseil Diplomatique

Think 4.0 - Un monde en transition. Ce que les plus brillants esprits d'un groupe de réflexion mondial pensent de notre avenir. Buddhi K. Athauda, Thi Thai Hang Nguyen, Andreas Dripke. 332 pages, couverture rigide, ISBN 978-3-947818-00-6

Mon bouton nucléaire est plus gros - Amérique contre Corée du Nord. Jamal Qaiser, 184 pages, livre de poche, ISBN 978-3-947818-01-3

Stasi 2.0 - Comment le complexe numérique étatique-industriel nous transforme en citoyens transparents et ce que cela signifie pour notre avenir. Andreas Dripke, Markus Miksch. 444 pages, broché, ISBN 978-3-947818-05-1

Rechtsruck - Comment la résurgence du nationalisme mène l'Allemagne à la catastrophe. Auteurs anonymes. 660 pages, broché, ISBN 978-3-947818-06-8

Pandemic - Le monde en guerre Corona, 2. édition mise à jour, Andreas Dripke, Markus Miksch, 148 pages, broché, ISBN 978-3-947818-13-6

75 ans de l'ONU - Pouvoir et impuissance des Nations Unies, Andreas Dripke, Hang Nguyen. 330 pages, broché, ISBN 978-3-947818-07-5

La décennie 2020-2030 - Que nous réserve l'avenir? Andreas Dripke Hang Nguyen. 362 pages, broché, ISBN 978-3-947818-17-4

Corona et vaccination. Andreas Dripke et al, 188 pages, broché, ISBN 978-3-947818-18-1

Hackers - Attaque contre notre civilisation informatique, auteurs anonymes, 432 pages, broché, ISBN : 978-3-947818-23-5.

Migration vers l'Europe - Nous y arriverons et les conséquences, Auteurs anonymes, 510 pages, livre de poche, ISBN : 978-3-947818-32-7

Auto - Du désastre du diesel à l'auto-conduite, auteur Conseil Diplomatique de la Communauté, 572 pages, broché, ISBN : 978-3-947818-09-9

Perturbation numérique - Tout sera différent, Andreas Dripke et al, 216 pages, broché, ISBN 978-3-947818-34-1

À l'intérieur de l'OMS - Dr. Tedros et l'Organisation mondiale de la santé, Andreas Dripke et al, 124 pages, broché, ISBN 978-3-947818-27-3

Un monde sans argent liquide - Bitcoin et autres crypto-monnaies, Andreas Dripke, Stephanie Stoerk, 176 pages, broché, ISBN 978-3-947818-41-9

La mesure biométrique de l'humanité, Andreas Dripke et al, 212 pages, broché, ISBN 978-3-947818-39-6

Intelligence artificielle - Nous sommes la pensée, Dr. Horst Walther, Andreas Dripke, 250 pages, broché, ISBN 978-3-947818-25-9

L'agenda Apple - Quels marchés l'iCorporation va-t-elle révolutionner à l'avenir, Andreas Dripke et al, 260 pages, broché, ISBN 978-3-947818-47-1

L'illusion de la protection des données, Marc Ruberg et al, 132 pages, broché, ISBN 978-3-947818-51-8

Cyber War - La menace numérique, Marc Ruberg et al, 244 pages, broché, ISBN 978-3-947818-45-7

Apple Car - Comment l'iCorporation réinvente la voiture, Andreas Dripke et al, 284 pages, broché, ISBN 978-3-94-7818-43-3

2045 - L'année où l'intelligence artificielle deviendra plus intelligente que l'homme, Andreas Dripke, Dr. Horst Walther, 106 pages, broché, ISBN 978-3-947818-57-0

Thinking 5.0 - Ce que les plus brillants esprits d'un groupe de réflexion mondial pensent de notre avenir; Andreas Dripke, Claude Piel, Detlef Schmuck, Dr. Harald Schönfeld, Helmut von Siedmogrodzki, Stephanie Stoerk, Dr. Horst Walther, 234 pages, broché, ISBN 978-3-94-7818-36-5

L'après smartphone - Un regard sur notre avenir numérique, Andreas Dripke, 152 pages, broché, ISBN 978-3-947818-69-3

Pandémie éternelle - Adieu liberté, Andreas Dripke, Markus Miksch, 2. édition mise à jour, 204 pages, broché, ISBN 978-3-947818-59-4

Les robots dans la vie quotidienne - des machines (presque) comme les gens, Andreas Dripke, 176 pages, broché, ISBN 978-3-947818-71-6

À l'aide, on nous met des puces ! - De la puce sous la peau au pacemaker cérébral, Andreas Dripke et al, 176 pages, broché, ISBN 978-3-947818-55 -6

La troisième guerre mondiale - Penser l'impensable, l'édition allemande de „ Comment éviter la troisième guerre mondiale „, Hang Nguyen, Jamal Qaiser, 216 pages, broché, ISBN 978-3-947818-67-9.

Identité numérique - Notre jumeau dans le réseau de données, Andreas Dripke et al., 164 pages, broché, ISBN 978-3-947818-53-2

L'errance de la voiture électrique - l'adieu à l'industrie automobile allemande, Thomas Gronenthal et al, 212 pages, broché, ISBN 978-3-947818-81-5

L'après smartphone - Un regard sur notre avenir numérique, Andreas Dripke, 152 pages, broché, ISBN 978-3-947818-69-3

Metaverse - Qu'est-ce que c'est, comment ça marche, quand ça arrive?, Andreas Dripke, Marc Ruberg, Detlef Schmuck, 258 pages, Paperback, ISBN 978-3-947818-87-7

Catastrophe climatique - illusion ou réalité, Hang Nguyen et al, 184 pages, broché, ISBN 978-3-947818-49-5

L'échec de l'Occident en Afghanistan, en Syrie et en Ukraine, Hang Nguyen, Jamal Qaiser, 148 pages, broché, ISBN 978-3-947818-97-6.

Identité numérique - Notre jumeau dans le réseau de données, Andreas Dripke et al. 164 pages, broché, ISBN 978-3-947818-53-2

Quand la Chine et la Russie s'allient... - Le défi du monde libre, Andreas Dripke, Hang Nguyen, Jamal Qaiser, 260 pages, broché, ISBN 978-3-98674-016-0

La folie de la bureaucratie - Comment le bureaucratisme détruit notre société, Andreas Dripke, Hubert Nowatzki, 260 pages, broché, ISBN 978-3-94-7818-89-1

Des ordinateurs comme des dieux - Les esclaves informatiques prennent le pouvoir, Andreas Dripke, Hang Nguyen, 148 pages, broché, ISBN 978-3-98674-005-4

Tout sur l'intelligence artificielle - D'où elle vient, comment elle pense, ce qu'elle peut faire, où elle mène, Andreas Dripke, Dr. Horst Walther, 208 pages, broché, ISBN 978-3-947818-25-9

L'espion dans le smartphone - Comment notre compagnon de tous les jours devient un piège, Marc Ruberg et al, 208 pages, broché, ISBN 978-3-947818-85-3

La guerre en Europe - Comment l'Europe a perdu son indépendance et est devenue un champ de bataille, Andreas Dripke, Hang Nguyen, Jamal Qaiser, Dr. Horst Walther, 260 pages, broché, ISBN 978-3-98674-026-9

Tout sur les crypto - NFT, Blockchain, Bitcoin & Co, Andreas Dripke, Dr. Freiherr Arne von Neuberg, Stephanie Stoerk, 160 pages, broché, ISBN 978-3-98674-007-8

Résistance à la surveillance numérique - Ce pour quoi Julian Assange et Edward Snowden se sont battus, Marc Ruberg, Detlef Schmuck, 220 pages, broché, ISBN 978-3-947818-93-8

L'internet des objets - Internet nous entoure, Andreas Dripke, Wolfgang Odenthal, 136 pages, broché, ISBN 978-3-947818-99-0

Le développement de l'internet, des débuts au métavers - La genèse et l'avenir de notre société de l'information, Andreas Dripke, 136 pages, broché, ISBN 978-3-98674-040-5

Le plan directeur : Comment Elon Musk conquiert notre monde, Andreas Dripke, 296 pages, broché, ISBN 978-3-98674-056-6

ChatGPT et LaMDA ne sont que le début – Comment l'intelligence artificielle change notre vie à tous, Andreas Dripke, Tony Nguyen, Dr. Horst Walther, 200 pages, broché, ISBN 978-3-98674-067-2

La civilisation numérique - La genèse et l'avenir de notre société de l'informationt, Andreas Dripke, Harald A. Summa, 232 page, broché, ISBN 978-3-98674-044-3

Sebastian Thrun - La biographie autorisée, Une carrière allemande dans la Silicon Valley et ce que nous pouvons en apprendre pour notre propre vie, Andreas Dripke, 296 pages, Couverture rigide, ISBN 978-3-98674-062-7

À propos du Conseil Diplomatique

Cet ouvrage est publié par le Conseil Diplomatique, DC Publishing. Le Conseil Diplomatique conjugue un think tank à l'échelle mondiale, un réseau international d'entreprises et une fondation caritative assemblés en une organisation unique dotée d'un statut consultatif auprès des Nations Unies.

Les membres du Conseil Diplomatique sont fermement convaincus que la diplomatie économique est une base fondamentale pour la compréhension internationale et les relations amicales entre les nations. Partant de cette conviction le Conseil Diplomatique traduit l'objectif de compréhension globale en un mandat du conseil économique et social. À cette fin, la méthodologie d'un réseau des affaires mondial est liée à l'échelle diplomatique de la communication entre les États de ce monde. C'est dans ce contexte que des personnalités issues de la diplomatie, de l'économie et de la société sont engagées au sein du Conseil Diplomatique. Elles sont sélectionnées avec un sens de la mesure et se caractérisent par un haut degré d'acceptation, de compétence et un système de valeurs en accord avec les piliers fondamentaux du Conseil Diplomatique. Les entreprises pour lesquelles la responsabilité sociale est plus qu'un simple mot à la mode sont également les bienvenues.

Plus d'informations : www.diplomatic-council.org/application

Bibliographie

Sources recommandées en général

https://www.ipcc.ch/site/assets/uploads/2018/02/WGIIAR5-Chap3_FINAL.pdf

https://www.ipcc.ch/site/assets/uploads/2020/11/FOL-DOUT_CARD2019.pdf

https://www.ipcc.ch/outreach-material/

https://www.ipcc.ch/report/sixth-assessment-report-cycle/

https://www.fao.org/aquastat/en/databases/maindatabase/symbols

https://pacinst.org/

https://www.unwater.org/un-water-launch-the-sdg-6-global-acceleration-framework/

https://www.un.org/Depts/german/millennium/SDG%20Bericht%202020.pdf

https://legal.un.org/ilc/documentation/english/reports/a_cn4_110.pdf

https://unis.unvienna.org/

https://www.iberdrola.com/environment/sea-level-rise

https://www.iberdrola.com/environment/top-countries-most-affected-by-climate-change

https://www.iberdrola.com/wcorp/gc/prod/en_US/comunicacion/docs/Infographic_sea_level_cities.pdf

https://www.dailymail.co.uk/sciencetech/article-6886741/As-sea-levels-rise-U-N-climbs-aboard-floating-cities-push.html

https://www.visualcapitalist.com/mapped-the-median-age-of-every-continent/

https://www.thenews.com.pk/print/780015-climate-change-hit-poorest-countries-hardest-last-year-report

https://qz.com/1700769/sea-level-rise-is-set-to-flood-un-headquarters-as-soon-as-2100/

https://www.thenews.com.pk/print/780015-climate-change-hit-poorest-countries-hardest-last-year-report

https://www.futura-sciences.com/planete/dossiers/developpement-durable-geopolitique-guerre-eau-622/

http://www.ouranos.ca/

http://www.vie-publique.fr/politiques-publiques/politique-eau/index/

http://www.cnrs.fr/cw/dossiers/doseau/accueil.html

http://www.unesco.org/new/en/natural-sciences/environment/water/

https://www.ardmediathek.de/video/bis-zum-letzten-tropfen/bis-zum-letzten-tropfen-oder-die-doku/das-erste/

https://www.francetvinfo.fr/monde/norvege/norvege-au-sud-du-pays-l-etonnant-commerce-des-vendeurs-de-blocs-de-glace_5015856.html

https://www.ntu.edu.sg/about-us/leadership-organisation/board-of-trustees/prof-alexander-j.b.-zehnder

https://www.ntu.edu.sg/search-results?q=water&searchCat=all&contents=all&page=1

https://www.tagesspiegel.de/politik/der-globale-mangel-waechst-wo-wasserkrisen-zu-konflikten-fuehren/26282952.html

https://www.worldometers.info/water/

https://www.ufz.de/

Littérature recommandée (extrait)

Hoekstra A.Y., Mekonnen M.M.: „ The water footprint of humanity “, PNAS, 2012

Bontoux J. : Introduction à l'étude des eaux douces, CEBEDOC, 1993

Chesnot C. : La bataille de l'eau au Proche-Orient, L'Harmattan, 1993

OECD : La consommation de l'eau et la gestion durable des ressources en eau, conférence de l'OCDE, OCDE, 1998

Lasserre et Descroix : Eaux et territoires : tensions, coopérations et géopolitique de l'eau, L'Harmattan, 2003

Riou C., Bonhomme R., Chassin P., Papy F., Neveu A. : L'eau dans l'espace rural - Production végétale et qualité de l'eau, Inra, 1999

Sironneau J. : L'eau, nouvel enjeu stratégique mondial, Economica, 1996

Victoria P. : L'accès à l'eau et à l'énergie, Hermes Science, 2005

Organisations et institutions importantes sur le sujet

GIEC Groupe d'experts intergouvernemental sur l'évolution du climat

UN Water organise la Semaine mondiale de l'eau et la Journée mondiale de l'eau

FAO Organisation des Nations Unies pour l'alimentation et l'agriculture

AQUASTAT Système d'information sur l'eau et l'agriculture de la FAO

Le Programme mondial pour l'évaluation des ressources en eau (WWAP) suit les questions relatives à l'eau douce

Rapport mondial sur la mise en valeur des ressources en eau (WWDR) état des ressources mondiales en eau douce.

Institut du Pacifique

Institut international de recherche sur les politiques alimentaires (IFPRI)

Institut international de gestion de l'eau (IWMI)

Programme des Nations Unies pour l'environnement (PNUE)

Sources et notes

1 https://www.unesco.at/wissenschaft/artikel/article/veroeffentlichung-des-weltwasserberichts-2020
2 https://www.spiegel.de/panorama/wirbelsturm-sandy-ausmasse-der-zerstoerungen-in-new-york-a-864307.html
3 https://www.unwater.org/un-water-launch-the-sdg-6-global-acceleration-framework/
4 https://www.unesco.at/fileadmin/Redaktion/Wissenschaft/GeoHydro/2021_WWDR_Executive_Summary_de.pdf
5 https://www.unwater.org/un-water-launch-the-sdg-6-global-acceleration-framework/
6 https://www.unesco.at/fileadmin/Redaktion/Publikationen/Publikations-Dokumente/WWDR_2022_exSum_DE.PDF
7 https://www.unesco.at/wissenschaft/artikel/article/veroeffentlichung-des-weltwasserberichts-2020
8 https://www.swr.de/wissen/1000-antworten/werden-kriege-um-wasser-gefuehrt-100.html
9 https://www.uni-muenster.de/news/view.php?cmdid=12611
10 https://www.newsecuritybeat.org/wp-content/uploads/2015/06/risk-of-water-conflict1.jpg
11 https://www.futura-sciences.com/planete/dossiers/developpement-durable-geopolitique-guerre-eau-622/page/3/
12 https://pacinst.org/water-conflicts-continue-to-worsen-worldwide/
13 https://www.worldwater.org/conflict/list/
14 https://www.revueconflits.com/livre-guerre-et-eau-leau-enjeu-strategique-des-conflits-modernes-franck-galland-de-henri-de-grossouvre/
15 https://laffont.ca/livre/guerre-et-eau-9782221250983/
16 https://www.worldvision.org/clean-water-news-stories/10-worst-countries-access-clean-water
17 https://www.newsecuritybeat.org/wp-content/uploads/2015/06/risk-of-water-conflict1.jpg
18 https://ger.az24saat.org/2022/04/08/streit-ums-wasser-kriegsgrund-oder-chance-fuer-den-frieden/
19 https://www.iiss.org/blogs/analysis/2020/01/australia-water-crisis-intelligence-national-security
20 https://www.genios.de/presse-archiv/artikel/WELT/20160418/wasser-als-waffe/144336756.html
21 https://www.nationalgeographic.com/science/article/world-aquifers-water-wars
22 https://mein-stuttgart.com/die-ukraine-droht-russland-mit-einem-luftangriff-auf-die-strategisch-wichtige-krim-bruecke/
23 https://vector-center.com/wp-content/uploads/hotspots.png
24 https://cscc.sas.upenn.edu/node/3499

25 https://www.nationalgeographic.com/science/article/world-aquifers-water-wars
26 https://i.insider.com/577fc8c788e4a70f018b6bea
27 https://www.nature.com/articles/s43017-022-00287-8
28 https://www.pik-potsdam.de/en/news/latest-news/planetary-boundaries-update-freshwater-boundary-exceeds-safe-limits
29 https://planeteviable.org/repartition-eau-sur-terre/
30 https://eco-l-eau.com/reserves-eau-potable-dans-le-monde-etat-lieux/
31 https://www.theguardian.com/environment/2021/sep/28/sydney-facing-water-shortage-with-20-years-if-current-growth-continues-government-predicts
32 https://news.un.org/en/sites/news.un.org.en/files/legacy-news-images/photos/large/2017/March/03-22-2017-wastewatertreatment-map.jpg
33 https://www.unccd.int/
34 https://www.nationalgeographic.com/environment/article/partner-content-australia-water-problem
35 https://www.bloomberg.com/features/2020-australia-drought-water-crisis/
36 https://www.futura-sciences.com/sante/questions-reponses/corps-humain-quantite-eau-corps-humain-1232/
37 https://www.nature.com/articles/s43017-022-00287-8
38 https://portal.projectwet.org/
39 https://weather.com/de-DE/wissen/wetterlexikon/news/wasserkreislauf-die-treibende-kraft-der-erosion
40 https://www.usgs.gov/special-topics/water-science-school/science/
41 https://www.extenso.org/article/que-penser-des-eaux-gazeifiees/
42 https://www.bz-berlin.de/archiv-artikel/klinik-chef-merkels-zittern-nicht-per-se-alarmierend
43 https://www.thermondo.de/info/rat/vergleich/wasserverbrauch-pro-person/
44 https://hopfenseidank.de/magazin/bierwissen/wasser/
45 https://praxistipps.focus.de/destillieren-von-wein-so-wirds-gemacht_111078
46 https://www.doctissimo.fr/html/nutrition/mag_2001/mag0105/nu_3341_eau_saviez_vous.htm
47 https://www.unicef.de/informieren/aktuelles/blog/weltwassertag-2022-zehn-fakten-ueber-wasser/172968
48 https://www.resources.qld.gov.au/__data/assets/pdf_file/0007/1408282/aboriginal-peoples-manage-water-resources.pdf
49 Livre : Joseph Mainzer, chapitre «Les Français ont peint par eux-mêmes». Encyclopédie morale du XIXe siècle.
50 https://www.lernhelfer.de/schuelerlexikon/geschichte/artikel/mohenjo-daro-manhattan-der-bronzezeit
51 https://wefindwater.com/where-is-the-worlds-oldest-well/
52 https://www.histoire-et-civilisations.com/thematiques/antiquite/les-aqueducs-ces-chefs-doeuvre-de-lingenierie-romaine-69173.php
53 https://www.pseau.org/outils/ouvrages/fph_la_conquete_de_l_eau_1995.pdf
54 https://de.wikipedia.org/wiki/Wasserträger
55 https://timelines.issarice.com/wiki/Timeline_of_water_supply
56 https://esa21.kennesaw.edu/modules/water/drink-water-trt/drink-water-trt-hist-epa.pdf
57 https://biography.yourdictionary.com/hippocrates

58 https://www.deutsche-digitale-bibliothek.de/item/F43Q776JE56BLJM5FMUXR5MO77H5PQWY
59 https://timelines.issarice.com/wiki/Timeline_of_water_supply
60 https://www.eau.veolia.fr/qui-sommes-nous/leau-potable-une-conquete-historique
61 https://www.pseau.org/outils/ouvrages/fph_la_conquete_de_l_eau_1995.pdf
62 https://www.unicef.de/informieren/aktuelles/blog/weltwassertag-2022-zehn-fakten-ueber-wasser/172968
63 https://www.worldwater.org/conflict/list/
64 https://www.jungewelt.de/loginFailed.php?ref=/artikel/21911.der-kampf-um-das-wasser.html
65 https://www.miteco.gob.es/es/agua/temas/planificacion-hidrologica/planificacion-hidrologica/plan-hidrologico-nacional/
66 https://www.francetvinfo.fr/monde/espagne/espagne-le-fleau-des-puits-illegaux_3242405.html
67 https://www.tagesspiegel.de/gesellschaft/panorama/unglueck-in-totaln-zwei-jaehriger-tot-in-brunnenschacht-in-spanien-gefunden/23912802.html
68 https://www.liberation.fr/planete/2001/04/30/la-guerre-de-l-eau-en-espagne_362894/
69 https://www.wri.org/aqueduct
70 https://ger.az24saat.org/2022/04/08/streit-ums-wasser-kriegsgrund-oder-chance-fuer-den-frieden/
71 https://aap.cornell.edu/news-events/victoria-beard-challenges-reliable-and-affordable-water-cities-global-south
72 https://www.linkedin.com/in/aniruddha-dasgupta/
73 https://www.newsecuritybeat.org/wp-content/uploads/2015/06/risk-of-water-conflict1.jpg
74 https://www.spiegel.de/ausland/gerd-aethiopien-startet-stromproduktion-an-umstrittenem-nil-staudamm-a-b0438fa0-5bc3-45e7-a80c-f0e7e8a30245
75 https://www.bbc.com/news/world-africa-60451702
76 https://www.wiwo.de/technologie/wirtschaft-von-oben/wirtschaft-von-oben-126-grand-ethiopian-renaissance-dam-am-umstrittensten-staudamm-afrikas-beginnt-die-stromproduktion/27686628.html
77 https://www.nature.com/articles/s41545-019-0046-x
78 https://www.iiss.org/blogs/analysis/2020/01/australia-water-crisis-intelligence-national-security
79 https://vector-center.com/wp-content/uploads/hotspots.png
80 https://www.worldwater.org/conflict/list/
81 https://www.unicef.fr/article/ukraine-l-eau-potable-utilisee-comme-arme-de-guerre
82 https://news.un.org/fr/story/2021/05/1096762
83 https://www.fao.org/aquastat/statistics/query/index.html?lang=en
84 https://www.maiervidorno.de/wp-content/uploads/Factsheet_Indien_Wasser-und-Abwasserwirtschaft_Final.pdf
85 https://www.worldometers.info/
86 https://www.uni-frankfurt.de/45217811/Warnsignal_Klima_Wasser_Kap2_2_6_Siebert.pdf

87 Livre : Alain CARIOU, Maître de conférences en géographie Sorbonne Université, Dictionnaire critique de l'anthropocène, CNRS Editions, 2020.
88 https://www.fao.org/3/y4683f/y4683f07.htm
89 https://www.nationalgeographic.fr/environnement/2018/05/linde-puise-dans-ses-dernieres-reserves-en-eau
90 https://www.monde-diplomatique.fr/mav/65/MNATSAKANIAN/55984
91 https://hal.archives-ouvertes.fr/hal-03268375/document
92 https://www.nationalgeographic.fr/environnement/2014/10/disparition-de-la-mer-daral-les-causes-dun-desastre-ecologique
93 https://www.partagedeseaux.info/Le-soja-la-foret-et-l-eau-au-Bresil
94 www.certified-forests.org
95 https://www.eduki.ch/fr/doc/dossier_2_foret.pdf
96 https://www.dw.com/de/wie-lange-noch-weiter-mit-dem-soja-import-aus-brasilien/a-58998048
97 https://www.zalf.de/de/aktuelles/Feld-Magazin/1-2018/Seiten/Gold.aspx
98 https://news.mongabay.com/2019/12/António-donato-nobre-the-forest-is-sick-and-losing-its-carbon-sequestration-capacity/
99 Dossier scientifique sur l'eau : usages - consommations industrielles, CNRS, 2000
100 Statistiques COPACEL
101 https://www.rse-magazine.com/Pour-fabriquer-un-ordinateur-il-faut-240-kilos-de-combustibles-fossiles-et-1-tonne-d-eau_a2700.html
102 https://www.it-daily.net/it-management/data-center/die-problematiken-rund-um-die-kuehlung-von-rechenzentren
103 https://www.nul-online.de/Magazin/Archiv/Nachhaltige-Wasserkraft-in-Frankreich,QUlEPTE2OTIzMzUmTUlEPTgyMDMw.html
104 https://globometer.com/matieres-premieres-eau.php
105 https://www.cieau.com/le-metier-de-leau/ressource-en-eau-eau-potable-eaux-usees/connaissez-vous-les-usages-non-domestiques-de-leau/
106 https://www.researchgate.net/publication/274427873_The_Water_Demand_of_Energy_Implications_for_Sustainable_Energy_Policy_Development
107 https://professionnels.ofb.fr/sites/default/files/pdf/documentation/Pollution/2019%2005%
108 https://www.dw.com/de/in-deutschland-wird-das-wasser-knapp/a-61149774
109 https://www.t-online.de/nachhaltigkeit/id_91880894/teslas-giga-factory-in-gruenheide-kampf-ums-wasser-hat-deutschland-erreicht.html
110 https://www.rbb24.de/wirtschaft/thema/tesla/beitraege/brandenburg-strausberg-erkner-wasserentnahme-urteil-auswirkung-.html
111 https://www.t-online.de/finanzen/news/unternehmen-verbraucher/id_90696798/wetterexperte-teslas-grossprojekt-verschaerft-die-grundwasser-probleme-.html
112 https://www.geothermie.de/bibliothek/lexikon-der-geothermie/w/wasserschutzgebiet.html
113 https://de.statista.com/statistik/daten/studie/6378/umfrage/wasserverbrauch-in-ausgewaehlten-laendern/
114 https://blog.drinktec.com/de/branchenuebergreifend/herausforderungen-durch-steigenden-wasserverbrauch/

115 https://www.planetoscope.com/consommation-eau/135-consommation-d-eau-par-habitant-dans-le-monde.html
116 https://www.destatis.de/DE/Themen/Gesellschaft-Umwelt/Umwelt/FAQ/Wasser-verbrauch.html
117 https://www.co2online.de/energie-sparen/heizenergie-sparen/warmwasser/dur-chschnittlicher-wasserverbrauch/
118 http://wasseraktien.de/wasser/wasser-in-china
119 https://www.tagesschau.de/ausland/asien/peking-duerre-101.html
120 https://www.cieau.com/le-metier-de-leau/ressource-en-eau-eau-potable-eaux-usees/la-consommation-deau-domestique-est-elle-la-meme-a-travers-le-monde
121 https://tel.archives-ouvertes.fr/tel-00773259/document
122 https://www.waterfootprint.org/en/resources/interactive-tools/product-gallery/
123 https://www.conservation-nature.fr/ecologie/la-pollution-des-sols/polluants-cou-rants-sol/
124 https://waterfootprint.org/media/downloads/Report50-NationalWaterFootprints-Vol1.pdf
125 https://vitalhelden.de/wasser/ratgeber/wissenswertes/trinkwasserverschmut-zung-bedeutung-ursachen-und-folgen/
126 https://de.statista.com/statistik/daten/studie/1188866/umfrage/fuehrende-expor-tlaender-fuer-agrarprodukte-weltweit-nach-exportwert/
127 https://www.welt.de/regionales/bayern/article169369340/Pestizide-verschmut-zen-das-Grundwasser.html
128 https://medlexi.de/Methämoglobinämie
129 https://www.publiceye.ch/de/themen/pestizide/verbotene-pestizide-eu
130 https://www.generations-futures.fr/wp-content/uploads/2022/03/version-finale-rapport-pe-thyroide-vol2.pdf
131 https://reporterre.net/Au-Bresil-la-deforestation-se-fait-aussi-en-pulverisant-des-pesticides
132 https://www.futura-sciences.com/planete/questions-reponses/pollution-engrais-pollution-agricole-dangereuse-5958/
133 https://time.com/longform/clean-water-access-united-states/
134 https://waterdefense.org/flint-water-crisis/
135 https://phys.org/news/2022-04-uranium-two-thirds.html
136 https://www.nrdc.org/stories/what-can-we-do-fix-drinking-water-problem-ame-rica
137 https://static.macmillan.com/static/smp/troubled-water/
138 https://www.epa.gov/environmental-topics/water-topics
139 https://www.nrdc.org/sites/default/files/power-plant-cooling-IB.pdf
140 https://www.rtbf.be/article/la-flandre-secouee-par-un-scandale-environnemen-tal-qui-nous-concerne-tous-10781726
141 https://www.fao.org/3/I9183EN/i9183en.pdf
142 https://www.bhopal.net/about-icjb/
143 https://www.bbc.com/afrique/monde-61051644
144 https://www.lemonde.fr/planete/article/2011/03/04/coca-cola-au-centre-de-con-flits-sur-l-eau-en-inde_1488352_3244.html
145 https://www.lemonde.fr/planete/article/2021/10/25/coca-cola-champion-du-monde-de-la-pollution-plastique_6099763_3244.html
146 https://waterzen.com/blog-posts/real-story-behind-dasani-water-scandals/

147 https://de.numbeo.com/lebenshaltungskosten/startseite
148 https://www.numbeo.com/cost-of-living/
149 https://newibnet.org/
150 https://epi.yale.edu/
151 Classement des villes portuaires fortement exposées et vulnérables aux extrêmes climatiques" - OCDE (2008)
152 https://washdata.org/report/jmp-2020-households-country-consultation-fr
153 https://www.wri.org/aqueduct
154 https://www.numbeo.com/cost-of-living/country_price_rankings?itemId=7
155 http://carta.info/wasser-fur-alle-oder-profit-fur-wenige-ebi-gegen-wasserprivatisierung/
156 https://www.lemonde.fr/culture/article/2012/09/11/nestle-et-le-business-de-l-eau-en-bouteille_1757464_3246.html
157 https://www.globalresearch.ca/swiss-development-aid-nestle-water-privatization/5687211
158 https://www.water-alternatives.org/index.php/cwd/item/81-nestle
159 https://www.mz.de/panorama/nestles-mineralwasser-vittel-verschwindet-aus-deutschen-supermaerkten-3330284
160 https://www.spiegel.de/wirtschaft/unternehmen/mineralwasser-nestle-nimmt-vittel-vom-deutschen-markt-a-ca5e739e-c57c-4880-8312-4144c5a0f6f1
161 https://www.faz.net/aktuell/wirtschaft/wasser-zwei-franzoesische-wasserkonzerne-erobern-die-welt-1113556.html
162 https://e-mag.press/bei-veolia-werden-karten-neu-gemischt/
163 https://www.veolia.com/en/newsroom/press-day-2019/antoine-frerot-proposes-pragmatic-climate-strategy
164 https://www.capital.fr/votre-carriere/le-juteux-marche-du-traitement-de-leau-1263491
165 https://www.fool.com/investing/stock-market/market-sectors/consumer-staples/beverage-stocks/water-stocks/
166 https://www.tradingsat.com/actualites/marches-financiers/quand-l-eau-devient-un-actif-financier-et-une-thematique-d-investissement-974409.html
167 https://www.lynxbroker.fr/bourse/cours-bourse/actions/les-meilleures-actions/comment-investir-dans-eau/
168 https://www.ecologie.gouv.fr/changement-climatique-causes-effets-et-enjeux
169 https://www.tagesschau.de/ausland/europa/weltklimarat-115.html
170 https://www.myclimate.org/de/informieren/faq/faq-detail/was-ist-der-treibhauseffekt/
171 https://www.linfodurable.fr/environnement/lhumanite-laube-de-retombees-climatiques-cataclysmiques-27465
172 https://www.linfodurable.fr/environnement/changement-climatique-5-minutes-pour-comprendre-le-role-du-giec-28118
173 https://www.stern.de/panorama/wetter/rhein-trocknet-aus--deutschlands-laengster-strom-in-zeiten-der-duerre--fotos--32617812.html
174 https://www.ecologie.gouv.fr/changement-climatique-causes-effets-et-enjeux
175 https://www.capital.fr/economie-politique/changement-climatique-lonu-tire-la-sonnette-dalarme-en-mediterranee-1411576
176 https://www.swrfernsehen.de/landesschau-rp/gutzuwissen/grundwasserspiegel-sinkt-102.html

177 https://www.tagesschau.de/ausland/klimawandel/meereskonferenz-lissabon-101.html
178 https://journals.openedition.org/physio-geo/3569
179 https://www.ipcc.ch/sr15/
180 https://www.nature.com/articles/s41586-019-0901-4
181 https://www.nationalgeographic.de/umwelt/gletscherschmelze-wenn-alles-schmilzt
182 https://pubs.geoscienceworld.org/gsa/geology/article-abstract/43/6/515/131899/coral-islands-defy-sea-level-rise-over-the-past?redirectedFrom=fulltext
183 https://www.thestkittsnevisobserver.com/water-shortage-a-growing-caribbean-problem/
184 https://edition.cnn.com/2021/08/23/europe/germany-floods-belgium-climate-change-intl/index.html
185 https://nos.nl/artikel/2427461-waarschuwing-voor-duurder-voedsel-vanwege-voorjaarsdroogte
186 https://www.stern.de/stiftung/kinakoni/
187 https://www.theguardian.com/world/2022/may/02/pakistan-india-heatwaves-water-electricity-shortages
188 https://www.spiegel.de/wissenschaft/natur/indien-und-pakistan-die-oekologischen-folgen-der-hitzewelle-a-44b48d95-d337-48f9-987e-143fcc5ada77?sara_ecid=soci_upd_KsBF0AFjflf0DZCxpPYDCQgO1dEMph
189 https://www.france24.com/fr/asie-pacifique/20211127-manifestations-contre-la-s%C3%A9cheresse-en-iran-les-raisons-de-la-col%C3%A8re
190 https://www.usinenouvelle.com/article/cop21-l-eau-danger-cache-du-changement-climatique-qui-destabilise-deja-le-monde.N366548
191 http://news.bbc.co.uk/2/hi/science/nature/7821082.stm
192 https://www.bpb.de/shop/zeitschriften/apuz/26382/umweltfluechtlinge-ursachen-und-loesungsansaetze/
193 https://www.nationalgeographic.org/article/hunger-and-war/
194 https://www.who.int/news-room/fact-sheets/detail/drinking-water
195 http://news.bbc.co.uk/2/hi/science/nature/7886646.stm
196 http://www.unesco.org/new/fr/natural-sciences/resources/periodical/a-world-of-science/vol-11-n-1/in-focus-water-cooperation/water-wars/
197 http://news.bbc.co.uk/2/hi/science/nature/7886646.stm
198 https://www.worldvision.org/clean-water-news-stories/10-worst-countries-access-clean-water
199 http://www.unesco.org/new/fr/natural-sciences/resources/periodical/a-world-of-science/vol-11-n-1/in-focus-water-cooperation/water-wars/
200 https://www.nationalgeographic.com/science/article/world-aquifers-water-wars
201 https://www.who.int/campaigns/world-food-safety-day
202 https://en.unesco.org/themes/water-security
203 https://www.bloomberg.com/features/2020-australia-drought-water-crisis/
204 https://taz.de/Australien-streitet-ums-Wasser/!5606949/
205 https://www.dw.com/de/wassermangel-in-australien/a-4968020
206 https://www.iiss.org/blogs/analysis/2020/01/australia-water-crisis-intelligence-national-security

207 https://www.nationalgeographic.com/environment/article/partner-content-australia-water-problem
208 https://www.theguardian.com/environment/2021/sep/28/sydney-facing-water-shortage-with-20-years-if-current-growth-continues-government-predicts
209 https://www.theguardian.com/environment/2021/sep/28/sydney-facing-water-shortage-with-20-years-if-current-growth-continues-government-predicts
210 https://www.maiervidorno.de/wp-content/uploads/Factsheet_Indien_Wasser-und-Abwasserwirtschaft_Final.pdf
211 http://www.nonwatersanitation.org/wasserwirtschaft-in-indien/
212 http://www.moneycontrol.com/news_image_files/2014/w/water.jpg
213 https://www.nationalreview.com/2021/06/china-is-turning-its-water-scarcity-crisis-into-a-weapon/
214 https://e-fundresearch.com/markets/artikel/10605-chinas-wachstum-droht-auszutrocknen
215 https://www.tagesschau.de/ausland/asien/peking-duerre-101.html
216 https://www.srf.ch/news/international/wasser-fuer-chinas-norden-china-loest-die-wasserknappheit-mit-einer-riesigen-umleitung
217 https://www.tagesspiegel.de/wirtschaft/asiens-lebensader-trocknet-aus-china-staut-das-wasser-des-mekong-und-setzt-die-nachbarn-unter-druck/25875236.html
218 Livre : Vincent Monnet «L'eau et la guerre. Eléments pour un régime juridique», par Mara Tignino, Collection de l'Académie de droit international humanitaire et de droits humains de Genève, Ed. Bruylant, 489 p.
219 https://www.brot-fuer-die-welt.de/downloads/wasser-gerechtigkeit-vorlagen/
220 https://sdgs.un.org/topics/water-and-sanitation
221 https://www.un.org/Depts/german/gv-64/band3/ar64292.pdf
222 https://wasserdreinull.de/blog/wasser-menschenrecht-oder-wirtschaftsgut/
223 https://sdgacademylibrary.mediaspace.kaltura.com/media/A+lettre+histoire+des+SDG/1_7kkjfmxx/123651821
224 https://preparaninos.com/onu/
225 https://www.unwater.org/
226 https://www.bpb.de/themen/recht-justiz/dossier-menschenrechte/38745/zur-begruendung-eines-menschenrechts-auf-wasser/
227 https://sdgs.un.org/topics/water-and-sanitation?page=1%2C0
228https://www.humanrights.ch/cms/upload/pdf/140224_droit_eau_resolution.pdf
229 https://www.unep.org/explore-topics/disasters-conflicts/where-we-work/sudan/what-integrated-water-resources-management
230 https://sdgs.un.org/goals/goal6
231 https://wateractiondecade.org/2018/01/19/the-inter-agency-initiative-gemi/
232 https://www.unwater.org/publications/progress-on-wastewater-treatment-631-2021-update/
233 https://sdgs.un.org/topics/water-and-sanitation
234 https://washdata.org/how-we-work/about-jmp
235 https://www.unwater.org/publications/progress-on-level-of-water-stress-642-2021-update/
236 https://www.unwater.org/app/uploads/2018/11/SDG6_Indicator_Report_651_Progress-on-Integrated-Water-Resources-Management_ENGLISH_2018.pdf
237 https://unesdoc.unesco.org/ark:/48223/pf0000377252.locale=en

238 https://www.unwater.org/publications/who-unicef-joint-monitoring-program-for-water-supply-sanitation-and-hygiene-jmp-progress-on-household-drinking-water-sanitation-and-hygiene-2000-2020/
239 https://www.iaea.org/newscenter/news/harmonizing-guidance-to-assess-radioactivity-in-food-and-drinking-water
240 https://www.unwater.org/publications/summary-progress-update-2021-sdg-6-water-and-sanitation-for-all/
241 https://unstats.un.org/sdgs/report/2021/extended-report/Goal%20(6)_final.pdf
242 https://www.unwater.org/publication_categories/sdg6-progress-reports/page/2/
243 https://www.unwater.org/publications/hygiene-un-water-glaas-findings-on-national-policies-plans-targets-and-finance/
244 https://www.unwater.org/app/uploads/2018/11/SDG6_Indicator_Report_651_Progress-on-Integrated-Water-Resources-Management_ENGLISH_2018.pdf
245 https://sdgs.un.org/news/world-water-day-event-towards-un-2023-water-conference-one-year-mark-46029
246 https://unstats.un.org/sdgs/report/2021/goal-06/
247 https://sdgs.un.org/conferences/water2023
248 https://www.unwater.org/un-water-launch-the-sdg-6-global-acceleration-framework/
249 https://www.un-ihe.org/history
250 https://www.unesco.at/fileadmin/Redaktion/Publikationen/Publikations-Dokumente/WWDR_2022_exSum_DE.PDF
251 https://www.nationalgeographic.fr/environnement/lor-bleu-la-bataille-de-leau
252 https://documents-dds-ny.un.org/doc/UNDOC/GEN/N18/460/07/PDF/N1846007.pdf?OpenElement
253 https://sdgs.un.org/news/world-water-day-event-towards-un-2023-water-conference-one-year-mark-46029
254 https://reliefweb.int/report/qatar/middle-east-and-north-africa-mena-most-water-stressed-region-earth
255 https://www.fao.org/3/y4683f/y4683f07.htm
256 http//fao.org/nr/aquastat
257 https://www.epa.gov/greeningepa/water-management-plans-and-best-practices-epa
258 https://www.unwater.org/app/uploads/2018/11/SDG6_Indicator_Report_651_Progress-on-Integrated-Water-Resources-Management_ENGLISH_2018.pdf
259 https://www.worldbank.org/en/topic/waterresourcesmanagement#1
260 https://www.cieau.com/le-metier-de-leau/ressource-en-eau-eau-potable-eaux-usees/comment-leau-est-elle-prelevee-et-utilisee-dans-le-monde/
261 https://voi.id/en/news/40178/the-best-clean-water-management-countries-in-the-world
262 https://www.aljazeera.com/news/2022/3/22/infographic-which-countries-have-the-safest-drinking-water-interactive
263 https://www.thestkittsnevisobserver.com/water-shortage-a-growing-caribbean-problem/
264 https://www.worldatlas.com/articles/countries-with-the-most-freshwater-resources.html

265 https://www.fao.org/3/y4683f/y4683f07.htm
266 https://fr.elks2348.org/top-10-paises-com-mais-agua-potavel-680
267 https://www.fao.org/3/y4683f/y4683f07.htm
268 https://www.dw.com/de/die-große-grüne-mauer-wie-steht-es-um-afrikas-vorzeigeprojekt/a-52970906
269 https://planete.lesechos.fr/enquetes/pourquoi-la-grande-muraille-verte-reste-un-projet-en-afrique-12457/
270 https://books.openedition.org/irdeditions/2110
271 https://www.greatgreenwall.org/
272 https://www.unccd.int/sites/default/files/inline-files/OPS%20Press%20kit%20FR%20Version_1.pdf
273 https://www.epa.gov/environmental-topics/water-topics
274 https://time.com/longform/clean-water-access-united-states/
275 https://www.nrdc.org/stories/what-can-we-do-fix-drinking-water-problem-america
276 https://www.spiegel.de/ausland/usa-joe-biden-unterzeichnet-gesetz-fuer-investitionen-in-klima-und-soziales-a-71c969dc-c56d-4dc3-b4cb-863ba9314234
277 https://waterdefense.org/flint-water-crisis/
278 https://www.geo.de/magazine/geo-magazin/jurypreistraeger-des-greenpeace-photo-award_30120158-30166194.html
279 https://www.nature.org/en-us/what-we-do/our-priorities/provide-food-and-water-sustainably/food-and-water-stories/solutions-address-water-scarcity-us/
280 https://lasvegassun.com/news/2021/dec/19/what-we-need-is-multiple-solutions-to-solve-water/
281 https://www.nationalgeographic.fr/environnement/2017/03/la-chine-prete-a-abandonner-ses-projets-de-construction-de-barrages-sur-sa-derniere-riviere-sauvage
282 https://de.wikipedia.org/wiki/Saluen#Staudamm-Planungen
283 https://www.nationalgeographic.com/environment/article/partner-content-sustainable-electric-future
284 https://www.lifeinnorway.net/hydropower-in-norway
285 https://www.tennet.eu/our-grid/international-connections/nordlink/
286 https://www.israel21c.org/israel-holds-solutions-to-world-water-crisis/
287 https://www.canr.msu.edu/news/in-israel-it-s-all-about-water
288 https://www.cleanenergywire.org/news/germany-carves-out-national-water-strategy-cope-increasing-droughts
289 https://www.sieker.de/fachinformationen/rechtliche-grundlagen/article/bundesgesetzliche-regelungen-97.html
290 https://www.deutschland.de/en/topic/environment/dont-waste-a-single-drop
291 https://www.cleanenergywire.org/news/germany-grapples-drought-and-dying-forests-despite-more-rain
292 https://www.government.nl/topics/water-management/water-management-in-the-netherlands
293 https://www.nu.nl/binnenland/6199658/waterbeheerders-nemen-meer-maatregelen-tegen-aanhoudende-droogte.html
294 https://florestas.pt/saiba-mais/quais-as-funcoes-das-levadas-da-madeira/
295 https://www.ambienteonline.pt/canal/detalhe/madeira-atinge-40-de-producao-de-energia-renovavel-este-ano

296 https://jornaleconomico.pt/noticias/madeira-producao-de-eletricidade-a-partir-de-fonte-renovavel-sobe-para-397-770659
297 https://www.tribunadamadeira.pt/2017/08/03/madeira-pretende-atingir-70-de-energia-a-partir-de-fontes-renovaveis/
298 https://www.juergenkremb.com/wir-nutzen-jeden-tropfen-wie-innovativ-singapur-wasser-spart/
299 Livre : Communauté, biens communs et gestion des ressources naturelles en Asie, Haruka Yanagisawa - 2015
300 http://www.kaogu.cn/en/Special_Events/disanjieshanghailuntan/2017/1213/60407.html
301 https://www.smithonianmag.com/science-nature/saving-water-old-fashioned-way-180959917/
302 https://www.sciencedirect.com/topics/engineering/rainwater
303 https://worldwide.espacenet.com/publicationDetails/biblio?DB=EPODOC&II=0&ND=3&adjacent=true&locale=en_EP&FT=D&date=20141029&CC=EP&NR=2793667A1&KC=A1#
304 https://www.icp-analysis.com/
305 https://thehill.com/changing-america/video/560303-revolutionary-engineers-invent-a-way-to-create-water-out-of-thin-air/
306 https://www.sydney.edu.au/engage/events-sponsorships/sydney-ideas/2020/water-resource-and-climate.html
307 https://www.igb.fraunhofer.de/en/research/thermal-separation-processes/sorptive-dehumidification/WaLu.html
308 https://inweh.unu.edu/
309 https://aganova.es/en/home/
310 http://www.rainmakerholland.nl/en/
311 http://www.cleanworld.com/
312 https://www.solidsmack.com/design/escape-slow-painful-death-renewable-water-and-power-designed-in-solidworks/
313 https://www.jawwadpatel.com/patents/dew-drop/
314 https://ventureburn.com/2017/05/former-beach-bum-aims-turn-fog-water-address-cape-crisis/
315 https://inhabitat.com/dropnet-fog-collector-harvests-the-mist-to-create-pure-drinking-water/
316 http://rexresearch.com/whisson/whisson.htm
317 https://www.groasis.com/en
318 https://sciperio.com/
319 http://airsolarwater.com/
320 http://deurrutia.blogspot.com/search/label/-%20WATER%20BUILDING%20RESORT
321 https://www.dri-products.com/
322 https://news.mit.edu/2014/harvesting-fresh-water-fog
323 https://www.ub.edu/web/portal/ca/
324 https://hidroconta.com/
325 https://www.kaust.edu.sa/en
326 https://www.otago.ac.nz/
327 https://www.lawa.org.nz/
328 https://www.uni-bonn.de/en/university/

329 https://english.cas.cn/
330 https://www.nasa.gov/
331 https://news.mit.edu/
332 https://www.stanford.edu/
333 https://www.futura-sciences.com/planete/actualites/fertilisation-cette-startup-veut-remplacer-engrais-chimiques-probiotiques-48070/
334 https://www.dwih-tokyo.org/de/2020/05/21/smart-water-management-for-sustainable-society/
335 https://citylab-berlin.org/de/blog/smart-city-pilotprojekte-start-mit-oeffentlicher-beteiligung/
336 https://www.adb.org/projects/49328-001/main
337 https://www.enmap.org/
338 https://www.fraunhofer.de/de/forschung/aktuelles-aus-der-forschung/gruenderzeit/constellr.html
339 https://www.enmap.org/_nuxt/doc/Web_EnMAP_komplett_2022_dt.pdf
340 https://www.unoosa.org/oosa/en/ourwork/topics/space-for-water.html
341 https://worldwide.espacenet.com/publicationDetails/biblio
342 https://solang.co/orbital-systems
343 https://www.projectwater.info/100-ways-to-conserve-water.html
344 https://www.theguardian.com/environment/2021/aug/05/environmental-impact-of-bottled-water-up-to-3500-times-greater-than-tap-water?CMP=Share_iOSApp_Other
345 https://www.circleofblue.org/2010/world/experts-name-the-top-19-solutions-to-the-global-freshwater-crisis/
346 https://sdgs.un.org/news/world-water-day-event-towards-un-2023-water-conference-one-year-mark-46029
347 https://documents-dds-ny.un.org/doc/UNDOC/GEN/N18/460/07/PDF/N1846007.pdf
348 https://www.unwater.org/un-water-launch-the-sdg-6-global-acceleration-framework/
349 https://sdgs.un.org/news/world-water-day-event-towards-un-2023-water-conference-one-year-mark-46029
350 https://sdgs.un.org/conferences/water2023
351 https://www.un-ihe.org/sites/default/files/sustainability_statement_for_ihe_2021final.pdf
352 https://documents-dds-ny.un.org/doc/UNDOC/GEN/N18/460/07/PDF/N1846007.pdf?OpenElement
353 https://www.un-ihe.org/sites/default/files/sustainability_statement_for_ihe_2021final.pdf
354 https://sdgs.un.org/conferences/water2023